ALMA DE AGAVE

GARY PAUL NABHAN &
DAVID SURO PIÑERA

ALMA DE AGAVE

PASADO, PRESENTE Y FUTURO DE LOS DESTILADOS DE MÉXICO

ILUSTRACIONES DE RENÉ TAPIA
TRADUCCIÓN DE HUGO LÓPEZ ARAIZA BRAVO

Título original: *Agave Spirits: The Past, Present, and Future of Mezcals*

Copyright del texto © 2023, por Gary Paul Nabhan y David Suro Piñera
Esta obra se publica por acuerdo con W. W. NORTON & COMPANY, INC., editor original de la obra

Traducción: © Hugo López Araiza Bravo

Créditos de portada: © Genoveva Saavedra / aciditadiseño
Fotografía de portada: © David Suro Piñera
Diseño de interiores: © Juan Carlos González
Ilustraciones de interiores: © René Tapia

Derechos reservados

© 2025, Editorial Planeta Mexicana, S.A. de C.V.
Bajo el sello editorial PLANETA M.R.
Avenida Presidente Masarik núm. 111,
Piso 2, Polanco V Sección, Miguel Hidalgo
C.P. 11560, Ciudad de México
www.planetadelibros.us

Primera edición impresa en esta presentación: octubre de 2025
ISBN: 978-607-39-3112-0

Impreso en los talleres de Corporación en Servicios
Integrales de Asesoría Profesional, S.A. de C.V.,
Calle E # 6, Parque Industrial
Puebla 2000, C.P. 72225, Puebla, Pue.
Impreso y hecho en México / *Printed in Mexico*

Dedicado a todas las almas y corazones de la industria
de los destilados de agave y a la memoria de tres pioneros del maguey
y su sitio en nuestras culturas:
Howard Scott Gentry,
Efraím Hernández Xolocotzi
y Tomás Estes

ÍNDICE

Prólogo   13

PRIMERA PARTE: El legado histórico del mezcal

SEGUNDA PARTE: El futuro de la simbiosis humanidad-agave

ALMA DE AGAVE

David Suro y Gary Nabhan entre magueyes pulqueros, en Guanajuato.

PRÓLOGO

Estamos sentados en lados opuestos de una mesa de madera, bebiendo mezcal. Es de tarde, el aire está fresco y el sol baña con su luz dorada la terraza de un restorancito con techo de paja cerca de la frontera entre Jalisco y Colima. Plantíos de una docena de variedades de maguey —cada una con su propio color, silueta y consistencia— salpican las terrazas en las laderas a nuestro alrededor.

Como suele pasar cuando nos reunimos, nuestra plática se concentra en los destilados que estamos probando: en su textura y sabor, en su sitio, arraigado pero frágil, en el mundo de las bebidas espirituosas. Te invitamos a unírtenos en esta plática y a saborear con nosotros las historias y valores que vuelven tan excepcionales a estos destilados de agave... y tan vulnerables.

Los destilados de agave se cuentan entre los más complejos. Toda una sinfonía de sensaciones y aromas está impregnada en cada botella, pues los mezcales, los tequilas ancestrales y demás bebidas emparentadas se benefician de interacciones extraordinariamente ricas entre plantas suculentas, microbios de fermento, polinizadores y antiguas tradiciones culturales. Debemos alertar de inmediato sobre algunos descubrimientos recientes que apuntalan nuestro argumento: cada una de las docenas de cepas de bacterias y levaduras silvestres encontradas en la fermentación tradicional facilita la expresión de más compuestos volátiles de aroma y sabor provenientes de los agaves bien maduros de los que puedan expresarse por medio de una única levadura de cerveza procesando una única cosecha de grano o variedad de uva. Como nos recuerda la microbióloga Anne Gschaedler-Mathis, «en las tinas de fermentación no solo encontramos levaduras de cerveza y bacterias anaeróbicas comunes, ¡sino también protozoarios y nematodos!».

Más tarde te llevaremos en un lento recorrido por la fascinante microbiología, biología invertebrada, bioquímica y fisiología vegetal de los destilados de agave, pero, por el momento, créenos: ¡los mezcales hacen que otras bebidas espirituosas parezcan monocultivos de maíz genéticamente modificado de Iowa!

Si tenemos razón y esas interacciones entre agaves longevos, cultivos microbianos y tradiciones milenarias imbuyen estos destilados con un espectro más amplio de fragancias y sabores que los que experimentamos al probar cualquier otra bebida espirituosa, ¿por qué ese no es un dato extensamente conocido?

Para nosotros, parece como si hubiera un mundo entero que explorar en cada botella de destilado de agave. Pero si eso es tan cierto como afirmamos, ¿por qué los mezcales y sus parientes rústicos son desconocidos y subestimados en México y el mundo? No por todos los estadounidenses, por supuesto, pero ¿quién puede negar que muchos individuos expresan inquietud y miedo cuando les ofrecen su primer caballito de tequila? ¿O quién no ha presenciado que alguien levante una botella barata de tequila mixto y le dé un trago como si fuera una tapita de enjuague bucal? Si quieres una viva imagen de la reputación del tequila en la cultura popular estadounidense, solo tienes que ver la cara de un *baby boomer* cuando alguien dice: «¡Tequila!» (y cómo se mueve para no estorbar la danza en línea).

Y, entonces, ¿por qué tantos estadounidenses y europeos —y, sí, mexicanos también— siguen creyendo que el tequila es el único —y, por lo tanto, el mejor— de los destilados de agave, como si no tuviera igual, considerando que la mayoría de los tequilas mixtos producidos se asemejan en calidad a cualquier aguardiente mediocre, mientras que algunos mezcales artesanales no tienen parangón? Acompáñanos a explorar esa y varias paradojas más del mundo de las bebidas espirituosas.

Nos hemos reunido para agasajarnos con la diversidad de los destilados de agave. Pero también estamos decididos a «deconstruir» y demoler el supuesto aún ampliamente difundido de que el tequila tiene un estatus excepcional entre ellos. Los tequilas de todas las categorías se producen a partir de una sola de las más de 200 especies distintas de agave, y ese clon azulado de ninguna manera es el más sabroso del montón. Si dejamos de lado esa actitud excepcionalista con el tequila que vemos en la publicidad y los espectaculares, quizá recordemos que muchos simplemente son espirituosos mediocres históricamente llamados *vino mezcal de Tequila*. Durante siglos, los destilados de agave producidos por *tiquilos* o *tequiltecas* —los habitantes de las faldas del volcán Tequila, en Jalisco— fueron considerados solo uno de los muchos vinos de mezcal de calidad comparable: el zotol, el zihuaquio, el turicato, la tauta, el tlahuelompa, el sikua, la raicilla, el quitupan, la lechuguilla, la jarcia, el huitzila, el chichihualco y el bacanora.

Hoy en día, mantenemos que el mezcal es el «hermano mayor» de la familia de los destilados de agave, mientras que el tequila se ha convertido en el hijo pródigo. Bebidas como el comiteco, de Chiapas, y el bingarrote, de Guanajuato, podrían considerarse primos perdidos del vino mezcal, que muy pocos estadounidenses pueden reconocer, ya no digamos probar.

Podría decirse que nosotros nos juntamos por nuestro amor por la simbiosis entre los murciélagos y los agaves, y por las interacciones mutualistas entre los mezcales y la humanidad. Pero también nos hemos propuesto rastrear a todos los hermanos, primos y demás parientes perdidos de la familia de los agaves que sean dignos de tu atención (y de la nuestra). Tenemos la esperanza de que esas bebidas algún día te deleiten como una margarita de licuadora hecha con tequila oro barato nunca podrá.

Así, si estás dispuesto a aceptarnos como tus guías en la Tierra de los Destilados de Agave, quizá deberías saber un poco de nosotros, qué es lo que valoramos y cómo llegamos a honrar la deliciosa diversidad de las bebidas que se obtienen del agave.

Nosotros somos solo dos de los muchos historiadores, académicos-activistas y emprendedores del mezcal que han estado promoviendo y rastreando los cambios ocurridos en la industria de los destilados de agave desde hace décadas. David creció en el corazón de la tierra tequilera: pasó sus primeros años en Guadalajara, rodeado de miles de hectáreas de monocultivo de agave azul. De adulto, y radicado en Filadelfia, administra dos restaurantes mexicanos y es distribuidor de licores mexicanos en Estados Unidos. Por medio de Suro Imports y Siembra Spirits, ha colaborado en la producción de tequilas ancestrales y mezcales artesanales.

Una de las funciones particulares de David como fundador del Tequila Interchange Project es llevar de excursión a chefs, *bartenders*, distribuidores, investigadores y periodistas a ver de primera mano las interacciones entre los murciélagos nectarívoros y los agaves silvestres que polinizan, con el objetivo de proteger y restaurar esos vínculos ecológicos vitales que apuntalan la industria mezcalera. Lleva mucho tiempo trabajando con productores de mezcal y científicos para promover en Estados Unidos y México mejores políticas, que beneficien a los muchos involucrados en esta industria indígena única.

Gary es bisnieto de un refugiado libanés en México, y también nieto y sobrino de productores clandestinos de bebidas alcohólicas anisadas, como el arak. Cuando todavía no cumplía los 30 años y trabajaba al servicio del famoso explorador de plantas y taxonomista del agave Howard Scott Gentry, inició sus peregrinajes a México para conocer y entrevistar a productores caseros en la Sierra Madre Occidental. Ahí, mientras asistía a Donna Howell con un documental sobre el tema para *Nova*, fue donde presenció por vez primera la sobrecosecha de agaves y el impacto que esta tiene en los murciélagos. Junto con Howell y otros ecologistas interesados en murciélagos —Ted Fleming y Rodrigo Medellín—, fue uno de los primeros en alertar a los defensores de la biodiversidad sobre la necesidad de conservar tales mutualismos benéficos. Como agroecologista y etnobotánico, fue coautor del primer libro sobre el tequila que advertía de las consecuencias de su estrecha base genética. Como conservador de plantas y diseñador de jardines contemplativos, cultiva personalmente más de 40 especies de agave en su «huerto de tortura» para poner a prueba sus adaptaciones al cambio climático, cerca de la frontera entre México y Estados Unidos.

Cada uno por su cuenta, ambos desarrollamos una alta apreciación por las ricas fragancias, sabores, texturas y fructíferas tradiciones culturales asociadas con los destilados de agave. También apreciamos el tiempo que compartimos con las familias —indígenas o no— que preservan el conocimiento ancestral necesario para los grandes mezcales.

Los dos respetamos y defendemos las muchas tradiciones culturales mesoamericanas que rodean y animan el acto de beber y «pensar» el mezcal. Este no ha evolucionado aislado de los muchos otros alimentos, bebidas y rituales conectados con el agave. No nos gustaría que sufrieran apropiación cultural ni que quedaran diluidos. El mezcal no es una moda; es un patrimonio.

De hecho, el mezcal es un elemento icónico del antiguo patrimonio cultural mesoamericano que hace poco fue reconocido por la UNESCO como una tradición gastronómica de importancia mundial. Las tradiciones culinarias y las prácticas de fermentación silvestre propias de México —que incluyen el agave, el frijol, el chile, el maíz, las frutas tropicales y la vainilla— han generado una cantidad asombrosa de fermentos probióticos y destilados únicos, celebrados por todo el mundo.

Dicho eso, también valoramos la tenaz consagración a su arte que la mayoría de los mezcaleros encarnan —sobre todo los de ascendencia indígena—, aunque sigan sufriendo de niveles de pobreza el doble de altos que el promedio nacional mexicano.

Reconocemos que la mayoría de los mezcaleros pertenecientes a los 16 grupos indígenas de Oaxaca son campesinos de subsistencia o jornaleros que cuentan con medios limitados para adquirir tierras y capital suficientes. A ellos rara vez les ofrecen un lugar a la mesa cuando se toman las decisiones políticas que afectan su forma de ganarse la vida. Cuando las dificultades logísticas o las barreras lingüísticas los dejan fuera de los procesos de toma de decisiones gestionados por el Consejo Regulador del Mezcal, se alejan cada vez más de convertirse en los principales beneficiarios de los ingresos generados por las ventas y la fama de sus excepcionales productos.

Cada vez que nos reunimos con mezcaleros, cantineros y consumidores de destilados de agave, reafirmamos los valores arraigados en los sencillos principios de «bueno, limpio y justo» que intentan beneficiar a quienes nos brindan nuestro espirituoso de cada día, no solo nuestro pan. Inspirados en el movimiento Slow Food, aspiramos a habitar un planeta en el que todos tengamos la opción de beber destilados de agave accesibles, ¡sin remordimientos, opresión, culpa ni cruda!

A ambos nos encanta la hermosa diversidad de las especies productoras de mezcal, conocidas como magueyes o agaves. Queremos que su arcoíris de colores, su esplendor de formas y su séquito de aromas no solo sobrevivan, sino que prosperen. Los destilados de agave no solo son hermosos a la vista, increíbles al gusto e impresionantes al olfato, sino que cargan con una historia rica y sinuosa.

A ambos nos preocupa la salud de la tierra y de los miembros de la clase trabajadora que cuidan los agaves en los campos, en las destilerías y en los bares y cantinas. Esperamos verlos trabajar por salarios justos, en entornos libres de pesticidas, con dignidad y bienestar.

A ambos nos importan las maestras y maestros mezcaleros en las destilerías que conocemos y amamos. Admiramos su conocimiento, habilidades, talento artístico y ética.

Por último, a ambos nos encanta el arte de la palabra que les hemos oído a los cantineros, embajadores de destilerías e historiadores de la cultura del mezcal. El buen mezcal no solo se mide por su graduación alcohólica o por su precio, sino por lo memorables que sean su sabor y sus historias.

Para nosotros, los placeres, promesas y problemas conectados con el mezcal y su parentela forman parte del panorama mayor de por qué necesitamos sanar nuestro planeta a tiempo para evitar que muchas especies y culturas lleguen a un fin cierto. Con el cambio climático acelerado, la escasez de agua y la destrucción de hábitats, muchos agaves que se enfrentan a un riesgo agravado de extinción —junto con otras plantas y animales amenazados en los mismos hábitats— podrían desaparecer para siempre en las siguientes décadas. Más de la mitad de las 215 especies de agave descritas hasta ahora se encuentran entre los millones de especies amenazadas en la superficie seca y agreste de esta tierra, el exquisito hogar al que algunos ya llamamos Planeta Desierto. Muchos de los otros 35 agaves «misteriosos» cuyo estatus taxonómico aún no ha sido determinado también son, sin duda, vulnerables, están amenazados o se encuentran directamente en peligro de extinción.

Esas son las malas noticias, pero las buenas son que las plantas adaptadas al desierto, como los agaves, el sotol, los nopales, las piñas, los mezquites y el orégano mexicano son precisamente el tipo de plantas estables y de lento crecimiento que necesitamos introducir a una nueva «agricultura lenta» que ayude a frenar el cambio climático.

Al acuñar el término *agricultura lenta*, nos imaginamos una forma resiliente y regenerativa de producir los alimentos sanos, las bebidas llenas de sabor, los medicamentos efectivos, las fibras fuertes y los combustibles eficientes que requerirán las generaciones futuras. Estamos convencidos de que los agaves y otras suculentas ayudarán a nuestros descendientes a sobrevivir en un mundo insolado y cada vez más sediento. Esta labor trae consigo cierta ironía, pues nuestra sociedad contemporánea está reconociendo de forma demorada lo que científicos del maguey como Howard Scott Gentry y Efraím Hernández Xolocotzi y su cohorte de colegas descubrieron durante el Dust Bowl y la Gran Depresión. Para destilar la sabiduría de los primeros maestros mezcaleros, diremos:

El agave y otras plantas desérticas como el nopal y el sotol no solo son caras bonitas, figuras voluptuosas o fuentes seductoras de bebidas embriagantes. Son trabajadores esenciales al servicio de la naturaleza. Producen los espirituosos con más matices del mundo. El agave y otras suculentas pueden ayudarnos a adaptarnos a los duros retos del cambio climático global y las catástrofes naturales que conllevan, para sobrevivirlos.

El agave y sus parientes no solo son extrañamente diversos en sus arquitecturas, fragancias, sabores y usos, sino que en sus flores y en su carne mantienen a una vasta diversidad de murciélagos, abejas carpinteras, moscas de la fruta, colibríes, larvas, microbios rizomáticos, musarañas y pececillos de plata.

Estas suculentas pueden producir más biomasa comestible o potable con menos agua que la mayoría de los cultivos convencionales, como la papa, el trigo, el arroz o el maíz.

Como plantas suculentas perennes, los magueyes pueden secuestrar más carbono para contrarrestar las emisiones de combustibles fósiles que la mayoría de los cultivos comestibles o industriales plantados año con año.

Los agaves nos brindan mucho más que tequila y mezcal: productos alimenticios, fibras, remedios medicinales, materiales estructurales y arquitectónicos, «néctar» o melaza, y unas cutículas cerosas y parecidas al pergamino llamadas *mixiotes*, que se usan como envoltorio en la barbacoa de hoyo. Tienen todo tipo de usos ceremoniales y rituales, demasiado numerosos para circunscribirlos.

Las pencas (hojas) y los mezontes, mezontles o piñas (corazones) de maguey tatemados nos brindan alimentos de «absorción lenta» que ralentizan la digestión y la absorción de azúcares para reducir el nivel de azúcar en la sangre y aumentan la sensibilidad a la insulina del creciente número de personas que ahora sufren de diabetes tipo 2.

Los agaves también contienen sustancias que combaten las enfermedades inflamatorias, con lo que reducen el riesgo de surgimiento de ciertos cánceres y algunos tipos de arterioesclerosis.

Los magueyes son bellos ejemplos de simetría radial al estilo mandala y de diseños en espiral de una elegancia matemática, por lo que son tan buenos para meditar como para beber o comer.

Estas longevas plantas nos enseñan paciencia, resiliencia, perspicacia y tenacidad. El oaxaqueño Vicente Reyes habla del Camino del Maguey como un camino espiritual: «El Camino del Maguey es continuo e infinito y, al igual que las relaciones entre la vida y la muerte, donde no puede haber dualidad, también podemos ver este ciclo infinito que es asimismo el destino entre las estrellas y el Maguey, que bebe el rocío matutino por el quiote».

Es hora de que la humanidad siga el Camino del Maguey en este momento crucial de nuestra historia y de la historia de nuestro Planeta Desierto. En las siguientes páginas, aprenderás a hablar como agave, a pensar como agave, a resistir como agave y a cambiar la manera en la que interactúas con los agaves para poder permanecer en este planeta cada vez más seco y colaborar con él.

Transformémoslo y restaurémoslo a un Planeta de Simbiosis Sensoriales. ¿Podemos brindar por eso?

PRIMERA PARTE:

EL LEGADO HISTÓRICO
DEL MEZCAL

CAPÍTULO 1

※

LA FAMILIA DE LOS DESTILADOS DE AGAVE

Para muchas personas, nosotros incluidos, su iniciación en el mundo del tequila, el mezcal y demás bebidas obtenidas del agave fue amor al primer sorbo. Intuimos que estábamos entrando a un ámbito fascinante de la cultura, la agricultura, el folclor y el placer mesoamericanos, aunque en ese primer momento no consiguiéramos saborear ni atisbar toda la profundidad del mundo de los destilados.

Durante esas primeras degustaciones, no podríamos haber sabido que las botellas de mezcal contienen los beneficios de una mayor diversidad microbiana y vegetal que cualquier otro tipo de destilado.

¿Cómo podríamos habernos imaginado que cultivar, cocer, machacar, fermentar y destilar las piñas de los agaves crearía una constelación tan viva de sabores, texturas y aromas que estalla como fuegos artificiales en nuestros vasos y copas?

¿Cómo podríamos haber discernido que los seis millones de años de evolución y adaptación del agave a las duras condiciones del Planeta Desierto están condensados en cada cuenco de barro, jicarita de guaje o caballito del que bebemos?

¿Cómo podríamos haber presentido la cantidad de tiempo e ingenio necesarios para desarrollar las lentas tradiciones agrícolas y gastronómicas que usan las culturas indígenas de Mesoamérica y Aridoamérica para cultivar, fermentar y destilar el agave?

Al hablar de *agricultura lenta*, queremos promover la inversión de capital paciente que implican los procesos naturales y los cuidados que han desarrollado los seres humanos para generar alimento y fibras a largo plazo. Tal estilo de agricultura aumenta la retención de humedad y las reservas de carbono del suelo para garantizar también las cosechas futuras. Cada maguey presente en un campo de policultivo indígena atestigua que ellos llevan milenios invirtiendo de esa manera en sus tierras.

Por *gastronomía lenta* nos referimos a la inversión en la lenta fermentación de magueyes de décadas de edad para producir alimentos deliciosos y nutritivos, y también bebidas probióticas que luego son destiladas y curadas durante meses, si no es que años.

Luego de escuchar a destiladores artesanales en las mezcalerías que visitó por todo México, la célebre periodista de destilados Emma Janzen se dio cuenta de que «muchos maestros han exclamado que "el mezcal sabe a tiempo", porque la planta tarda tanto en madurar y el proceso de producción es lento y laborioso. La paciencia es clave para hacer buen mezcal».

Sí, el mezcal sabe a tiempos primordiales. La evolución del propio agave ha sido un proceso lento y paciente. Los primeros agaves y sus parientes más cercanos (tal como los reconoceríamos hoy en día) se separaron de unos lirios parecidos a los espárragos hace unos seis o siete millones de años. Con el surgimiento de las imponentes cordilleras de la Sierra Madre Occidental y el Eje Volcánico Transversal en lo que hoy es México, muchos agaves especializaron su morfología para sobrevivir en zonas proclives a la sequía llamadas *desiertos de sombra orográfica*, como el valle de Tehuacán. Fue ahí donde adquirieron su silueta icónica: hojas como espadas, tejidos centrales suculentos (que conservan agua) y enormes tallos floreados, los quiotes.

Muy similares a como son ahora los agaves, esas suculentas resistentes pero primitivas empezaron a adaptarse lentamente a distintos tipos de paisajes áridos, donde diferentes tipos de rocas, microclimas y polinizadores recién llegados siguieron influyendo en su evolución.

Luego, durante el Plioceno y el Pleistoceno —hace unos 2.7 millones de años—, la evolución del maguey cambió de ritmo. Su velocidad de diferenciación y diversificación aumentó, quizá como resultado de dos factores: el aislamiento geográfico y las interacciones con polinizadores. El aislamiento ocurrió cuando se crearon barreras geográficas a causa de los últimos grandes glaciares y de su posterior retirada. Nacieron nuevas especies con quiotes que parecían candeleros y flores protuberantes adecuadas para que las visitaran los murciélagos. Esa divergencia del genoma de los magueyes en formas completamente distintivas es lo que los biólogos llaman *radiación adaptativa*. Algunas especies de agave invirtieron energía en erigir los quiotes más altos del mundo vegetal: ¡48 pies (14 metros) de alto! Fueron premiados al conseguir que más tipos de polinizadores lograran fertilizar sus flores, lo que resultó en una mayor cantidad de semillas y un mayor éxito reproductivo.

Con el tiempo, esas innovaciones evolutivas generaron un arcoíris de colores y formas en las hojas, y quiotes que podían sostener cientos o incluso miles de flores individuales con fragancias almizcleñas. Las rosetas individuales de pencas crecen entre 36 y 70 años antes de participar en lo que el ecologista Luis Eguiarte llama «un evento reproductivo masivo pero suicida», pero ¡los hijuelos clonados de una planta madre llena de semillas podrían seguir viviendo durante siglos o incluso milenios!

Es correcto: los mejores agaves para mezcal han llegado hasta nosotros gracias al *capital paciente* —las inversiones a largo plazo—, a la aridez austera y a los murciélagos y polillas nocturnos, nectarívoros y ávidos de polen.

Hoy en día, la trayectoria evolutiva de más de 215 especies de agave se enfrenta a otro momento singular de cambio, caracterizado por la crisis, el conflicto y quizá un colapso cataclísmico. Tras millones de años de diversificación, unas cuantas especies se están volviendo monótonamente uniformes y están dominando la cantidad total de magueyes presentes en el paisaje. Debemos decidir si el mezcal y otros destilados de agave deben seguir a la mayoría de las marcas de tequila por el peligroso camino de la industrialización o mantenerse fieles a su diversa historia y sus profundas tradiciones culturales.

Quizá hayas notado que hemos estado usando mucho la palabra *mezcal*, pero lo que nos interesa es toda una gama de destilados 100% de agave que han evolucionado en México durante siglos, no solo los regulados por la definición legal y oficial de la denominación de origen del mezcal que dirige la industria. De hecho, hay un vasto clan de destilados de agave en una docena de estados que no han sido oficialmente aceptados como mezcales según su definición legal actual y sus protocolos regulativos, pero la mayoría de los mexicanos les dicen así de todos modos. Hasta los años setenta, el término científico *agave* no formaba parte del vocabulario de la mayoría de los mezcaleros, ni de los bebedores mexicanos ni del resto del mundo. Como nos contó una vez el maestro mezcalero Miguel Partida, en la plaza de Zapotitlán de Vadillo, Jalisco:

En tiempos antiguos, mis ancestros nunca usaron la palabra *agave*. Las plantas se llamaban *mezcal*, no la bebida. La bebida era simplemente *vino*. Eso es lo más loco de que los Consejos Regulatorios quieran definir legalmente el término *mezcal* y prohibir sus otros usos. Ignoran la manera en la que los campesinos han usado la palabra desde hace siglos, ¡y ya no podemos usar el término en nuestras etiquetas como antes!

Así, pues, perdón si usamos el término *mezcal* de manera más amplia, como equivalente de los muchos tipos de maguey que se cultivan en México, o de los muchos destilados 100% de agave que se han producido históricamente a partir de ellos. De hecho, el tequila proviene de solo una de muchas tradiciones regionales de producción mezcalera, como lo sugiere su nombre antiguo: *vino mezcal de Tequila, Jalisco*. De alguna manera, durante su caprichosa travesía, el tequila perdió la mayoría de sus conexiones con sus raíces ancestrales y se descarriló.

Ese hecho por sí solo —el aislamiento singular del tequila— es clave para comprender el estado actual del mundo de los destilados de agave. Antes de bañarte en una tina de mezcales artesanales, queremos advertirte que muchos destilados de agave están tomando la misma autopista que el tequila lleva recorriendo a todo motor por cuatro décadas. El tráfico en esa autopista está dominado por solo cinco marcas —José Cuervo, Patrón, Sauza, 1800 y Hornitos—, que venden más de un millón de cajas al año, casi tres cuartas partes de ellas destinadas al mercado estadounidense. Fuera de Cuervo, propiedad de la familia Beckman, que divide su tiempo entre México y Estados Unidos, todas las demás pertenecen a corporaciones multinacionales como Bacardi USA, Beam Suntory y Proximo Spirits. Otras grandes corporaciones, como Diageo, Luxco, Brown-Forman, Gallo, Sazerac y Campari, les pisan los talones en la carrera por dominar el mercado etílico global.

Por cierto, ¿notaste muchas corporaciones mexicanas entre esos líderes? Nop. Porque no las hay. ¿Quizá eso te sugiera que la fidelidad a la tradición y al patrimonio no están entre las prioridades de sus ejecutivos? Las marcas mexicanas de tequila, como Fortaleza, Tapatío, Ocho, Cascahuín, Siete Leguas y G4, no son menos disfrutables, pero carecen del capital rápido necesario para acelerar y expandir su mercadotecnia y distribución.

Cada vez que la tradición está en riesgo —como es evidente que lo está ahora—, algunas personas argumentan que el cambio es inevitable, inexorable e ineludible. Declaran que no se puede frenar ni detener el «progreso», y que las tradiciones anticuadas asociadas con la comida, la bebida, el baile, la música o cualquier otra forma artística antigua ni siquiera merecen ser defendidas. Sostienen que la especie humana debe esforzarse por volverse cada vez más competitiva, eficiente y lucrativa, copiando y plagiando productos antes desconocidos para convertirlos en mercancías disponibles para millones de personas con un solo clic.

Si lo único que quieren los consumidores es participar en la nueva tendencia, ¿por qué aferrarse a la tradición por la tradición misma cuando parece que solo estorba? En el caso de muchos destilados de agave desconocidos —bacanora, bingarrote, chichihualco, comiteco, excomunión, huitzila, jarcia, raicilla, sikua, tasequi, tauta, tlahuelompa, turicato,

tuxca, zihuaquio, zotol, etc.—, hay muchas tradiciones que nos arriesgamos a perder si alguien las considera obsoletas.

Donde mejor crece el maguey, en México y en el suroeste desértico,
también estamos perdiendo las tradiciones culinarias de comer mezontes cocidos en horno de piso, de tomar las bebidas probióticas producidas al fermentarlos, de desprender pacientemente las hojas de los
mixiotes cerosos usados para la barbacoa de hoyo, y de tostar las larvas
e insectos cosechados en los agaves y molerlos para hacer sales aroma-
tizadas.

Con esas prácticas gastronómicas se van las recetas, habilidades de
cosecha y dichos transmitidos oralmente durante cientos o miles
de años por los cultivadores, cocineros y curanderas indígenas. Ellos
conocían los magueyes de la cabeza a los pies, con una familiaridad profunda que pocos científicos presumen hoy en día.

Como señaló Vicente Reyes, poeta oaxaqueño, «el conocimiento
que contiene el Maguey es antiguo; ha formado y formará parte de la
sabiduría de los pueblos indígenas. No es propio de libros, no es información reunida en datos que puedan ser comprendidos por la mente
racional».

Por ello, hay mucho en juego en la decisión de qué camino tomarán
los productores de destilados de agave en las siguientes dos décadas: bebidas de calidad, ingresos satisfactorios, culturas arraigadas y biodiversidad en el continente americano. Como dijo hace poco el periodista
Mark Bittman, «la manera en la que comemos y bebemos es la manera en la que tratamos a nuestro planeta, a nuestros vecinos y a nosotros
mismos».

Si perdemos los destilados mexicanos menos conocidos, sacrificare-
mos un futuro sano y diverso para el mundo de los destilados de agave.
Debemos preservar las tradiciones culturales diversas y dinámicas que
promueven la emergencia, la continuación o el resurgimiento de bebidas excepcionales e irremplazables. Estas están profundamente arraigadas en tradiciones antiguas. Preservar esas tradiciones depende de sus
practicantes veteranos, poseedores de un inmenso conocimiento y habilidades tradicionales, que saben cómo plantar, cuándo plantar, cuándo
podar y cómo preparar el agave para hacer comida, fermento, bolsas de

fibra, tapetes, cuerda, ritos, medicamentos y más. También saben cómo salvaguardar las condiciones ecológicas y culturales requeridas para conservar lo que nosotros llamamos *el mutualismo mezcal-humanidad*.

Sin embargo, nunca se te habría ocurrido que la decisión de qué destilado de agave ordenar en el bar o tomar de los estantes de una licorería estuviera relacionada con estos temas más amplios si simplemente te creyeras la publicidad del tequila sin cuestionarla. Desde mediados de los setenta, todos los tequilas de todas las estanterías de todos los bares del mundo se han producido a partir de clones homogéneos de una sola variedad de agave de los cientos que existen: el cultivar *tequilana azul* del *Agave tequilana*.

Hoy en día, el tequila está tan empobrecido en su diversidad vegetal, diversidad microbiana y heterogeneidad de aroma, sabor y fragancia como cualquier otro cultivo en el mundo que se use para destilar alcohol. Una sola botella de un litro de tequila 100% de agave utiliza entre 11 y 15 libras (5 y 7 kilos) de agave genéticamente homogéneo y consume 35 libras (16 kilos) de leña y 65 galones (casi 250 litros) de agua en su travesía por la producción y el procesamiento. Como estimó Florencia Ramirez, autora de *Eat Less Water*, en 2017, «cada año, los estadounidenses sorbemos, tragamos o mezclamos 151 millones de litros de tequila, con una huella hídrica de casi 10,000 millones de galones, lo suficiente para llenar 17,845 albercas olímpicas».

Es como si alguien hubiera agitado una varita mágica y, ¡pum!, toda la diversidad y frugalidad incrustadas en la historia profunda del tequila hubieran sido drenadas de cada botella o regadas al piso.

Todos reconocemos que un buen ramo requiere más de un tipo de flor. Así también, como cualquiera que haya sorbido un mezcal de calidad puede confirmar, hay una variabilidad mucho más valiosa en los destilados de agave que en los tequilas mixtos baratos hechos con agave azul, cepas optimizadas de levadura de laboratorio y toneladas de azúcar añadida. La agricultura del maguey también es mucho más rica que el desierto azul del monocultivo tequilero que ahora cubre cientos de miles de hectáreas en cinco estados de México.

Tan solo en Jalisco, otras variedades increíbles y especies distintas de agave como el bermejo, el listado, el moraleño, el pata de mula, el sahuayo, el sigüín y el zopilote solían ser comunes. Eso es porque se usaban todas para elaborar vino mezcal de Tequila, el precursor del tequila industrial moderno. Así es: el clon de tequila azul no estaba solo hace un siglo en el centro y norte de Jalisco.

La agrónoma del agave y visionaria Ana Valenzuela no solo ha redescubierto esas variedades en los márgenes de la producción tequilera, sino que también fue la primera en intentar conservarlas en «viveros de diversidad amenazada». Ana ha propuesto una agenda nueva para maximizar su valor. Al mismo tiempo, su labor de detective de la historia ha dejado muy claro que la propaganda sobre la primacía del *tequilana azul* para hacer el mejor de los destilados de agave es una tontería elitista. Ignora el hecho de que hasta los años sesenta, ese cultivar era solo uno de ocho agaves diferentes utilizados tradicionalmente para elaborar vino mezcal de Tequila durante siglos.

Por supuesto, al igual que algunas rosas blancas pueden parecerte hermosas, podrías encontrar varios tequilas dignos de atención hechos a partir de ese cultivar de agave. No obstante, la lógica detrás de la exclusión de otros agaves no estaba basada en un deseo de control de calidad ni de sabor extraordinario; surgió de la necesidad materialista (o de la avaricia) de tener una mayor eficiencia, uniformidad, exclusividad y velocidad en la cadena de producción.

Sin duda, el cultivar *tequilana azul* tenía ciertas características inmensamente valiosas y aptas para el crecimiento económico. Crecía rápido en la mayor parte de Jalisco y los estados adyacentes, pues sus clones más precoces maduran en menos de la mitad del tiempo requerido para otros agaves. Puede ser prolífico al generar hijuelos de la planta madre (que algunos cultivadores también llaman *semillas*), que luego se usan para propagarlo. Se trata de propagación vegetativa clásica, como la que haces en tu huerto con el cebollín, el ajo o la cebolla, usando propágulos genéticamente uniformes cortados de la base de la planta madre en vez de una «semilla» real que contenga una variación genética oculta. Además de esas características agronómicas, el contenido de carbohidratos de sus fructosanos es excepcionalmente alto, mientras que sus niveles de fibra indigestible y de saponinas amargas y espumosas son impresionantemente bajos.

En esencia, puedes exprimirle un montón de azúcar a una planta de tequila azul durante un periodo relativamente breve, pues se puede cosechar apenas cinco o seis años tras su siembra. El ciclo vital del tequila está tan recortado por la biotecnología que en inglés ya no debería merecer el término de *century plant* (planta que vive un siglo) reservado para los magueyes. Si crees poder tolerar lo que algunos activistas llaman *infanticidio vegetal*, entonces el tequila industrialmente procesado es para ti.

Mientras que las ventajas de una mayor eficiencia son atractivas, ¿de verdad valió la pena dejar de usar otros siete agaves en la producción del tequila en nombre de la pureza? ¿Acaso los floristas californianos deberían dejar de usar de pronto cualquier cosa que no fueran rosas floribundas iceberg en sus ramos solo porque se dan bien en California? No. Así, ¿por qué debería hacerlo México, país que se enorgullece de ser un foco de diversidad vegetal, tanto silvestre como cultivada? No obstante, los grandes empresarios mexicanos optaron por el pacto faustiano: una denominación de origen para el tequila administrada desde arriba hacia abajo, con el único fin de succionar dinero hacia la cima.

Una denominación de origen es un sistema de protecciones para ciertos productos artesanales y especialidades regulado por el gobierno. Esas protecciones basadas en la geografía son una manera de circunscribir las tradiciones de alimentos y bebidas distintivas de una región o nación particulares. Otras herramientas legales para proteger bebidas regionales son las apelaciones, indicaciones geográficas y las especialidades tradicionales.

Ya sea el vino de la región de Borgoña en el centro-sur de Francia o el jarabe de maple de las florestas en los esquistos del norte de Vermont, los productos alimenticios tienen lo que se conoce como *terroir* o terruño —el sabor único de un lugar en particular— y explotan con los aromas de una cultura veterana.

El objetivo, en teoría y normalmente en la práctica, es proteger la calidad y la peculiaridad de los productos, cimentar su reputación y así salvaguardar el sustento de quienes producen un alimento o bebida siguiendo la tradición de un lugar o una cultura particulares. Hipotéticamente, si Taylor Ham pudiera nombrar y distribuir sus productos como jamón ibérico, la categoría de jamón ibérico perdería su reputación de excelencia, nadie podría estar seguro de que un producto etiquetado como jamón ibérico fuera de la más alta calidad y sus verdaderos productores en la península ibérica se quedarían chiflando en la loma.

¿Qué precipitó que la industria tequilera se vendiera por la cantidad contra la calidad? En los años setenta, cuando la demanda de margaritas se disparaba en una pendiente empinada, los capitalistas mexicanos decidieron que era hora de que se creara la denominación de origen del tequila. El gobierno de México publicó la resolución en diciembre de 1974 y, cuatro años después, la apelación de origen del tequila fue registrada de manera oficial ante la Organización Mundial de la Propiedad Intelectual (OMPI), lo que inició oficialmente su protección internacional. Para poder etiquetar un producto como *tequila* bajo esa denominación de origen, su producción estaba restringida a 181 municipios situados en solo cinco estados que se convirtieron en Tequilandia, en partes del norte y centro de México.

Irónicamente, esos estados y municipios no comparten un terruño identificable para sus destilados. Tampoco comparten una tradición cultural distintiva de factura artesanal, a diferencia de los productores de mezcal de olla de barro de Oaxaca. Según criterios objetivos, los tequileros de esos cinco estados carecían de la mínima cohesión geográfica y cultural exigida de otros alimentos y bebidas protegidos por la mayoría de las denominaciones de origen.

En resumen, el territorio tequilero era un vasto popurrí de rasgos naturales y culturales dispares, que simplemente reflejaba dónde tenían sus propiedades los jefes de las principales empresas mexicanas involucradas en la industria etílica. Durante más de un siglo, la élite tequilera estuvo conformada por acaudaladas familias jaliscienses con grandes haciendas y potentes palancas políticas. Las hijas de varios de esos capos se casaron con ingenieros extranjeros de riqueza equiparable, que supieron cómo modernizar y mejorar sus tecnologías de destilación y mover sus productos por tierra y por mar. Su deseo de incluir una zona bastante pequeña, pero accesible, de agave azul cultivado en Tamaulipas fue espectacularmente ilógica, pues no hubo una sola destilería de tequila ahí durante décadas; todo se lo enviaban a los «peces gordos» de Jalisco para que lo procesaran.

Tres décadas tras la ratificación de la denominación de origen del tequila, una zona de producción particularmente «azul» de 135 millas cuadradas (35,000 hectáreas) dentro de los valles de Jalisco consiguió que la declararan Zona de Patrimonio Mundial de la UNESCO. Sus pancartas presumían el eslogan forzado «Paisaje de agaves y antiguas instalaciones industriales de Tequila». Los miembros del equipo de evaluación de la UNESCO han de haberse rascado la cabeza preguntándose qué «patrimonio» se suponía que estaban «protegiendo». ¿Por qué incluía las instalaciones industriales hipermodernas que alojaban las embotelladoras, las plantas de extracción de inulina y los almacenes donde se escondían pesticidas y herbicidas en botellas? ¿Formaba todo eso parte del antiguo patrimonio mexicano?

No, claro que no. La zona de Patrimonio Mundial del tequila, o paisaje agavero, simplemente es un revoltijo incongruente de aburridas plantas procesadoras, almacenes, destilerías industrializadas y plantas agroquímicas con fachadas para turistas —salas de cata, museos históricos y exhibiciones de la industria— salpicadas aquí y allá. Oyes más camiones de diésel que mariachis y ves más tiendas con venta de herbicidas que ferreterías locales que ofrezcan las coas, los azadones y los machetes de hierro forjado que siempre han sido las herramientas del oficio.

En los días más despejados, aún puede distinguirse el icónico volcán de Tequila cerniéndose sobre los campos de la muerte, pero una bruma de humo de diésel, pesticidas y polvaredas de los plantíos constantemente arados se eleva a sus faldas. Para empeorarlo todo, la intrusión de la producción de frutos rojos en los plantíos de agave ha puesto el paisaje entero en riesgo de ser cancelado por la UNESCO.

Era una zona patrimonial hecha para la televisión, tan profundamente histórica y auténtica como el Palacio del Maíz en Mitchell, Dakota del Sur; el Puente de Londres en el lago Havasu, en Arizona, o Dollywood en Pigeon Forge, Tennessee, que ahora se encuentran entre los «santuarios» más visitados de Norteamérica. Y ahora la UNESCO misma está poniendo en duda su validez como zona patrimonial.

Si quieres evaluar el éxito de la denominación de origen para preservar la integridad del tequila, basta con ver la dudosa reputación de los tequilas mixtos de mayor distribución. Para ser francos, esos falsos tequilas saturados de caña de azúcar no han sobrevivido la tacobellificación. Comparado con otros destilados de agave, el tequila se ha convertido en lo que los «productos alimenticios tipo queso» de Velveeta son para el mundo de los quesos artesanales. Durante décadas, hemos luchado por defender y proteger la integridad del tequila. Hace poco, también luchamos por defender todos los mezcales que caen bajo la amplia bandera del Consejo Regulador del Mezcal, uno de los consejos reguladores que el gobierno de México utiliza para regular, guiar y garantizar la calidad de los productos de la industria.

Para comprender por qué tantos bebedores, destiladores, distribuidores y académicos mexicanos, estadounidenses y europeos están defendiendo la miríada de mezcales contra el monocultivo tequilero, tenemos que llevarte a las ruinas prehistóricas de México, a sus plantaciones en terrazas, a sus tinajas de fermentación tradicionales y a sus estilos de alambiques. Volveremos al dilema del peligroso declive de la diversidad tequilera más tarde, en el capítulo 9, pero, por el momento, lee todo con esto en mente: hay mucho que admirar y por lo cual asombrarse en el mundo de los destilados de agave, pero también hay mucho en riesgo.

CAPÍTULO 2

BEBER Y PENSAR COMO AGAVE

Cuando brindamos con algún destilado tradicional del agave, rara vez pensamos que, al beberlo, estamos ingiriendo el alma de otro ser. No percibimos conscientemente que las moléculas, células y firmas isotópicas de otra vida consciente, sensible y espiritual se están incrustando en las nuestras.

Sin embargo, desde el primer bautizo científico de estos «aloes americanos», en 1797, se les confirió un estatus espiritual especial comparados con otros representantes del mundo vegetal. El término científico *Agave* se deriva de un cúmulo de lexemas griegos con dimensiones míticas, incluyendo *agauos*, «noble, ilustre, de alta cuna o santo», y *agasthai*, «asombrarse, regocijarse, estar exultante». Podríamos concluir que los primeros botánicos presintieron que los agaves no solo eran seres del mundo vegetal, sino que también estaban elevados al espiritual.

Para conocer a los mezcales (como bebidas) en el sentido más amplio de la palabra, tenemos que conocer el alma misma del agave, pues es la más compleja, paciente y resiliente del ámbito floral. Como comenta Emma Janzen en su libro de 2017 *Mezcal: The History, Craft & Cocktails of the World's Ultimate Artisanal Spirit*:

El mezcal no puede destilarse de ninguna otra planta más que de las que pertenecen al género botánico *Agave*. Así, cuando bebemos mezcal, nos convertimos —metafórica y bioquímicamente— en miembros de la familia *Agave*. De hecho, los magueyes son las únicas suculentas del mundo usadas comúnmente para destilar bebidas alcohólicas. Por ello, para entender exactamente por qué tantos mezcales encarnan tanto sabor, fragancias y sustancias maravillosas, debemos comprender las maneras asombrosas en las que los agaves han logrado crecer y sobrevivir en un mundo lleno de estrés e incertidumbre.

O, como dijo el destilador y científico del agave Iván Saldaña Oyarzábal en su ensayo *The Anatomy of Mezcal*: «El mezcal debería volvernos humildes. Tiene dimensiones que no se pueden aprehender usando información racional, historia o biología. Quizá sea la experiencia sensorial que crea, el estado mental y las emociones que puede generar. Los chamanes de las regiones zapoteca y mixe lo usan para viajar y pensar».

La posibilidad de que los agaves sean conscientes y sabios nunca ha quedado expresada con mayor claridad que en las palabras que nos dedicó el maestro mezcalero Tomás Virgen en la plaza de Zapotitlán de Vadillo, Jalisco, donde nos sentamos a las faldas del volcán de Colima:

Los agaves son muy inteligentes. Durante la sequía, saben cuándo y cómo ralentizar sus actividades y enrollar sus pencas para conservar agua. Pero en cuanto empieza a llover de nuevo, ¡saben cómo abrir el changarro rápido y atrapar toda la lluvia en sus pencas como canaletas para desatar un brote de crecimiento nuevo! Hay mucho que podemos aprender de ellos.

Cuando dos mezcaleros reconocidos a nivel internacional le rinden homenaje a la sabiduría de una planta desgreñada, por momentos larguirucha y exuberante, por considerarla fuente de inteligencia, ¡quizá los demás deberíamos prestar atención! Si pensamos y bebemos como agaves, tal vez algún día aprendamos a vivir de forma placentera en el sediento mundo del Planeta Desierto. Ese panorama está a la vuelta de la esquina, y apenas acabamos de aceptar su realidad.

Las raíces lingüísticas del término *mezcal* podrían provenir del náhuatl *mexcalli*, una fusión de *metl*, «maguey», con *ixca*, «asar, hornear». El cocimiento de esa peculiar planta en hoyos de barbacoa queda sellado con el afijo *-l-* y el sufijo *-li*, porque así hacen los nahuas para cerrar un sustantivo a partir de una raíz verbal, como *ixca*.

En resumen, la esencia del mezcal es el matrimonio del agave y el fuego, pues necesitas la energía y los aromas de ciertas maderas nativas de México para cocer y destilar los agaves y convertirlos en algo divino. Si no conoces el agave mismo, y el fuego que arde en su interior, es difícil saber qué hace un buen mezcal.

Mucho antes de que llegaran los conquistadores españoles y presenciaran los campos de magueyes en Mesoamérica, el uso de la palabra nahua *mexcalli* se había extendido muy lejos de las tierras aztecas del centro de México. Un dialecto del náhuatl también se usaba como *lingua franca* para el comercio entre muchas otras culturas, sobre todo las que intercambiaban plantas alucinógenas, pericos, cacao, incienso, obsidiana, guajolotes y turquesa desde Centroamérica hasta lo que ahora llamamos el suroeste de los Estados Unidos.

Conforme este término nahua para los agaves viajó por todo lo ancho, *metl* fue modificado para describir muchas formas distintivas, tamaños y sabores de maguey. Distintos prefijos se le añadieron para describir el abanico de agaves que habitan las tierras de Mesoamérica y Aridoamérica. Los aztecas usaban «sentimentalmente» el término *centemetl* para el *Agave atrovirens*, inusualmente enorme; *hocimetl* para el divinamente curvo *Agave inaequidens*; *mecometl* para las hojas argénteas y en forma de espada del *Agave americana*; *metometl* para el fibroso y jabonoso *Agave lechuguilla*, y *papalometl* para las siluetas de mariposa del *Agave potatorum*.

Por supuesto, hay más variedades de *metl* —como pronto veremos y saborearemos—, pero cada una nos recuerda que la diosa azteca del agave, Mayahuel, tenía tantos senos como brazos la diosa hindú Durga. No hay solo una especie dominante de maguey, como sucede con el maíz y la manzana. En vez de ello, los agaves ilustran una coalición ar-coíris, una congregación vivaz, un grupo variopinto de donadores de órganos vegetales.

Dicho esto, se ha abusado del término *mezcal*. Tradicionalmente esta-ba reservado para los productos del agave cocidos en horno de piso. Por lo tanto, debería excluir algunas bebidas aledañas como el sotol (del género *Dasylirion*) y los tequilas hechos sin agave cocido en hor-no de piso, al igual que la variedad industrial que contiene casi tanta caña de azúcar como de maguey. El mezcal del agave tampoco debería ser confundido con las leguminosas venenosas de la sófora, llamadas en inglés *mescal*, ni con la mescalina alucinógena extraída del peyote (género *Lophophora*).

Además del agave particular que se coseche, el tipo de leña usado para tatemar las piñas maduras en hornos de piso o de mampostería es fun-damental para la fragancia e integridad del mezcal. Eso se debe a que los aromas ahumados, caramelizados o ligeramente carbonizados de dis-tintos mezcales se obtienen al quemar maderas duras seleccionadas es-pecialmente por su fragancia: mezquite, roble rojo, roble blanco, álamo y pino. Otras maderas, como el oyamel (*Abies religiosa*), son seleccio-nadas para hacer las tinajas que se usan para la fermentación, o las ba-rricas en las que reposan los añejos. Desafortunadamente, esos árboles están escaseando en la región, debido a la creciente demanda para tate-mar y destilar agave.

Por supuesto, puede extraerse una sustancia dulce del maguey sin ta-temarlo sobre leña —tirando plantas inmaduras en autoclaves y difuso-res—, pero sin los mismos placeres sensoriales ni efectos organolépticos que le confiere ese proceso. Como nos confirmó la investigadora del te-quila Anne Gschaedler-Mathis en su laboratorio CIATEJ en Guadalaja-ra, «sin duda alguna, hay múltiples consecuencias de cosechar plantas inmaduras en las poblaciones de tequila». Ningún parche tecnológico rápido le brindará al mezcal el sabor y la fragancia que puede ofrecer ta-temar las plantas maduras en un horno de leña, ya sea de mampostería o de piso.

Es fácil sentirse abrumado por la diversidad del mundo de los destilados de agave, a menos de que no pierdas de vista un hecho fundamental: los destilados de agave son distintos de otras bebidas espirituosas porque se originan en un clan vegetal particular. Para comprender por qué los destilados de agave son tan diferentes, debes entender a qué se enfrentan los magueyes en los entornos duros e inciertos en los que crecen. La mayoría de los destilados provienen de pastos (cereales y caña de azúcar), de uvas y otras frutas, o de tubérculos como la papa. Pero los agaves, debido a los sabores, fragancias y texturas encontrados en su pulpa o mosto, tienen firmas químicas completamente diferentes, distintas de cualquier cosa que esté en la materia prima utilizada para otros destilados.

Cada vez que sorbes mezcal de una jicarita o un caballito, está goteando sagas de sufrimiento y supervivencia. Estás saboreando la evidencia de las exquisitas adaptaciones que los agaves, mientras luchaban por sobrevivir y reproducirse, desarrollaron para enfrentarse a una incertidumbre abrumadora y un estrés innegable, ambos más severos que los enfrentados por cualquier otra planta que bebamos como licor o elíxir. La esencia de esas luchas terminará en cada sorbo de mezcal, raicilla, bacanora o comiteco que bebas en tu vida.

Uno de los científicos más queridos y citados del continente —el ecologista internacionalmente reconocido Exequiel Ezcurra— nos recordó alguna vez que la esencia de un agave es un montón de carbohidratos dulces y melosos atrapados en un esqueleto azotado y fibroso que abre sus hojas al sol. Con razón durante los últimos 10 milenios los seres humanos han decidido usarlo como fuente de fibra para tejer cuerdas, morrales, cinturones, tapetes y petates. Con razón averiguaron la manera de acceder a ellos como una fuente garantizada de azúcares fermentadas para beber; de energía líquida dulce y pegajosa enrollada en estructuras duraderas.

Eso son los agaves según el famoso doctor de plantas Ezcurra: «Durante cinco mil años, los agaves han proveído a la población de México de dos cosas: fibras, que son una consecuencia necesaria del tipo de hojas de nervaduras paralelas, y azúcares, que son una consecuencia necesaria de la acumulación de energía y nutrientes en la base de la roseta».

Por supuesto, hay una buena razón por la cual en inglés se llaman *century plants*, aunque pocos agaves, si es que alguno, lleguen al siglo de vida: se mantienen célibes y retrasan las relaciones sexuales mucho más tiempo que otras plantas, pero luego lo hacen de forma explosiva. Los magueyes son plantas perennes resilientes y pacientes que pueden soportar dificultades durante décadas —como si fuera una suerte de rito de paso extendido— antes de ser «liberadas» para hacer sus trucos reproductivos, bastante impresionantes, por cierto.

Cuando le llega el momento, el maguey dispara un quiote enorme, florece, se sonroja mientras lo polinizan y, cuando la consumación del acto sexual tiene éxito, suelta semillas y muere invariablemente. ¡Reproducción suicida! (Por supuesto, la analogía es imperfecta porque el murciélago y el agave no están teniendo relaciones sexuales entre sí y los murciélagos no mueren. El polen del maguey que pasó de la antera de una flor al pistilo de otra germina en el estilo del estigma y luego crece hacia abajo y entra al ovario para llegar al óvulo y «fertilizarlo»). Un estallido y luego un gimoteo que nadie ve ni oye.

Sí, los agaves literalmente se matan tratando de reproducirse. Agotan todas las reservas que guardaron durante su vida solo para tener una temporada de sexo, por el que literalmente mueren. Es triste pero cierto que cada roseta de maguey individual solo tiene una efímera oportunidad de consumación sexual en toda su vida.

Bueno, eso no es toda la verdad. Es difícil discernir qué es en realidad un agave «individual». Cada roseta de una «planta madre» podría tener ramas subterráneas parecidas a raíces, llamadas *rizomas*, que se extienden por el suelo para generar rosetas más pequeñas y jóvenes. Gracias a esas ramas pervive la red del mismo *genet* o individuo genético, aunque la planta a ras de suelo muera. Cada uno de esos brotes o *ramets* se llama *hijuelo*, y sus rosetas también terminarán generando quiotes. En resumen, cada roseta de hojas es como la rama terminal de una planta de muchas cabezas, el análogo botánico de la serpiente de agua que los griegos llamaban hidra... o de la diosa de los muchos senos, Mayahuel.

Al podar los hijuelos para separarlos de los tejidos conectivos de los rizomas subterráneos, los mezcaleros pueden usarlos para propagar agaves «nuevos». Ese es el segundo método más común por el que los magueyes se reproducen y mantienen su especie. También se ha vuelto problemático, pues el abuso de la propagación clonal en el campo o en el laboratorio es lo que lleva al monocultivo.

El tercer medio es por medio de plántulas, llamadas *bulbillos*, que surgen del quiote cuando las flores caen de él. Son clones genéticamente idénticos de la planta madre, al igual que las cebollas, los ajos o los arantos.

En resumen, cada agave particular o cabeza puede reproducirse sexualmente solo una vez, pero el individuo genético entero o clon prácticamente tiene vida eterna. Su propagación vegetal continua es casi tan buena como la reencarnación. El maguey ve el mundo a nuestro alrededor a largo plazo.

Como insinuamos antes, su capacidad para una larga vida es lo que hace que el agave sea perfecto para la inversión de capital paciente en la «agricultura lenta». Con el paso del tiempo, un solo cultivo de maguey puede producir mucha más biomasa comestible o bebible en una década que 10 diferentes temporadas de cultivos anuales en el mismo periodo. Así, las formas de agricultura basadas en cultivar agaves perennes podrían ser el antídoto perfecto para los ciclos rápidos de auge y decadencia de los cultivos efímeros, que agotan los suelos, las reservas de agua y el capital humano.

Quizá ya te estés planteando la pregunta obvia: ¿cómo hacen los magueyes para mantenerse con vida durante tanto tiempo con el reto constante de vivir en desiertos, estepas semiáridas, bosques de pino secos, acantilados yermos sobrevolando doseles selváticos o matorrales subtropicales asolados por la sequía?

Lo logran invirtiendo en un conjunto de estrategias estructurales y químicas tan eficientes e ingeniosas que aturden a la mayoría de los arquitectos, bioquímicos, ingenieros mecánicos y fisiólogos. Veamos cómo consiguen no solo sobrevivir bajo condiciones estresantes, sino prosperar cómodamente donde pocas plantas más habitan.

Para pensar como agave —si podemos usar una metáfora acuñada por el difunto Tony Burgess, un texano profético—, primero debes imaginar un mandala radiante. Eso es exactamente lo que forma una roseta de hojas de maguey, exquisitamente diseñada para cumplir dos metas. La primera es que debe absorber de forma eficiente mucha luz fotosintéticamente activa sin quemarse. La segunda es que debe recolectar la escasa agua de lluvia para mantener sus tejidos internos húmedos y suculentos. Su arquitectura radial permite que ambos objetivos se consigan.

Al igual que la concha de un nautilo, una col china o una piña, lo que al inicio parece un mandala de hojas de agave es una espiral de fractales bailando alrededor del núcleo de la planta. En el corazón del agave hay un núcleo de tejido meristemático llamado *cáudice*. Cuando los botones surgen del meristemo, se desata un patrón matemáticamente preciso de giro llamado *secuencia de Fibonacci* o *espiral áurea*.

A partir de ese tejido central, el primordio de cada hoja surge sin obstáculos para intentar alcanzar el cielo, de modo que, durante una jornada, del amanecer al atardecer, consigue una absorción casi óptima del espectro de energía solar que alimenta su crecimiento. Ninguna penca bloquea nunca por completo la que tiene debajo, pues cada una está desplazada ligeramente con respecto a la anterior de tal modo que recibe más luz que sombra.

Y, sin embargo, incluso en los días más calientes, conforme el sol avanza por el cielo, las hojas se proyectan entre sí sombra suficiente para que rara vez sufran de insolación. La mayoría de ellas tiene una cutícula gruesa y cerosa llamada *mixiote*, que simultáneamente refleja el calor y retiene la humedad. Los distintos colores y lustres de las pencas de maguey también ayudan a la planta a reflejar la radiación solar y el calor excesivos: la superficie argéntea del monstruoso *Agave americana* es tan brillante que repele a ciertos insectos chupahojas que intentan succionarle la humedad.

Como nos recuerda el ilustrador científico Paul Mirocha, «los agaves nos pueden enseñar de arte y matemáticas, pero nosotros estamos programados para adorar su armonía visual, sus elegantes formas arquitectónicas».

Cuando reflexionamos mudamente sobre su forma espiral perfecta durante un rato, nuestra presión arterial puede bajar, nuestra frecuencia cardiaca puede ralentizarse hasta alcanzar un pulso más estable y una sensación de profunda tranquilidad puede surgir de nuestro interior.

Ahora bien, aquí es donde entramos en los pintorescos hábitos de bebida de los agaves. Sus pencas podrán parecer espadas, pero no están diseñadas como armas, sino como conductos recolectores de agua. Están inclinadas y ahuecadas para drenar toda la lluvia que caiga en su superficie, por breve o intensa que sea, hasta su base y, en última instancia, hasta las raíces escondidas del sol. La mayoría de las hojas están arrebujadas cerca del suelo, donde pueden canalizar el agua de lluvia para que caiga inmediatamente debajo de ellas, en vez de perderse. Esa humedad es absorbida por las raíces, que están protegidas de la evaporación en los días cálidos.

Ya que algunos agaves usados para hacer mezcal tienen pencas de 6 a 8 pies (2 a 2.5 metros) de largo, recolectan mucha más agua de lluvia durante una tormenta que la que corre por los lomos espinosos de los lagartos cornudos o los flancos pinchudos de los saguaros. Son unas canaletas excelentes.

Además, esas hojas canalizan el agua de lluvia hacia las raíces a una velocidad sorprendente, pues la mayoría de las raíces receptoras están a seis pulgadas de la superficie del suelo. En una minirráfaga de lluvias estivales que dejen caer menos de un tercio de pulgada de agua, ese magro suministro por pulgada cuadrada de superficie en la penca es multiplicado conforme corre hacia abajo y se acumula debajo de la base de las hojas, donde los primordios de las raíces empiezan a surgir y absorber la humedad apenas unos minutos tras el inicio de una tormenta.

Ese flujo repentino de agua basta para que el agave inicie un brote de crecimiento nuevo que puede persistir durante ocho días sin otra gota de agua. Las hojas abren sus poros estomatales y se ponen a trabajar, generando fibra (o futuro mezcal) mientras los tejidos del maguey se mantengan más húmedos que el suelo.

Los fisiólogos de plantas desérticas llaman a esa capacidad *estrategia de pulso/reserva*, pues los agaves pueden aprovechar rápidamente un breve don de humedad y aferrarse a él durante meses. Al igual que los forajidos del Viejo Oeste o los cazadores-recolectores del desierto, son oportunistas supremos que saben mantener un bajo perfil y no salir quemados cuando los riesgos aumentan demasiado.

En otras palabras, los magueyes saben beber responsablemente. El fisiólogo vegetal Park Nobel determinó que los agaves suculentos consumen y usan agua con una eficiencia ocho veces más alta que la mayoría de los cultivos anuales herbáceos, como el frijol y el melón, y entre dos y seis veces más que el maíz y la caña de azúcar. La eficiencia con la que una planta de mezcal bebe agua para obtener biomasa comestible o bebible es más alta que la de casi cualquier otro cultivo de alimentos o bebidas en el mundo.

Durante una sequía, el suelo pierde humedad mucho más rápido que los tejidos internos del agave. Los magueyes simplemente se desprenden de la mayoría de sus pelos radicales y cierran los poros estomatales que usan para «respirar» por periodos más largos de tiempo. La densidad de esos poros es mucho más baja en ellos que en la mayoría de las plantas, por lo que sus pencas enceradas carecen de medios para «sudar» humedad en los periodos secos del año. Cuando la sequía arrecia, los agaves se retiran a un estado parecido a la hibernación o «estivación» de las tortugas desérticas en verano. En ese estado de «animación suspendida», sus índices de pérdida de humedad por transpiración se reducen al mínimo.

Este truco de conservación de agua ha sido más o menos dominado por unas 20,000 especies de suculentas de 40 familias vegetales, desde el aloe hasta las orejas de elefante. Pero muy pocas de esas laureadas en conservación han sido domesticadas y cultivadas comercialmente: una docena de especies de agaves, dos tipos de pitahayas, seis cactus columnares, media docena de nopales, una piña y una especie de vainilla son los únicos cultivos con esa capacidad para la frugalidad hídrica.

Cada una de esas plantas ha desarrollado formas similares de conservar agua y a la vez producir comida y bebida abundantes de forma independiente. Las suculentas lo logran gracias a un truco bioquímico y fisiológico llamado *metabolismo ácido de las crasuláceas* (CAM, por sus siglas en inglés). Un montón de sílabas para decir: «Ahorramos agua».

Ser una suculenta con CAM se reduce a usar la ruta fotosintética más eficiente disponible a cualquier planta en el planeta. Los agaves pueden producir una abundancia de biomasa comestible con magras cantidades de humedad comparados con casi cualquier árbol, arbusto o cereal. Se mantienen tan hidratados, rechonchos, suculentos y turgentes que suelen hacer que el maíz, los frijoles y las calabacitas que comparten milpa con ellos parezcan flores marchitas en comparación.

Al abrir sus poros estomatales para inhalar dióxido de carbono durante las horas frescas de la noche en vez de al calor del día, los magueyes rara vez dejan que se les escape agua. Cuando sí se enfrentan cara a cara al sol ardiente, una proteína especial llamada mayahuelina (sí, bautizada en honor a la diosa del maguey) los protege de los intensos cambios de temperatura que pocas otras plantas son capaces de tolerar.

¡Quizá eso convierta a los agaves en las únicas plantas con una proteína bautizada en honor de una diosa con muchos senos para amamantar a sus muchos hijos!

Con todas esas herramientas, los magueyes están preparados para hacer su otra labor fisiológica de convertir luz solar en calorías vegetales durante el día, cuando tienen los poros estomatales cerrados. Si bien separar su maquinaria fotosintética en dos turnos ralentiza su ritmo de crecimiento, ese doble turno les permite sobresalir en otros ámbitos.

Milagrosamente, se convierten en la tortuga lenta pero segura que siempre gana el maratón del Cinturón del Sol.

Una cosecha de agave proveniente de una sola hectárea de tierra cultivable —unos dos acres y medio— puede producir entre 25 y 40 toneladas métricas de biomasa comestible durante una década. Ya sea que se las convierta en comida o bebida, es un mucho mejor rendimiento por el agua invertida en su crecimiento que el de casi cualquier otro cultivo en el mundo. Con un presupuesto hídrico combinado de lluvia y una irrigación complementaria mínima de solo 20 pulgadas (500 milímetros) por hectárea al año, el *Agave americana* puede producir ocho veces la biomasa seca del maíz o el algodón en los desiertos de Arizona.

Como insinuamos antes, el crecimiento paciente de un maguey supera por mucho la productividad acumulada de 10 cosechas separadas de cultivos anuales repartidos en el mismo periodo de tiempo. El crecimiento acelerado del maíz y la caña de azúcar no se compara con la cosecha de un solo agave.

Si bien sabemos que el maguey ha sido una fuente básica de alimento desde hace milenios, es difícil discernir exactamente cuándo empezó su domesticación en Mesoamérica y Aridoamérica. Sabemos que el cultivo prehistórico de una docena de especies de agave se extendió al menos hasta Guatemala, en el sur, y hasta Arizona, en el norte, pero seguimos sin saber exactamente cuándo ni dónde ocurrió la domesticación del maguey en ese arco de 2,000 millas de agricultura antigua. Hay quienes sospechan que Oaxaca y Puebla fueron la cuna de la agricultura del agave, mientras que otros conjeturan que Colima y Jalisco, o San Luis Potosí, Hidalgo y Querétaro, fueron el verdadero lugar. Por muchas razones, aún no logramos averiguar dónde se cultivaron magueyes a gran escala por vez primera.

Esto se debe a que sigue siendo difícil de discernir cuándo el agave pasó de ser silvestre a ser un cultivo casual, y luego a la domesticación completa y formal. Esa transición genética involucra algunos de sus rasgos heredables, moldeados por el ojo avizor de sus cuidadores y cosechadores y las sensibles papilas gustativas del maestro mezcalero.

También pudo haber requerido técnicas de plantación, protección, cosecha y cocimiento cada vez más sofisticadas.

Al parecer, la dificultad que tienen los arqueólogos para datar el inicio de la domesticación del agave proviene de dos dilemas.

El primero es que ni siquiera el mejor arqueobotánico puede determinar con facilidad si las fibras de maguey encontradas en una cueva fueron cosechadas de ejemplares silvestres o si muestran indicios de una reacción favorable al cultivo y selección cultural de características superiores. Como lo único que queda de la penca es su espina terminal o su borde serrado lateral, los científicos de campo rara vez pueden identificar la especie de la que fue cosechada. Es aún más difícil confirmar que haya sido de alguna de las variedades bautizadas de agave domesticado que aún se cultivan, como se hace rutinariamente con los cultivares de chile o calabaza.

En todos los magueyes, la transición morfológica de ser completamente silvestre a ser una planta domesticada no es tan drástica como la que encontramos entre el teosinte y el maíz cultivado. Los agaves domesticados suelen crecer más, madurar más rápido y reproducirse menos por semilla y más por bulbillos e hijuelos.

Para empeorarlo todo, incluso cuando encontramos restos antiguos de maguey rodeados de herramientas y rasgos de paisaje agrícola, como terrazas de piedra, seguimos sin poder estar seguros de que fueran cultivados exclusivamente para hacer bebidas alcohólicas. Es igual de probable que se cosecharan por su ixtle —las fibras utilizadas para hacer cestería—; para comerse sus flores frescas, sus mezontes tatemados o sus quiotes, o para producir bebidas ligeramente fermentadas, como el pulque.

La mayoría de los arqueólogos conservadores descartan la posibilidad de que la destilación de mezcal fuera un incentivo para la domesticación inicial del agave. Sostienen, por el contrario, que el cultivo prehistórico del maguey empezó con una mayor demanda de aguamiel para fermentarlo y convertirlo en pulque, una bebida ligeramente alcohólica. Hasta hace poco se consideraba que el cultivo del agave para producir destilados como el mezcal era un fenómeno de «origen mestizo», posterior a la Conquista.

En esencia, los historiadores sostienen que antes de 1565, cuando los comerciantes filipinos y chinos y sus esclavos trajeron alambiques asiáticos desde el otro lado del Pacífico en el Galeón de Manila, no había ninguna necesidad de cultivar miles de hectáreas de agave para producir destilados. El pulque —no los diferentes y variados mezcales, y sin duda no el tequila— era la fuerza motriz que impulsaba la agricultura del maguey.

Ahí es donde entran las pesquisas de Miguel Claudio Jiménez Vizcarra, abogado, filántropo e historiador del agave nacido en Guadalajara. Él encontró evidencia asombrosa de producción temprana de mezcal —no solo de pulque— en un reporte de 1541 proveniente de Tlaltenango, en la provincia novohispana de Nueva Galicia. Ahí, los habitantes indígenas estaban bebiendo jarras de «vino» casero mucho antes de que la producción de uva vinícola se hubiera establecido en la región; no habían pasado ni 50 años desde la llegada de Colón al Nuevo Mundo.

Claudio Jiménez está seguro de que se estaba usando agave para hacer destilados estilo coñac 20 años *antes* de que el primer Galeón de Manila pudiera haber llevado a México los primeros alambiques filipinos o chinos para destilar jugo de coco o de caña. Por lo tanto, argumenta que hubo destilación prefilipina en México, si no es que precolombina.

Para 1547, los oficiales españoles estaban preocupados porque muchos habitantes indígenas de la región «se emborrachaban y regocijaban» con un vino hecho de maguey que fabricaban en sitios donde se cultivaban grandes cantidades de agave.

En ese entonces, el término *vino* no solo se usaba para la bebida de uva fermentada. Como nos recuerdan Miguel y Macario Partida, el agave recibía el nombre tradicional de *mezcal*, pero sus destilados se llamaban simplemente *vino* en el habla popular, o *vino mezcal* cuando se hablaba con foráneos.

Para 1576, los escritos de Santiago del Riego —enviado del rey Felipe II de España— demuestran que los neogallegos ya bebían *vino mezcal*, un nombre que han usado desde entonces para referirse a los destilados de agave cultivado. Eso sugiere que iniciaron con la producción de vino a partir de plantas nativas, y quizá también de destilados.

Los mesoamericanos no solo bebían ya montones de mezcal, sino que este provenía de sus magueyales, plantíos de maguey intencionales, y lo estaban produciendo a escala comercial. Su consumo era tan común que Santiago del Riego quería que se prohibiera su producción.

Entonces ¿cómo se verían los cultivos tradicionales de mezcal antes de que llegaran los estilos agrícolas europeos a cambiarlos? En primer lugar, definitivamente no eran monocultivos de un único tipo de agave separado de otros cultivos de alimentos y bebidas, como nopales y cactus columnares, mezquites y guamúchiles, alternados con franjas de maíz, amaranto, frijol, hojas verdes y calabacitas entre las filas de plantas perennes.

Aún en nuestros días, desde Jalisco hasta Oaxaca, muchos campesinos plantan y cosechan agaves para mezcal en milpa. *Milpa* es su término para un diverso paisaje agrícola de plantas anuales y perennes mezcladas, no limitadas al maíz y el frijol y la calabacita que lo acompañan. Pero si voláramos sobre México y el suroeste de los Estados Unidos hace cientos de años, veríamos tantas milpas en terrazas de las laderas como en lo profundo de los valles. Mesoamérica y Aridoamérica rivalizaban con Perú y Filipinas en su área total convertida en terrazas cultivables. Los magueyes subían y bajaban bailando por esas escalinatas con la facilidad de Shirley Temple y Mr. Bojangles o de Fred Astaire y Ginger Rogers.

Hoy en día, dos de esos diseños en capas tradicionales, o *trazos*, siguen existiendo. Ambos incluyen estrategias de recolección de lluvia y retención de suelo que mantienen la humedad y fertilidad de la tierra. Así, los plantíos de agave pueden prosperar durante décadas, si no es que siglos, sin agotar el suelo, de modo que su secuestro de carbono, agua y nutrientes no quede perdido. Los dos tipos de paisaje agrícola que generan agaves y suelo cultivable fueron bautizados por los aztecas hace mucho tiempo, pero su uso se extiende mucho más allá de las comunidades agrícolas nahuahablantes del corazón de Mesoamérica.

El metepantle es el primer tipo de trazo diseñado exquisitamente para producir magueyes para mezcal. Nuestro amigo el pulquero y lingüista Juan Olmedo explica que el término proviene del náhuatl *metl*, «agave»; *tepetl*, «colina o ladera», y *apantli*, «línea, canal, muro o terraza». Un término relacionado, *nepantla*, se refiere a la cama o espacio cultivado al interior de cada terraza, bordeado de agaves. Ahí es donde se retiene el suelo —que de lo contrario sería arrastrado por las tormentas—, y donde un volumen de humedad mucho más alto que el que cae en un maguey hidratado por la lluvia es absorbido por el suelo y las raíces.

Los metepantles son filas espaciadas de agaves que forman y retienen el borde de las terrazas de tierra que recorren el contorno de una ladera o colina. Cada fila cultivada de magueyes puede tener otros cultivos plantados encima o debajo de ella, ya sean cactáceas, como el nopal y la pitaya tamaulipeca, o árboles, como el mezquite, el guamúchil y el bonete, que nos brindan productos útiles para la comida y la bebida. En el sistema de metepantles no hay muros de piedra bordeando las terrazas, solo una red de raíces de maguey para retener el suelo. Con el tiempo se forma una topografía en terrazas. Es un sistema que requiere menos trabajo de construcción y mantenimiento que las terrazas de piedra de las trincheras o tepantles, y, por lo tanto, es más común.

En algunas partes de México, los términos *trincheras* y *huertas* también se usan para referirse a esos paisajes cultivables. En esos sistemas agroecológicos, se protege a las laderas de la erosión creando terrazas planas que terminan en muros de piedra que aseguran sus bordes estructuralmente. Los tepantles normalmente se usan para sembrar maíz y otros cultivos anuales herbáceos, además de magueyes. Las raíces de los agaves refuerzan la estabilidad del muro al contener aún más tierra y redes micorrízicas, mientras que los cultivos herbáceos sueltan materia orgánica y nitrógeno para mantener la fertilidad.

Aquí es donde toda esa magia fisiológica tras bambalinas se vuelve palpable... y comestible. Una manera que los agaves han descubierto para conservar el agua que absorben sus raíces es almacenándola en carbohidratos gelatinosos especiales llamados *inulinas*. Las inulinas son

higroscópicas, lo que significa que enlazan estrechamente las moléculas de agua en sus moléculas almacenadoras, de modo que la humedad
se pierda a un ritmo relativamente lento, incluso en los días más cálidos
y secos. No solo protegen a la planta contra la deshidratación, sino que
también reducen el daño causado por las heladas catastróficas.

Vale la pena mencionar que las mismas cualidades que garantizan que
las inulinas liberen lentamente la humedad del tejido de un agave desértico también sirven para ralentizar la digestión y absorción de azúcares en los magueyes cocidos cuando los consumimos. Las inulinas
especiales de la mayoría de los agaves que se tateman para hacer mezcal
—recientemente bautizadas *agavulinas*— definen a los mezontes como
alimentos hipoglicémicos, o de «absorción lenta». Lo que eso significa es que pueden ayudar a prevenir o reducir los efectos en la salud de
la diabetes tipo 2.

Hay algo maravilloso sobre la manera en la que los magueyes sobreviven a condiciones difíciles. Esa maravilla se derrama a los caballitos
de mezcal cada vez que se cosecha, cuece, fermenta y destila una de esas
magníficas plantas de lenta maduración.

Si aprendemos a pensar y beber como lo hace un agave en la naturaleza,
quizá también seamos más capaces de adaptarnos a todos los desafíos a
los que se enfrentarán las futuras generaciones de la humanidad en un
mundo más caliente y seco. El cambio climático ya llegó, y necesitamos
aliados (como los magueyes) que puedan secuestrar el carbono para reducir el impacto de las emisiones de gases invernadero. También necesitamos sembrar comida que soporte el calor y use menos agua que los
cultivos tradicionales. Pero nuestros aliados agaves además nos pueden
enseñar a vivir con frugalidad. Cada vez que saboreamos un destilado
de agave, estamos ingiriendo parte de esa química de la resiliencia que
les ha permitido sobrevivir durante siglos.

En efecto, una botella de mezcal está imbuida de fragancias y sabo-
res que provienen del esfuerzo de los magueyes sudando por sobrevivir.
También está cargada de lecciones sobre cómo vivir bien con menos.
Curiosamente, algunas de las sustancias químicas más poderosas que los

Diversidad de agaves cerca de la caldera del Nevado de Colima.

agaves «sudan» durante su vida terminan funcionando como curas para muchos de nuestros males: los terpenos, los ésteres, los ácidos grasos y las saponinas. Incluso antes de que los mezcaleros los corten y tatemen, los magueyes ya están transpirando tantos aromas florales, herbales, cítricos, a fenol y a vainilla que llegan a marear. Además, nos dan muchas pistas sobre cómo vivir bien con menos.

Los sabores hipnóticos, las sensaciones de euforia y la energía salvaje que nos ofrecen los mezcales no pueden ser igualados por ningún licor destilado a partir·de plantas mimadas y sobredomesticadas como el trigo, la caña de azúcar, el centeno o el maíz, cultivadas en campos necesitados de manicura. Comparados con el aguardiente de baja calidad que producen esos cereales, los mezcales contienen un espíritu más enigmático y ardiente. Son aves únicas, que vuelan más alto, durante más tiempo y a mayor distancia que las demás.

Ahora vayamos a los campos y las destilerías, y unámonos a las ceremonias y celebraciones para ver qué podemos sorber y suponer.

CAPÍTULO 3

BIODIVERSIDAD EN UNA BOTELLA

Contar las especies albergadas en una botella de mezcal es mucho más interesante que contar ovejas, porque puedes probarlas en cuanto termines la cuenta, y seguramente dormirás profundamente después de unos tragos.

Además, es raro contar muy lejos. En todos nuestros años, lo más que hemos encontrado es un sorprendente 11, de parte de don Lorenzo Virgen, en el sur de Jalisco. Aun así, tener cinco agaves en la mezcla de un maestro es asombroso, y cuando oímos que el amigo de Lorenzo —el octogenario don Macario Partida— tenía un lote con ocho variedades, entre silvestres y cultivadas, quedamos pasmados.

Anonadados, nuestros oídos trataron de asimilar lo que nos acababa de decir Miguel Partida, el hijo de Macario, un maestro destilador de Zapotitlán de Vadillo, Jalisco. Varios de nuestros amigos etnobotánicos ya nos habían contado del vasto inventario de agaves de su familia. En 2009 habían identificado 16 variedades cultivadas de dos especies de maguey en la plantación de los Partida. Sus plantíos se extienden en abanico por una ladera que se eleva sobre su destilería Chacolo, con vista a las faldas de la Reserva de la Biósfera Sierra de Manantlán hacia el oeste, a 125 millas (200 kilómetros) de la costa del Pacífico.

El otro extremo de la propiedad de los Partida mira hacia la caldera del Nevado de Colima, que se cree que estuvo en el centro de la destilación temprana de agave en el occidente de Mesoamérica. Ahí, en un viejo pueblo de campesinos de ascendencia zapoteca, muchos de los 6,500 habitantes de Zapotitlán trabajan por la diversidad local de los magueyes silvestres: en los alrededores crecen no menos de siete especies nativas.

Todo indica que la familia Partida ha asumido el compromiso excepcional de mantener sus plantíos de agave tan diversos como los terrenos silvestres a su alrededor. Ese compromiso deleita a los aficionados al mezcal, que adoran sus mezclas innovadoras, pero también a los conservacionistas, que agradecen los muchos quiotes que dejan florecer para los murciélagos, colibríes y abejas.

No obstante, antes de llegar a su plantación, no teníamos idea de que don Macario siguiera reclutando y bautizando las nuevas variedades distintivas que encontraba en las barrancas silvestres de la sierra de Manantlán. Su hijo Miguel nos dijo que lo hace para «entretenerse» y generar mezclas completamente nuevas de sabores y texturas en sus bebidas.

Ahora imagínense nomás —nos explicó con una sonrisa—, aunque ahora tengamos unas 25 variedades distintas de agaves silvestres y cultivados que usamos para destilar, ¡no podemos llamar legalmente mezcal a nuestras bebidas! Eso se debe a las restricciones que el Consejo Regulador del Mezcal les impone a los destiladores por la manera en la que interpreta su razón de ser. Así, ahora simplemente llamamos a nuestros productos *destilados 100% de agave*, ¡porque tenemos prohibido usar la palabra *mezcal* en nuestras etiquetas, aunque nuestros vecinos lo hayan hecho durante décadas!

Miguel no se guarda nada al comentar sobre los burócratas que les ponen tales obstáculos en el camino:

Nos han hecho mucho más difícil vender nuestro mezcal que lo que le cuesta a un campesino vender frijoles secos. Pero ¿por qué, si generamos tanto bien? Si miras bien lo que hacemos, no solo estamos conservando la biodiversidad de los agaves en la región de Tuxca.

También estamos conservando las tradiciones de nuestra familia, la milpa, los árboles, todo el paisaje, y también nuestra cultura, por la manera en la que hacemos nuestro trabajo. Pero los que hacen las políticas y gran parte del público desconocedor no valoran nuestro trabajo.

La clase de obstáculos que frustran a los Partida y otros mezcaleros son regulaciones contraproducentes que socavan la calidad y el legado de sus licores. Imponen restricciones antisépticas contra las fermentaciones microbianas diversas, excluyen variedades «fuera de tipo» y prohíben el uso de una plétora de especies y variedades en una sola tina de fermento, como se ha hecho durante siglos. Los campesinos también sufren presiones económicas inexorables para «limpiar» sus prácticas agrícolas «desordenadas» y librar a sus milpas de cualquier planta que no sea una variedad emblemática de agave.

A pesar de esos baches legales, Miguel, sus hermanos y su padre, don Macario Partida, se están divirtiendo mucho y están ganando fama por combinar tal diversidad de fragancias y sabores de agave en una sola botella. Ellos, al igual que muchos otros productores tradicionales que disfrutan la miríada de sabores de maguey que forman parte de su patrimonio cultural mesoamericano, se niegan a sacrificar esa diversidad. Dice Miguel:

> Estamos resistiendo todo eso. Nos encanta nuestro trabajo, pero la pobreza nunca está lejos de nuestra puerta… Estamos agradecidos porque ahora estamos recibiendo más respeto por lo que hacemos de parte de ustedes, pero la manera en la que usamos tantos agaves ya debería habernos concedido un sitio de honor en la cima del mercado de los destilados. Y eso no ha pasado.

Si la variedad es la sazón de la vida, entonces que se sepa que Oaxaca pone en ridículo a cualquier otro estado o provincia en el sazón y el esplendor de sus mezcales. Al menos 43 especies silvestres y varias especies semicultivadas de agaves prosperan en los paisajes agrarios oaxaqueños, aunque estos compartan muchas de ellas con los mezcaleros mixtecos del sur del adyacente estado de Puebla. Sin duda pueden descubrirse más, pues podrían estar escondidas en los parajes más remotos de ese estado sureño. Asombrosamente, bastantes de esos magueyes llegan al mezcal o a otros productos indígenas oaxaqueños, como las cuerdas, la cestería, el pulque y las flores comestibles que hay en tu mesa. A unas 600 millas (965 kilómetros) al sur de la destilería de los Partida encontramos la cuna de la diversidad del agave, en la frontera entre Puebla y Oaxaca.

Al conducir hacia el sureste desde la ciudad de Tehuacán, Puebla, hacia Cuicatlán, Oaxaca, pueden apreciarse por la ventana más formas, tamaños y colores desconcertantes de magueyes y cactus silvestres que en ninguna otra parte de la tierra. El valle Tehuacán-Cuicatlán, caliente y seco, es el espacio donde México exhibe su diversidad de agaves silvestres, a veces con 20 especies compartiendo el mismo hábitat a la vez.

El valle está en el corazón de la región donde empezaron a evolucionar y diversificarse los magueyes hace unos 10 millones de años. Los agaves se extienden por las barrancas y bordean las márgenes rocosas de los cauces entre la riqueza de los 2,700 tipos diferentes de plantas que existen en ese valle árido, una tercera parte de las cuales son exclusivas de allí.

Durante las últimas dos décadas, los botánicos han descrito cinco especies nuevas de agave cada cuatro años, muchas de ellas oaxaqueñas. Cuando Howard Gentry publicó *Agaves of Continental North America* en 1982, identificó tan solo 136 especies únicas. Hoy en día, de las 215 descritas y ampliamente reconocidas, tres cuartas partes son mexicanas. Cuando otros magueyes recién descubiertos queden descritos por la ciencia, quizá se conozcan hasta 250 especies. El género *Agave* se yergue con orgullo entre los tres grupos más grandes de plantas silvestres de México.

Los profesores Luis Eguiarte y Valeria Souza Saldívar, de la Universidad Nacional Autónoma de México (UNAM), han comentado que desde que el agave surgió como un género propio (o grupo taxonómico de plantas) hace 10 millones de años, ha sufrido una de las diversificaciones más espectaculares de plantas en el continente. Ya presentamos el término *radiación adaptativa* para describir cómo un grupo de plantas se esparce para vivir en una variedad de hábitats. Los magueyes lo hacen mejor que cualquier otro grupo de monocotiledóneas en el planeta, por encima de todas las hierbas, juncos, palmas, tulipanes, lirios, cebollas, plátanos y jengibres. Es posible que se estén usando hasta 62 especies de agave para producir mezcal en 24 estados mexicanos, y más de 200 variedades tradicionales reconocidas por los propios mezcaleros.

Las cifras por sí mismas pueden atontar la mente, pero la diversidad de sabores y fragancias que esos agaves portan en sus corazones despertará en ti placeres y asombros que no podrás experimentar en ningún otro lugar.

Piensa en cuán diferentes pueden ser los aromas y notas entre tan solo dos de las muchas especies de agave usadas para hacer mezcal en Oaxaca. Los dos pilares oaxaqueños son *Agave angustifolia* (que incluye espadín, espadilla y zapupe) y *Agave potatorum* (que incluye tobalá y papalometl). Cuando Araceli Vera-Guzmán y sus colegas en el Centro Interdisciplinario de Investigación para el Desarrollo Integral Regional, Unidad Oaxaca, compararon las fragancias de esos dos mezcales oaxaqueños, quedaron asombrados ante los resultados. Las dos especies diferían por al menos 26 compuestos volátiles que influyen en lo que olemos y lo que (creemos que) saboreamos. Ya que cuatro quintas partes de los «sabores» que decimos saborear son aromas que tocan nuestra nariz antes que nuestras papilas gustativas, tener una variedad de volátiles es esencial para conseguir un mezcal memorablemente aromático.

Además, los perfiles distintivos de los volátiles en los mezcales oaxaqueños se atribuyen a sus rasgos genéticos, más que a los factores ambientales de sus lugares de cultivo. Su genética silvestre es más importante que cualquier otro factor a la hora de determinar sus diferencias en aromas. Por supuesto, muchos factores humanos también moldean sus perfiles de fragancia y sabor: cómo son procesados, qué maderas se usan en la destilería y las muchas contribuciones microbiológicas de las levaduras y bacterias que hacen la mayor parte del trabajo de fermentación.

Si extrapolamos a partir de los dos tipos de agave oaxaqueño que la doctora Vera Guzmán seleccionó para su estudio a las 33 especies principales empleadas usualmente para hacer mezcal por todo México, nuestro mundo «sensorial» u «olfativo» se expande de forma exponencial.

Pongamos esto en perspectiva. En contraste con el único cultivar permitido para el tequila, sigue habiendo una enorme diversidad de especies de agave silvestres utilizadas para hacer mezcal. Eso le brinda a la producción mezcalera una flexibilidad mucho más alta en su tolerancia ambiental, y un espectro más amplio de aromas y sabores.

Hay otras 24 especies o variedades de magueyes domesticados desde los bordes de Centroamérica hasta el Gran Cañón. Seis de ellas fueron recientemente descritas por nuestra amiga Wendy Hodgson en Arizona, donde eran cultivadas en tiempos prehistóricos cerca de los límites septentrionales del rango natural del género *Agave*. De hecho, la cantidad de variedades domesticadas de agave en Aridoamérica (en el noroeste de México y el suroeste de los Estados Unidos) ahora rivaliza con la cantidad domesticada en cualquier región de Mesoamérica, que se extiende desde el trópico de Cáncer, cerca de Durango y Mazatlán, México, hasta Centroamérica.

Recordemos que solo una especie de maíz silvestre ha sido domesticada en la historia (*Zea mays*), y es la que se usa en todos los *whiskies* y aguardientes de maíz. De la misma forma, solo hay un cultivar de caña en la materia prima de todos los rones: una única especie clonada, genéticamente homogénea, se usa en todos por igual.

Dicho lo anterior, algunos otros destilados se perfilan en la dirección correcta. El *whisky* de centeno debe ser hecho con 51% de granos de centeno más una o dos otras especies de cereal, normalmente cebada o maíz. Y tres especies de granos es el límite de lo que puede encontrarse en el *bourbon* también, que suele ser una mezcla de maíz, cebada malteada y centeno.

Hoy en día, muchos vodkas siguen usando papa fermentada, pero el trigo, la cebada, el arroz, el sorgo y el maíz también son aceptables. En Japón, el *shōchū* suele hacerse a partir de una única especie de arroz japónica, y a veces de cebada, camote o alforfón. Las ginebras son más ricas, pues pueden abrevar de cuatro o cinco granos diferentes, pero también incluyen una docena de extractos en infusión, que normalmente se añaden en cantidades minúsculas tras la primera destilación.

Si bebes cualquier otro destilado importante del planeta, normalmente estás ingiriendo entre una y tres especies diferentes de cereales o tubérculos. Con el mezcal, podrías recibir la bendición de hasta 10 variedades distintas de agave silvestre en una sola botella, o una docena de especies diferentes destiladas en un solo estado, como Oaxaca.

Cuando algunos de nuestros colegas aficionados a la ginebra oyen esa declaración, contraatacan sosteniendo que el uso de una docena de extractos naturales como saborizantes en las ginebras artesanales rivaliza con la diversidad vegetal de los mezcales. Pero si empezamos a contar todos los sabores herbales usados para la infusión de las ginebras, también deberíamos contar las muchas hierbas, frutas y animales usados para los curados de mezcal, o para los casos especiales conocidos como *pechugas*. Al comparar la riqueza de las hierbas usadas para su infusión, las ginebras son superadas con creces por los mezcales.

Los mezcales de pechuga se elaboran colgando productos animales y vegetales en bolsas o en cuerdas por debajo de los condensadores de algunos alambiques, de modo que sus aromas se mezclen con los vapores que surgen del mosto de agave y se condensen en el alcohol que se destila. Hacer pechugas es solo una de las muchas tradiciones mezcaleras usadas para mejorar los destilados de agave con infusiones herbales, florales y animales.

Si contamos los animales usados hoy en día para hacer mezcales de pechuga —como pechuga de pavo y de gallina, jamón de cerdo ibérico, pata de cordero, conejo, pollo, codorniz y venado, o cola de iguana y serpiente de cascabel—, podemos añadir 10 conjuntos de productos animales más a nuestra lista de lo que está imbuido en la diversidad mezcalera. Por mucho que hemos investigado, no hemos descubierto que ningún otro destilado de fama internacional use productos animales, excepto por el almizcle de venado en las tinturas medicinales de los

Himalayas. Sin embargo, al contar toda la cornucopia de frutos silvestres, raíces, cortezas, hierbas, granos y flores añadida a los mezcales de
pechuga o como infusión para los reposados, ¡sentimos como si tratá-
ramos de enumerar todas las especies que se subieron al arca de Noé!

   ¿Quién habría pensado que los capulines, los agüilotes, las tunas, las
bellotas y los yerbaníes estarían escondidos en tu botella de mezcal?
¿Cómo se te ocurriría que especies como el anís, la canela y el jengibre,
o hierbas como el arroz, el maíz criollo y el té de limón se encontrarían
entre las 30 especies de plantas distintas del agave que te sirves en un caballito o jicarita? Docenas de los componentes botánicos y zoológicos
del mezcal fueron tomados prestados de la antigua dieta mesoamericana, y algunos han sido usados para darle sabor al pulque fermentado a partir del aguamiel de los magueyes gigantes desde hace milenios.

Los famosos gusanos rojos o chilocuiles son en realidad larvas que se
han estado ahogando en el fondo de las botellas de mezcal desde 1950.
Ese fue el año en el que al artista Jacobo Lozano Páez se le ocurrió que
serían un buen artilugio para publicitar el mezcal oaxaqueño.

   Esas larvas rojas y los polvos molidos de dos palomillas, *Hypopta agavis* y *Comadia redtenbacheri*, a veces se tuestan, secan y añaden a sales
con chile picante para consumirse junto con los destilados de agave. Algunos mezcaleros prefieren los gusanos blancos o meocuiles, que son
las larvas cremosas de *Aegiale hesperiaris*, la mariposa gigante tequilera,
una plaga del *tequilana azul* y otros agaves.

   Ahora se están moliendo muchos otros tipos de larvas, chapulines y
escarabajos para acompañar el mezcal, ya sea combinados con sal o por
sí solos, incluyendo el picudo del agave o del sisal, *Scyphophorus acu-
punctatus*. Aunque se ha hecho énfasis en estos aditivos por su supuesto impacto en el sabor, originalmente tenían propósitos medicinales y
culturales.

   En vez del gusano de dos pulgadas que muchos consumidores esperan, el maestro mezcalero michoacano Jorge Pérez a veces infusiona sus
lotes con una serpiente de cascabel entera. La víbora tiene poco impacto
en el sabor, pero la infusión se considera un remedio tópico apropiado

para el reumatismo y los dolores musculares. En el siguiente estante del palenque de don Jorge, puede verse un gran jarrón de mezcal con diminutos balines blancos apilados en el tercio inferior: es «caviar mexicano» o, para los no iniciados, huevos de hormiga.

Sorprendentemente, esos animales no siempre afectan el sabor cuando se añaden directamente al destilado. Secos y molidos, las larvas y los picudos sin duda pueden darle un sabor terroso, mohoso y rico en umami a las mezclas de sal, mientras que insectos como los chapulines ofrecen una fragancia salada con notas de nueces. Mezcladas con un poco de chile, esas sales pueden usarse para escarchar una copa, pero fuera de la medicina homeopática, hasta ahí llega su impacto.

Hay un mito de larga data en el mezcal: que tener un gusano es marca de calidad o autenticidad. De hecho, los mezcales con gusano normalmente son destilados comerciales de baja calidad. Los agaves agusanados están enfermos, así que te conviene que ese gusano provenga de una tienda de artículos para pesca y no de los campos donde cultivaron el mezcal.

Puede que el constante debate sobre la influencia de las larvas y los chapulines en el sabor del mezcal haya empujado a la industria del agave y al público en general a oponerse a algunas regulaciones tontas. Expresaron indignación cuando las agencias gubernamentales mexicanas intentaron eliminar todos los gusanos y picudos de sus destilados en 2005. Algún burócrata pensó que promover mezcales sin gusano, «antisépticos», sería una buena manera de reforzar la confianza de los consumidores extranjeros en la calidad de los destilados de agave de exportación.

Sin embargo, como la maestra mezcalera Graciela Ángeles Carreño, de Santa Catarina Minas, lamentó con los reporteros en su momento, ese barco agusanado ya había zarpado: «Si no hay gusano, no habrá ventas».

Aunque pocos consumidores la entiendan, la biodiversidad contenida en una botella de mezcal sigue siendo extraordinaria. No podemos dejar de celebrarla sin hablar de los árboles que influyen en el aroma de ciertos mezcales. Recordemos que se usan muchos tipos de árboles como leña en los hornos de piso y debajo de los alambiques mismos, o para hacer las tinas de fermentación o las barricas en las que reposan los añejos.

Los mezcaleros que conocemos son muy quisquillosos con las maderas que usan para la tatemada, para aumentar o reducir las fragancias ahumadas que terminan en las botellas. Algunos prefieren encino; otros, mezquite; otros más, guamúchil o sabino. Y ahora, debido a la cantidad cada vez más alta de árboles que han sido talados en bosques y sabanas silvestres para alimentar a la industria, la mezcalera Sósima Olivera está insistiendo en que su Cooperativa Tres Colibrí cultive sus propios árboles, de las especies que prefieren, para reducir el impacto ambiental de su mezcal FaneKantsini.

En México, las tinas de fermentación son hechas de madera local, casi siempre de parota, paine y oyamel, mientras que las barricas de roble para añejar los destilados de agave suelen provenir de destilerías de *whisky* y bourbon del Medio Oeste estadounidense y de casas de coñac del sur de Europa. Cada barrica de madera imparte un sabor único propio.

Como la madera es más porosa que el barro, este último retiene los sabores naturales del agave tatemado en piso, mientras que la primera puede permitir que las fragancias circulen más en el lote. Así, promueve un intercambio molecular que altera el producto final, específico al tipo de madera y su fuente. En otras palabras, la madera le da una expresión de fragancia y sabor única al *terroir* del destilado.

Además, los dones brindados por la madera a la complejidad de los destilados de agave —incluso cuando los alambiques han sido escondidos en el cerro por los productores clandestinos— viven y respiran por siempre en los licores que disfrutamos. La madera elegida para la destilación es una entre muchas influencias en el perfil de un mezcal, pero lleva la firma paisajística del desierto, la sabana, la barranca o la sierra hasta el trago que encontramos en nuestro caballito.

Si bien los gusanos, las etiquetas y los espectaculares suelen llevarse los reflectores, son los elementos naturales y menos visibles los que nos ofrecen la sensación de tiempo y lugar que apreciamos en estos espirituosos. Por supuesto, la mayor parte de la leña, la carne, las hierbas, las raíces y los frutos que contribuyen a la riqueza de los mezcales tradicionales se ha cosechado de fuentes silvestres. Los polinizadores del agave

—tres murciélagos nectarívoros, más de una docena de colibríes, varias docenas de especies de abejas y un titipuchal de esfíngidos— son casi todos silvestres también.

Juntas, todas esas especies le imparten al mezcal sabores y aromas indomables que rara vez cruzan el portón de las granjas donde se cultivan plantas domesticadas y diluidas para otras bebidas. Aportan a la destilería sustancias secundarias, como los aceites volátiles, que están en el corazón de todas las fragancias y sabores del vino, la ginebra, las hierbas y la mayoría de las verduras.

Digámoslo así: los mezcales artesanales tienen tantos matices, son tan asombrosos y tan memorables porque incluyen los sabores y fragancias de un coro de cientos de especies de microbios, insectos y otras vidas silvestres, cada una de las cuales le añade una nota especial a la canción.

Sin embargo, esa diversidad nunca ha sido adecuadamente salvaguardada. Incluso los escasos agaves que aparecen en la lista federal de especies amenazadas o en riesgo de la Semarnat mexicana o en la «lista roja» internacional de CITES no están lo bastante protegidas en sus hábitats debido a la falta de apoyo suficiente para los cuidadores o guardaparques capacitados disponibles. En Jalisco, es causa de consternación el declive de agaves amenazados debido a la sobreexplotación para producir raicilla y a la transmisión de enfermedades a poblaciones silvestres desde las plantaciones tequileras.

Al mismo tiempo, también está habiendo una drástica reducción en la población de agaves silvestres que no están legalmente protegidos por las regulaciones de especies en peligro ni de zona protegida. Desde Oaxaca hasta casi la frontera de Arizona con Sonora, han llegado informes independientes provenientes de al menos seis estados que indican que los magueyes silvestres de varias especies están sufriendo saqueo clandestino. Esos hurtos podrían estar sucediendo en respuesta a la escasez crítica de agaves silvestres y domesticados, dependiendo de la localidad y de la especie. Hemos oído reportes no confirmados de que en Oaxaca los cosechadores nocturnos están desenterrando agaves silvestres plantados apenas meses antes en proyectos de reforestación patrocinados por gobiernos, ONG y las propias destilerías.

Hemos oído reportes frecuentes de un declive marcado en la población de especies silvestres, incluso en parajes remotos de la Sierra Madre Occidental, donde la sobrecosecha y los desastres climáticos han disminuido el tamaño de los magueyales. Parte de la presión se debe a la alta demanda de mezcales que usen agaves silvestres y cultivados. Para 2022, la producción mezcalera había alcanzado más de ocho millones de litros al año. Es difícil imaginar cómo las especies de agave, de lento crecimiento, pueden mantener el ritmo de semejante demanda para esta cantidad de mezcales, mucho menos para la raicilla o el bacanora.

Mientras tanto, se ha reportado una escasez dramática de plántulas cultivadas de *tequilana azul* en los viveros. De 1878 a 1968, el volumen de tequila producido al año en Jalisco nunca superó los 20 millones de litros, cuando se cosechaban agaves de ocho variedades en los campos. Para 2022, se producían más de 534 millones de litros de tequila en México en los buenos años, 26 veces el volumen producido antes de 1968. Como hay relativamente pocos viveros de alto volumen en Tequila, unos cuantos vendedores influyen en el precio y el volumen al que tienen acceso los compradores.

Como exploraremos con mayor detalle en los capítulos siguientes, ni los laboratorios de cultivo de tejidos ni los viveros de *tequilana azul* han podido mantener el ritmo de la creciente demanda de nuevos agaves en años recientes. En algunos años, se ha reportado que los cultivadores necesitan decenas de millones de plantas más de las disponibles para reemplazar las que acababan de cosechar. Cuando la demanda superó la oferta de «semillas» o trasplantes jóvenes (hijuelos) de *tequilana azul*, el precio por kilo de ese material de propagación se triplicó en cuestión de años. Pero ahora también existe demanda para otros usos: néctares de agave, paisajismo y biocombustibles.

Si los viveros asociados con las destilerías tequileras más grandes y lucrativas de México ya no están logrando cubrir la demanda, ¿qué sucederá con los pequeños productores artesanales? ¿Y cómo harán los viveros más pequeños y casi siempre más rústicos situados en los estados mezcaleros para mantener el ritmo de la curva de crecimiento exponencial de las ventas de mezcal?

El maestro tequilero Carlos Camarena predijo en entrevista con Jack Robertiello, de *Beverage Journal*, que muy pronto se reconocerá esta época como la escasez más seria de variedades domesticadas como *tequilana azul* y espadín en la historia. Dijo: «En el pasado, la escasez solo duraba un par de años y luego teníamos otro excedente. Ahora estamos en el tercer año de escasez y vaticino que las cosas tardarán al menos un par de años más en equilibrarse».

Incluso el Consejo Regulador del Mezcal (CRM) tuvo la honestidad de admitir que la demanda anual actual de 1.3 millones de galones (5 millones de litros) de mezcal en todo el mundo estaba afectando de forma negativa la disponibilidad de plantas pertenecientes a 58 variedades silvestres y cultivadas. Como revelaron Nacho Torres y el personal de Milpa, A. C., a partir de datos de los informes del propio CRM, «claramente, la evolución y el aumento de la actividad mezcalera durante la última década han tenido un profundo impacto en el medio ambiente, cuando vemos que 18 de las 58 variedades totales —31% del total— están ahora en la lista de las más vulnerables, cerca de la extinción».

¡¿Casi un tercio?! Es difícil hacer una analogía sobre un declive tan drástico en la diversidad sin sonar alarmista —cuesta trabajo imaginar que un tercio de los géneros musicales ya no esté disponible—, así que haremos conceptualizaciones basadas en algunos de los muchos usos del maguey.

¿Qué tan altos serían nuestros edificios sin un tercio del material de construcción que normalmente requieren? ¿Qué tan bien viviríamos sin un tercio de nuestros medicamentos? Semejantes afectaciones en las cadenas de producción son casi demasiado grandes para imaginarlas. O ¿y si perdiéramos de un solo tajo una tercera parte de las especies vegetales que conforman nuestra dieta? Parece impensable, al menos por ahora.

El informe indica que, en 2019, casi 7% de la producción mezcalera provenía de tres variedades de agave silvestre: *Agave potatorum*, *Agave karwinskii* y *Agave cupreata*, y que esas tres especies ahora se encuentran entre las más vulnerables de México.

Hace poco, un brillante equipo de científicos del Instituto de Biología de la UNAM estimó que esas especies silvestres no pueden soportar que se coseche más de 10-30% de sus especímenes maduros al año si queremos que mantengan una población viable para una producción constante. En este punto, no se están propagando suficientes agaves en los viveros de reforestación para contrarrestar la cosecha de los silvestres. Además, su reporte indica que «la creciente demanda de destilados de una sola variedad también ha puesto en peligro a otras especies, como el *Agave marmorata*, tepextate, que casi está en suficiente peligro para ser incluido en la lista mexicana de especies silvestres consideradas vulnerables a la extinción».

Los datos duros sugieren que la mitad de las especies silvestres utilizadas en algunos estados mexicanos están siendo extraídas para hacer destilados de agave, pero con la sequía, los incendios forestales y el aumento en la presión de la cosecha desde el *boom* mezcalero de 2015, puede que la oferta no logre seguirle el paso a la demanda. Para los amantes del mezcal, el declive o la extirpación local de esos magueyes sería una pérdida terrible. Los amantes de esos destilados no quieren imaginar perder un tercio de la diversidad de sus mezcales favoritos. Sin embargo, según nuestro amigo conservacionista Nacho Torres, la pérdida de tantos agaves como poblaciones viables podría ser una tragedia para la biodiversidad aún peor que la pérdida del famoso jaguar, una única especie.

Quizá a los bebedores les sorprenda escuchar que estamos perdiendo mezcales cuando tomamos en cuenta la creciente disponibilidad de esos destilados por todo el mundo. En 2019 nos asombró que IWSR —una fuente líder en información sobre el mercado de bebidas alcohólicas— anunciara que la tasa promedio compuesta de crecimiento del mezcal (25%) había superado las expectativas durante los últimos cinco años y era cuatro veces mayor que la del tequila durante el mismo periodo. Para 2019, la producción combinada de todos los mezcales y destilados 100% de agave se había acercado a los 2 millones de galones (7.5 millones de litros), y eso ponía en éxtasis a muchos amantes del mezcal.

Veinte meses después, un informe de Future Market Insights proyectó que las ventas de mezcal alcanzarían los 733 millones de dólares para 2027, y pronosticó una tasa de crecimiento más lenta pero segura de casi 14% durante el periodo 2020-2027. Además, el *boom* mezcalero que inició en 1995 —con variedades domesticadas como el espadín dominando el mercado— se había diversificado para incluir muchas variedades de agave silvestre y *ensambles*, o mezclas de magueyes silvestres y semicultivados.

No obstante, esa «buena noticia» vino acompañada de otros informes que nos hicieron reflexionar, si no es que temblar de pánico. Cuando el periodista John Kell le preguntó al mundo de los destilados, en las páginas de la revista *Fortune*: «¿Se ha vuelto el mezcal demasiado grande para su propio bien?», muchos soñadores aficionados al mezcal empezaron a darse cuenta al fin de lo que sucedía. Entonces, *National Geographic* publicó dos artículos sobre las desventajas del ascenso a la fama del mezcal en tan solo tres años. El primero destacó las maneras en las que el *boom* mezcalero desató el «declive del agave», mientras que el segundo argumentaba que el *boom* era «una mala noticia para los murciélagos». ¿Cómo seguiría afectando la emergente pero ya enorme demanda de mezcal a las plantas, gente y lugares de por sí ya amenazados que mantienen esta tradición?

Para evitar que la producción de agave se convierta en una forma más de agricultura industrializada, ¿deberíamos solo cosechar magueyes silvestres en zonas reforestadas, o acaso ahora hay que salvaguardar las poblaciones silvestres de agave de la sobrecosecha?

¿Cómo ha influido la demanda en las prácticas predominantes de fermentación y destilación: de forma positiva o negativa? ¿Acaso los seres humanos cuyos rostros y manos identificamos con el mezcal reciben una compensación adecuada por su trabajo físico y su inteligencia, desde los jimadores hasta los cantineros? ¿Qué buenas noticias de innovación y restauración podemos contar que inspiren a otros a hacer lo correcto? Francamente, es difícil contestar esas preguntas espinosas con palabras lisonjeras y citas citables.

Por ahora, admitamos simplemente que la producción de mezcal se está enfrentando a dilemas tan sobrecogedores como los de la industria tequilera, pero la diferencia crucial es que el tequila proviene por completo de plantas domesticadas en entornos cultivados, mientras que el mezcal aún tiene un lado silvestre.

Cuando compilamos los distintos artículos de periódico e informes técnicos provenientes de los gobiernos y la industria sobre la escasez de agaves, nos dimos cuenta de que claramente hay una crisis inminente, pero muchos periodistas estaban «comparando peras con manzanas» en sus notas. Muchas veces confundían el problema de sobrecosecha de especies de agave silvestre de crecimiento lento para la conservación de la biósfera con la escasez de plántulas de agave domesticado en los viveros que son usadas para trasplantarlas en los campos industriales.

Si bien ahora tanto los agaves silvestres como los domesticados se cultivan en viveros, las presiones existentes sobre esas dos fuentes de materia prima del mezcal son muy diferentes, aunque la escasez de una de ellas pueda afectar inevitablemente a la otra.

Para desmenuzar qué está sucediendo en realidad con los magueyes silvestres que conforman las poblaciones naturales en los desiertos y bosques de México, acudimos a nuestros amigos que investigan agaves silvestres para la Comisión para la Supervivencia de las Especies, que trabaja bajo el manto de la Unión Internacional para la Conservación de la Naturaleza (UICN). La UICN es el cuerpo global de científicos, profesionales de la conservación y hacedores de políticas públicas que ha publicado la Lista Roja de Especies Amenazadas desde 1964, usando datos cuidadosamente evaluados y compilados por grupos de especialistas a partir de diferentes conjuntos de plantas y animales silvestres.

En un taller que formó parte del Agave Heritage Festival 2019 en Tucson, buscamos a Raul Puente-Martinez, curador de colecciones vivas en el Jardín Botánico Desértico, y uno de los miembros principales de los Grupos de Especialistas de la CSE que le ayudan a la UICN a determinar cuántos agaves están amenazados y por qué. Lo que el doctor Puente nos ofreció fue una evaluación *preliminar* del estatus de conservación de la diversidad del agave —y de las amenazas a los magueyes usados para hacer mezcal—, y nos dejó atónitos.

En la histórica biblioteca del Laboratorio Desértico de Tumamoc Hill, en el centro de Tucson, donde los científicos del agave se han reunido durante más de un siglo, Puente fue tan franco como solo puede serlo un botánico: «Ya evaluamos el estatus silvestre de más de 180 especies de agaves, y lo que podemos decir es que al menos el 50% califican para ser incluidas en las categorías de diferentes niveles de amenaza que usa la UICN para determinar qué plantas y animales silvestres de verdad son causa de preocupación. La mayoría de esas especies están en México, por supuesto, pues es el país con la mayor diversidad de agaves. Y muchas son las especies de agave que llevan mucho tiempo usándose para hacer mezcal u otras cosas».

Sin duda, hay otros factores aparte del uso —o abuso— que están afectando la supervivencia de los agaves. Para empezar, el 60% de todos los agaves mexicanos tienen distribuciones muy localizadas; son lo que los geógrafos florísticos llaman *especies microendémicas*: plantas cuyo territorio rara vez cubre un estado o dos, pues naturalmente crecen en una zona menor a un cuadrado de 360 millas (580 kilómetros) por lado. (Comparémoslo con el amplio alcance geográfico de *Agave angustifolia*, la especie silvestre que es el ancestro del agave azul tequilero, ¡que empieza a solo 100 millas [160 kilómetros] de la frontera entre México y Estados Unidos y se extiende hasta Nicaragua y Honduras!).

El hecho de que tres quintas partes de todos los magueyes estén estrechamente adaptados a ciertos paisajes y restringidos a ellos es una de las razones por las cuales sus destilados son tan apreciados por las comunidades locales. Su «sabor a terruño» no es transferible a zonas de producción en otros estados o países. Sus adaptaciones arquitectónicas o morfológicas a un terreno en particular —junto con sus defensas bioquímicas— están elegantemente especializadas para los desafíos climáticos y ecológicos únicos de un entorno en especial.

Todo esto quiere decir que algunos agaves seguirían siendo «raros» aunque nunca se los hubiera cosechado para el mezcal o para cualquier otra cosa. Sin embargo, la rareza por sí misma no significa que estén inevitablemente en peligro de extinción. No obstante, si un maguey ya de por sí tiene un rango habitable pequeño y unas pocas poblaciones desperdigadas en él, los factores como el cambio climático y la sobrecosecha pueden empujarlo rápidamente hacia el estatus de amenazado. Eso fue lo que nuestro amigo Alejandro Casas reveló en estudios detallados con su equipo de «estrellas del agave» en el valle Tehuacán-Cuicatlán.

Según casi cualquier medidor, el valle Tehuacán-Cuicatlán es uno de los paisajes áridos más diversos e impactantes de todo México. Tuvimos la fortuna de ir allí acompañados de un equipo de académicos mexicanos veteranos dirigido por Alejandro, quien ha explorado las interacciones entre plantas y cultura del lugar durante décadas. Nos llevó a uno de los sitios donde ha realizado su investigación a largo plazo, el Jardín Botánico Helia Bravo. Nos quedó claro que lo que su equipo había revelado en sus muchos estudios era un precursor de tendencias que ocurrían en muchas otras partes de Mesoamérica.

Alejandro le encargó a América Delgado-Lemus, una de sus brillantes estudiantes, que averiguara por qué el uso humano de un agave ya de por sí raro lo vuelve más vulnerable a la extirpación local, un término que implica la pérdida de una población tras otra hasta que se extingue la especie entera, como una fila de dominós. América fue a los pueblos más pobres de una parte del valle y les preguntó a sus habitantes cómo usaban cada uno de los magueyes presentes ahí. Enumeró 15 usos tradicionales, además de tatemarlos para fermentar y destilar mezcal. También registró si los productos eran extraídos exclusivamente de plantas silvestres en hábitats silvestres, de zonas de reforestación semigestionadas o de plantas domesticadas en milpas u otro tipo de paisajes agrícolas.

En cuanto ella y otros miembros del equipo terminaron de entrevistar a los campesinos sobre el uso que les daban a 28 de las 34 especies del valle de Tehuacán, Alejandro reunió a su equipo para analizar los datos con la esperanza de encontrar patrones que explicaran qué agaves estaban en riesgo y por qué. El equipo descubrió que 13 tipos de agave de Tehuacán eran fermentados para hacer pulque, pero que solo siete de esas especies se usaban para destilar mezcal en el valle.

De las siete, cinco tipos de agave eran los preferidos de los mezcaleros tehuacanos. Estos eran cosechados exclusivamente en poblaciones silvestres presentes en los matorrales secos y subtropicales, o en otros tipos de vegetación natural o gestionada en lo alto de las laderas del valle. Y si bien los otros 15 usos de los magueyes prácticamente no habían afectado el tamaño de sus poblaciones, cosecharlos para hacer mezcal inevitablemente generaba un mayor impacto en la población silvestre restante.

Tradicionalmente, los cosechadores no tomaban más de 200 plantas a la vez —normalmente del mismo sitio— para cada tatemada, y solo hacían unos cuantos lotes de mezcal al año. Según los ancianos experimentados del valle, ninguna de las cinco especies de agave preferidas para hacer mezcal estaba amenazada de ninguna forma hace 50 años.

Fue hasta que el *boom* mezcalero de los noventa aumentó la demanda cuando los productores aumentaron la cantidad de tatemadas que hacían al año, y cada uno empezó a cosechar miles en vez de cientos de plantas anualmente. Algunos también aumentaron la cantidad de magueyes que cocían a la vez excavando y bordeando hornos de piso más grandes. Ser mezcalero pasó de ser un pasatiempo familiar que se hacía los fines de semana y las fiestas a una ocupación de tiempo completo para varios parientes y amigos.

En algún punto entre 1974 y 1994, la demanda externa (nacional e internacional) de mezcal empezó a empujar a muchas poblaciones de agaves más allá del límite. Su crecimiento y reproducción ya no podía mantener el paso del consumo. Conforme la demanda aumentó, los magueyes del valle de Tehuacán se vieron mermados.

Una tras otra, las poblaciones de los cinco agaves más raros fueron extirpadas, «fundidas» como luces que perdieron la energía para seguir alumbrando. Alejandro Casas y América Delgado-Lemus se sintieron obligados a concluir que el *boom* mezcalero había alentado a las familias tehuacanas a cosechar maguey de forma más intensa. Sin duda, la destilación de mezcal se había convertido en el principal uso humano (aunque no el único) que empujaba a los agaves hacia el peligro de extinción.

Ese declive no era una tendencia que los campesinos quisieran continuar. Le pidieron a Alejandro que les ayudara a propagar agaves para reforestar la zona con especies nativas. Alejandro explicó así la colaboración comunitaria cuando estábamos juntos en Tehuacán el verano de 2022: «La gente de San Luis Atolotitlán nos había pedido que le ayudáramos a reforestar el agave papalometl porque las poblaciones de esa especie habían desaparecido lentamente en su zona, así que le ayudamos con un invernadero y un vivero, donde establecieron pequeños agaves para trasplantarlos. Pero cuando empezaron a ponerlos en las tierras, los pusieron al aire libre, bajo el rayo del sol. El 90% de los trasplantes murieron. Entonces les ayudamos a pensar cómo usar plantas nodrizas: árboles y matorrales nativos que puedan brindar un colchón de sombra para protegerlos del frío o del calor. Ahora, la mayoría de los trasplantes recientes sobreviven y se establecen bien a la sombra de matorrales o árboles».

De ninguna manera estamos tratando de denigrar o satanizar a los muchos mezcaleros concienzudos de Puebla y la vecina Oaxaca por tratar de responder a la demanda global aumentando su producción. Sin embargo, hay maneras caladas y garantizadas de satisfacer la demanda de mezcal sin terminar con las poblaciones de agave o de las especies de árboles que se utilizan para tatemar y destilar sus espirituosos.

Las crecientes presiones sobre la diversidad del mezcal silvestre en Oaxaca, Puebla, Michoacán, Durango, Jalisco y Sonora no se deben meramente a los caprichos de la variación en las precipitaciones ni a los réditos del agave de un año a otro o de una década a otra. Están estrechamente vinculadas con la creciente demanda global de mezcal. Todos tenemos que invertir en la restauración y reforestación de magueyes de una manera u otra, o el pozo del que nos encanta beber se secará.

Mayahuel, la diosa del maguey, cuidando sus plantas.

CAPÍTULO 4

EL MEZCAL COMO CULTURA

Quizá los hayas visto exhibidos en museos: unos objetos sórdidos que los arqueólogos llaman eufemísticamente *coprolitos* (es decir, paleoheces) y otros llamados *quids*. Algunos de los coprolitos más antiguos de los parajes áridos de Norteamérica son heces humanas fosilizadas con obvios trozos de fibras de agave incrustados en la no tan agradable matriz de caca vieja. Los *quids* son el desecho fibroso de pencas asadas que no se desecharon luego de que se les arrancara la pulpa suave masticándola, pues las dejaron a secar al sol para usarlas más tarde como «toallitas» o «almohadillas de higiene personal» prehistóricas. Esos artefactos se encuentran entre la evidencia más antigua de uso de agave en el Nuevo Mundo. Quizá precedan el uso de caballitos y periqueras por miles de años.

El difunto gran arqueólogo de las dietas prehistóricas, Vaughn Motley Bryant Jr., no solo visitó refugios de roca y cuevas en los ríos Pecos y Bravo, sino que también tomó cientos de muestras de ellos. Los artefactos más antiguos que encontró en la región con su talentosa estudiante Kristin Sobolik provenían de coprolitos humanos que contenían fibras de agave de 10,000 años de antigüedad. Eso confirma que los magueyes estaban entre las primeras plantas usadas para alimento y bebida por los primeros cazadores-recolectores de la parte árida de Norteamérica. El agave también se usaba para muchas cosas más, desde material para dormir hasta ropa, sandalias, té, comida, armas y hasta un tipo de chicle. Los *quids* eran fibras de agave enrolladas que se masticaban continuamente y luego se escupían en una suerte de rollo de tabaco de mascar, muchas veces con las muescas de los dientes aún intactas. Por supuesto, muchos de los coprolitos y *quids* que fueron amasados en cuevas secas contienen fibras carbonizadas, pues fueron asados en las brasas de una fogata u horneados bajo tierra antes de ser masticados; los seres humanos no podemos metabolizar el agave crudo. Son prueba irrefutable de que los restos fosilizados no solo son biofactos crudos, sino artefactos cocidos: indicios de procesamiento y expresión culturales. El antiguo arte de la cocina ya había provocado la inclusión del maguey en las tradiciones culturales y dietas indígenas de Norteamérica.

Sobolik y su colaborador Jeff Leach han seguido desarrollando el trabajo de Bryant, llevando al siguiente nivel su hipótesis sobre la importancia prehistórica de esas suculentas. Al aplicar una serie de técnicas analíticas, demostraron que los alimentos y las bebidas a base de agave han sido cruciales para la nutrición en los desiertos norteamericanos desde hace al menos 10 milenios.

Al analizar las proporciones de plantas que usan distintas rutas metabólicas en la flora desértica, confirmaron que los magueyes y sus parientes cercanos, los sotoles, estaban entre los componentes dominantes de las dietas precolombinas a todo lo largo del río Bravo. En el *British Journal of Nutrition* de 2010, Leach y Sobolik reportaron que los habitantes del desierto dependían de un mayor porcentaje de plantas suculentas en su dieta, contra la predominancia de los frutos de varios árboles y enredaderas que puede hallarse en los habitantes tropicales de las áreas más húmedas de Mesoamérica.

De hecho, es posible que los habitantes del desierto de Chihuahua consumieran una de las concentraciones de fibra dietética más altas de todas las dietas analizadas hasta ahora en cualquier región del Planeta Desierto, debido a las inulinas obtenidas con la digestión de agaves. Esos prebióticos estimulan el crecimiento y el desarrollo de la flora intestinal benéfica, reprimen el crecimiento de mircroorganismos menos deseables o nocivos y generan una biota intestinal diversa que promueve la salud y el bienestar.

Los análisis de restos de plantas prehistóricas y paleoheces hechos por Sobolik y Leach indican que los hombres del desierto consumían unos 135 gramos de inulinas de agave en un día promedio, mientras que las mujeres de la misma era precolombina ingerían 108 gramos. Eso corresponde a aproximadamente cinco veces la fibra prebiótica que la mayoría de los estadounidenses obtienen de todos los vegetales en su dieta hoy en día.

Como concluyó Sobolik, los magueyes estaban aportando un nivel tan alto de fructosanos prebióticos y probióticos que es «difícil de comprender según estándares modernos [...]. Los seres humanos modernos tratamos de crear ese entorno intestinal saludable comiendo productos probióticos con microorganismos positivos añadidos, en vez de ingerir los alimentos —los agaves— que crean un sustrato intestinal positivo de forma natural».

Si bien muchos frutos, tallos y raíces desérticos pueden comerse crudos, la mayoría de las partes del agave necesitan ser cocinadas para volver apetitosa su biomasa. Entre las artes más tempranas y definitivas que caracterizan a las culturas indígenas están el arte de ahumar y asar a las brasas carne y plantas (en barbacoas) y las artes asociadas con cocer u hornear en piso plantas ricas en carbohidratos.

Si nos adentramos en las reflexiones del activista y académico indígena Víctor Manuel Rojo Leyva sobre las raíces culturales del término *mezcal*, veremos que no solo es cuestión de etimología, sino de metáfora artística: «La palabra tiene sus raíces en el vocabulario de la lengua náhuatl, ya sea como *metl* (agave) e *ixcalli* (asado), que nos da el término *mexcalli* (agave asado u horneado); [o] las raíces nos llevan metafóricamente a los términos *meztli* (luna) y *calli* (casa), para indicar que el mezcal simbólicamente es "la casa de la luna"».

El segundo significado de la palabra *mezcal* insinúa de forma metafórica la transformación de una planta silvestre y a veces cáustica en un dominio de ensueño, no solo en una bebida exquisita. También podría sugerir que las pencas curvilíneas de muchos agaves hacen eco de la forma de lunas crecientes acurrucadas para formar un hogar. Ese salto metafórico nos recuerda que los magueyes son mucho más que un bien utilitario; como resaltamos antes, se les concede un estatus exultante, imbuido de asombro y espíritu. Nos inspiran artísticamente para ver más allá de la carne, hacia el significado espiritual que esa planta «cultivada» tiene para las culturas indígenas.

Para comprender la importancia cultural del agave, no hace falta más que ver el puñado de códices precolombinos sobrevivientes y los al menos 500 manuscritos aztecas de la era colonial, escritos en náhuatl clásico y llamados *Mexihcatl*. En ellos, encontramos cientos de glifos que ilustran magueyes en la carne y la diosa del maguey Mayahuel en espíritu.

Mayahuel era la diosa de la crianza, la nutrición y la fecundidad. Sus 400 senos manaban pulque lechoso, una bebida nutritiva y ligeramente intoxicante. Amamantaba a sus 400 hijos alcohólicos, conocidos colectivamente como los Centzon Totochtin.

Curiosamente, es verdad que algunos agaves tienen 400 «tetillas»: las protuberancias de los bordes ondulados de las pencas que el botánico del agave Gentry definió jocosamente como «prominencias carnosas bajo los dientes de los márgenes de la hoja». Gentry contó cuántas espinas en forma de pezón había por tetilla en los márgenes laterales de varios magueyes y decidió usar ese rasgo como marcador para identificar especies.

Las imágenes de la voluptuosa figura femenina de Mayahuel surgiendo de un agave gigante abundan en el Códice Borgia y en el Borbónico (o Cihuacóatl), ambos del siglo XVI. Para los mesoamericanistas, esos invaluables recuentos pictóricos provenientes de los primeros días tras la Conquista española son el equivalente cosmológico de los Rollos del Mar Muerto o de la Biblia de Gutenberg. Mayahuel, la diosa del maguey, también tiene un papel principal en el Códice Ríos y en el Magliabechiano, y su silueta icónica fue tallada en piedra en el Templo Mayor de Tenochtitlán, construido en la capital del pueblo mexica nahuahablante entre 1325 y 1445 d. C.

Trágicamente, en una versión de la leyenda, Mayahuel fue desmembrada y luego devorada por demonios. Cuando Quetzalcóatl se percató de que había perdido a su amante, plantó los restos de su cuerpo en el suelo, que luego brotaron de la tierra como magueyes.

Como ícono de la capacidad regeneradora y nutritiva inherente a todos los seres humanos, de la intoxicación y de la fertilidad, Mayahuel es tan omnipresente en la imaginería azteca que el académico mexicano Oswaldo Gonçalves de Lima le dedicó 278 páginas a su iconografía. Su clásico de 1956, *El maguey y el pulque en los códices mexicanos*, incluye una de las pocas descripciones existentes de su poder sobre la gente, tomada del Códice Magliabechiano: «Este demonio siguiente se llamaba Mayahuel, que quiere decir maguey, porque el zumo que de él salía era borrachera. Y es por eso que, casi siempre, se le representa bailando».

Hay que tener en cuenta que millones de mesoamericanos han sido nutridos por los jugos dulces y lechosos del aguamiel del agave, que se han fermentado para hacer pulque (u *octli*) durante los miles de años en que se ha cultivado el maguey para obtener alimento y bebida. Los cosechadores succionan el aguamiel fresco de los agaves gigantes para ponerlo en tecomates, y luego lo drenan en una vasija hasta tener suficiente para fermentarlo en cueros. Esos cueros albergan docenas de levaduras y bacterias silvestres, que fermentan la savia prebiótica para convertirla en una espumosa bebida probiótica llamada pulque, que normalmente contiene entre 4 y 6% de alcohol.

Esas dos bebidas de maguey —el aguamiel fresco y el pulque fermentado— eran tan comunes en el centro de México hasta la Segunda Guerra Mundial como los vinos en Europa, o como la sidra lo era para los yanquis en las tierras fronterizas. Los bebés eran destetados con el aguamiel manado del cuerpo encarnado de Mayahuel, y luego se graduaban al fermento ligeramente intoxicante del pulque... y quizá, más tarde, a la esencia destilada del maguey en sorbos sacramentales de mezcal.

Hasta las últimas décadas, las cantinas dominantemente masculinas conocidas como *pulquerías* eran los principales «abrevaderos» sociales y políticos donde los líderes comunitarios mesoamericanos discutían sus asuntos, formaban coaliciones y resolvían problemas. Mientras mujeres pobres les vendían y servían pulque, los políticos privilegiados discutían, bromeaban y regateaban en las pulquerías hasta que la borrachera desmenuzara gradualmente la coherencia de sus pláticas. Galones de jugos de maguey fermentados les servían de lubricante y, más tarde, de bálsamo. Tras horas de reunión alimentada con agave, ¡costaba trabajo saber quién tenía más poder, si los políticos o el pulque!

Desde el inicio de la producción antigua de pulque, los jugos del agave —ya fueran destilados o meramente fermentados— se volvieron fundamentales para la evolución cultural en México y han mantenido ese papel durante más de 3,000 años. Las culturas indígenas de Aridoamérica y Mesoamérica llevaban al menos 25 siglos usando bebidas de maguey antes de que los españoles les ofrecieran su primera comunión cristiana. En contraste, el vino de altar se ha usado de esa manera en Eurasia durante apenas dos milenios, desde la época de Jesús de Galilea.

Quizá ahora nos resulte difícil de comprender la importancia precolombina de beber agave, pues no tenemos la misma opinión religiosa del alcohol que solía ser común en Mesoamérica. Por supuesto que el vino es crucial para el rito cristiano de la eucaristía, pero ese no es su uso principal. Cuando un mesero descorcha un Burdeos y te sirve una copa, es improbable que anuncie que es la sangre de Cristo. De igual manera, cuando tu cantinero te sirve una onza de un mezcal tradicional de lote chico, es improbable que lo haga con cánticos y libaciones. Un cantinero sabio seguramente se cuida de declarar cuál es su fe, qué persona en un banco cercano podría ser tu siguiente amante, o por qué debes sacarte el corazón del pecho para garantizar una buena cosecha.

Aun así, hay poca duda de que, por mucho tiempo, las ceremonias sagradas eran el escenario principal para el uso de destilados de agave en Mesoamérica. Al igual que el incienso yemenita, la mirra etíope o las secreciones de las glándulas de los ciervos almizcleros del Himalaya, una minúscula cantidad de la esencia destilada de los agaves mesoamericanos podía enviarte al mundo de los espíritus.

Todo eso cambió abruptamente cuando los conquistadores españoles vieron las ceremonias aztecas que consideraron impulsadas por la intoxicación con alcohol derivado del agave. Sus prejuicios imperialistas y los estereotipos raciales que tenían de las religiones de los supuestos «salvajes primitivos» desataron una terrible represión, décadas de violencia inenarrable y genocidio cultural por parte de quienes querían «sacar al indio» del hombre o la mujer. Para sorpresa de ninguna persona moderna, los propios invasores eran bastante brutales, aun sin un sorbito ceremonial de mezcal de por medio.

Los españoles respondieron a lo que consideraban prácticas paganas con un conjunto de reglas que eliminaron los ritos indígenas mientras apoyaban la convergencia de sus propios intereses políticos y religiosos. Los conquistadores prohibieron las bebidas usadas en esos rituales y redujeron la posibilidad de que el alcohol de agave pudiera competir contra las importaciones de vino español al Nuevo Mundo.

La eliminación colonial española de la microdestilación inicial y del uso ceremonial de destilados de agave fue a la vez trágica y desafortunada, pues aniquiló el valor sacro y estético de esas bebidas. La elaboración mesoamericana del propio alcohol y sus usos mágico-religiosos eran hazañas culturales tan importantes como las fábricas de vino *chemer* de 2,600 años de antigüedad del Líbano, o las destilerías de *whisky* de la isla Islay, en la costa de Irlanda.

Estas incursiones espirituosas no solo son parteaguas de la innovación y la creatividad humanas, sino que también expresan lo sagrado y lo único de cada lugar en el que fueron elaborados por medio de su terruño único. ¿Por qué deberíamos considerar que estas hazañas culturales son menos valiosas que las pirámides de Egipto o que la Gran Muralla China, solo porque no están hechas de piedra, sino de mandalas de plantas suculentas sublimadas a deliciosos destilados?

Puede que el mezcal esté de moda, pero en los pueblos indígenas en los que se produce, sus raíces alcanzan profundidades inimaginables. Los agaves son para los mexicanos mezcaleros lo que los bisontes para los indígenas de las Grandes Planicies o el salmón para los pescadores del borde del Pacífico Norte: una piedra angular cultural que sirve para satisfacer la mayoría de las necesidades humanas: alimento, fibra, bebida, medicina, material de construcción y ofrendas espirituales.

Además de las pencas y mezontes horneados, casi todos los elementos u órganos del maguey se comen o ingieren con fines medicinales en las comunidades indígenas. Asombrosamente, esas tradiciones y dichos populares sobreviven sin merma hasta nuestros días. Las culturas mexicanas han hallado ingeniosos medios culinarios para preparar hasta la «piel» de la penca, llamada *mixiote*; el alto tallo floreado, llamado *quiote*, y las flores suaves y dulces, llamadas *bayusas, cacayas, huexotes, golumbos, hualumbos, machetes* o *xhiveries*. Esos alimentos y bebidas se mantienen hasta nuestros días en al menos 24 de los 32 estados mexicanos.

Si te encantan los dichos tanto como a nosotros, escucha la recomendación de este viejo proverbio oaxaqueño: «Mezcal: si te da catarro, un jarro; pero si viene con tos, que sean dos».

En su destilería Camaleón, en el valle de Tehuacán, Fernando Barragán Flores nos indicó que distintos agaves tienen distintas propiedades medicinales: «Ustedes saben que yo hago pechuga usando solo mezontles de pichomel. Lo valoro como medicina para la tos porque tiene azúcares muy densas, casi como melaza. Muchos mezcales siempre se han usado como medicina, pero este es mejor para la congestión pulmonar y las infecciones. Otros también funcionan, sobre todo si están condensados, pero el pichomel parece tener las propiedades medicinales más fuertes de los que tenemos acá».

Eso me recordó lo que Vicente Reyes ha comentado sobre la particularidad de cada agave en su relación con la humanidad: «Cada maguey es único, no hay otro en su tipo, y eso no es algo en lo que el hombre pueda o deba intervenir».

Meses atrás, mientras catábamos mezcales en la destilería Lalocura en Santa Catarina Minas, Oaxaca, el dueño, Lalo Ángeles, resumió los muchos usos, valores y lecciones de los agaves:

La abundancia de dones que Dios nos ha dado en el maguey es algo por lo que estoy profundamente agradecido. Pero esa abundancia también me ha enseñado a pensar en cómo usar correctamente esos dones. Los agaves son mucho más que solo una fuente de alcohol, combustible o sabor. Últimamente he estado reflexionando sobre sus poderes curativos —sobre su valor medicinal—, pues eso es algo que quizá haya estado tan presente en mi niñez que lo dábamos por hecho en mi familia.

Cuando era niño, casi todas las familias que conocía —incluyendo a la mía— tenían un nichito en la pared junto a la puerta o un estantito en la cocina donde tenían a la mano una botella de mezcal con hierbas curativas. Quizá estuviera infusionada con ruda, ajo o menta. Estaba siempre a la mano por si a alguien le salía un sarpullido, un moretón, o le daba sarampión. Por supuesto, lo usábamos tópicamente; nos sobábamos los músculos adoloridos o nos lo poníamos en los raspones y cortadas como desinfectante.

Lalo se reclinó en su silla de madera y le dio un sorbo a su jicarita con un hermoso diseño tallado en el borde.

«También sorbíamos mezcal como enjuague bucal para la garganta irritada, encías infectadas, dolor de dientes o labios partidos. Puede reducir la fiebre. Crecimos sin dudar nunca del poder curativo del maguey».

Lalo nos compartió una letanía de usos medicinales demasiado larga para enumerarla. En los pueblos oaxaqueños no muy lejos de Santa Catarina, donde el agua puede quedar contaminada de forma periódica, las madres limpiaban la piel suave de los bebés con mezcal todas las mañanas, o los sumergían en una tinajita de destilado desinfectante. Ahora sabemos que la abundancia de saponinas pegajosas y cáusticas en las pencas de maguey puede coagular la sangre y ralentizar el crecimiento de tumores. Las inulinas de los mezontes tatemados pueden reducir el nivel de azúcar en la sangre y llevarse las grasas que aumentan el nivel de colesterol, a la vez que estimulan la liberación constante de insulina en el páncreas. Tienen efectos prebióticos y probióticos benéficos en la actividad microbiana intestinal y en el funcionamiento intestinal fluido. También pueden estimular la circulación sanguínea y reducir la inflamación.

Tras varios minutos de intercambiar remedios atribuidos a los agaves, Lalo pareció ponerse inquieto, como si no estuviera logrando llegar al poder subyacente que nos ofrece el maguey:

El maguey me ha enseñado cosas de gran valor en mi vida: paciencia, estabilidad, integridad, resiliencia. [...] No puedes hacer buen mezcal si no haces un buen palenque. [...] Los hornos de piso y los tanques de fermentación, el agua y la leña. [...] Para hacerles justicia a los dones del maguey, tienes que entrenar bien a tu personal y trabajar cooperando con otra gente. Y no puedes mantener un buen palenque si no tienes una milpa diversa; no solo muchas variedades de agave, sino también otros cultivos. Tienes que aprender la mejor manera de usar el bagazo que queda de los agaves tatemados, incorporándolo al suelo como composta o como mantillo para conservar el agua.

Mientras Lalo nos metía cada vez más hondo en el ecosistema del agave, sentíamos que su visión del maguey abarcaba todas sus relaciones.

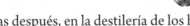

Días después, en la destilería de los hermanos de Lalo, a unas millas de distancia, el Santo Niño del Palenque descansaba en una capillita sobre una gran roca que dominaba su patio de destilación en olla de barro. Lo sacan a desfilar en las celebraciones de la Feria del Santo Niño, un festival que tiene lugar en enero en muchos pueblos mexicanos. Si bien no es un santo formalmente reconocido por el Vaticano, sigue siéndolo en los corazones de los mezcaleros oaxaqueños.

En las fiestas de algunos pueblos, el Santo Niño recibe una botellita de mezcal para que puedan rociarlo con una bruma de destilado antes de tomar un trago. Está presente cuando se bebe mezcal para bendecir a una pareja de recién casados o a una mujer que esté esperando un hijo. Y los acompaña cuando fallecen los viejos mezcaleros, para garantizar que permanezcan por siempre en la memoria de todos los pueblerinos.

Solo hay que ver la omnipresencia del mezcal en las ceremonias de Día de Muertos en todo México y el suroeste de los Estados Unidos para preguntarse si no será la bebida preferida de los difuntos. La gente lleva botellitas de mezcal a capillas y catedrales para ofrecérselas a los varios santos que habitan los altares. Los campesinos les ofrecen de sus botellas a sus íconos antes de bebérselas, como si ellos estuvieran bendiciendo a los santos y no al revés. Si pasas de la media noche en las calles o panteones de Oaxaca, Chiapas o Michoacán, todo a tu alrededor parece un poco alucinado, como si hubieras entrado a una escena mezcalera en *Bajo el volcán* de Malcolm Lowry y ya no pudieras encontrar la salida.

Sí, el mezcal toma tiempo, pues es a la vez efímero y eterno.

En esos pueblos, el mezcal se ha inmiscuido en los dichos que les dan sazón a tantas conversaciones. Innumerables estadounidenses y europeos que han viajado por México han vuelto a casa con letreros de madera o toallas de algodón que proclaman la primera sección de este dicho, mientras ignoran su segunda estrofa, igual de divertida: «Para todo mal, mezcal, y para todo bien… también. Y si no hay remedio, pues litro y medio».

El gran escritor etnográfico mexicano César Augusto Patrón Esquivel ha usado ese refrán para explicar el profundo papel que tiene el mezcal para generar buena voluntad en las comunidades mixtecas de Oaxaca:

Entre los mixtecos, el estatus, el prestigio y el respeto se obtienen sirviendo a la comunidad. La participación en la vida colectiva y el cumplimiento en los trabajos, cargos y ceremonias públicas han fomentado desde siempre el sentido de pertenencia a la comunidad. Así, la participación colectiva se da también en la elaboración del mezcal y al compartirlo con los demás miembros en fiestas religiosas, rituales, celebraciones y hasta entierros. El mezcal forma parte de la identidad y cultura de estos pueblos, se le venera por la forma alquímica de elaborarlo, se le respeta y se le quiere; en fin, no existe el mal si existe un buen mezcal.

Aquí hay otra ocurrencia bien conocida: «El mezcal no te crea ni te destruye, solo te transforma».

CAPÍTULO 5

EL ESPINOSO PROBLEMA
DEL CULTIVO DEL AGAVE

Los agaves están firmemente arraigados en las tradiciones culturales mesoamericanas y aridoamericanas, pero esas tradiciones son dinámicas, no estáticas. En la mayoría de los lugares, cultivarlos para producir mezcal no se ha industrializado a tal grado que niegue las interacciones simbióticas directas y antiguas entre los campesinos y las plantas mismas.

Si comparamos el cultivo tradicional del maguey con cualquier otra forma de producción agrícola usada para hacer destilados, una cosa queda clara: tiene una huella ambiental mucho más baja, pero un nivel más alto de inversión cultural al combinar agaves con otras plantas —como árboles frutales o nopales— en policultivos entremezclados.

En esos sistemas agroforestales, la inteligencia humana, el trabajo calificado y el conocimiento tradicional cumplen un papel mucho más importante que cualquier maquinaria o sustancia para que las plantas lleguen a la cosecha. Se puede ver evidencia de esas inversiones en las maneras elegantes en las que se integran los magueyes con otras plantas útiles en las milpas que llevan siglos siendo moldeadas por las acciones conocedoras de los cosechadores, conocidos como *jimadores* o *mezcaleros*.

En los valles de Jalisco, hemos tenido la fortuna de conocer a miembros de varias familias que han cultivado agaves para los productores de mezcal al menos desde el siglo xix. Abrevan de conocimientos locales que suelen preceder el papel que tiene su generación en el cuidado y la poda del maguey por cientos de años. Ya que, según algunos documentos antiquísimos (¡de 1576!), la producción agrícola de agaves para destilados se remonta a sus pueblos y a sus apellidos, el legado de esas familias hace eco desde hace 20 o más generaciones.

Si un solo conjunto de rostros destaca entre todos los involucrados en la producción de tequila, puede que sea el de los jimadores. Se trata de cuidadores, cultivadores y cosechadores altamente calificados de agave, tan importantes para el sabor del mezcal como los destiladores, los maestros mezcaleros. Sin duda alguna, hay muchas destilerías a pequeña escala de mezcal artesanal y ancestral donde el sembrador, cultivador, cosechador y destilador son la misma persona.

El jimador es tan esencial para el cultivo, el cuidado y la calidad del *tequilana azul* o el mezcal espadín como lo es el vaquero para la calidad de la deliciosa carne de res y las pasturas productivas en el paisaje ganadero mexicano. Un jimador debe estar bien entrenado para identificar qué agaves están bien maduros y listos para la cosecha, pues un agave cosechado prematuramente podría liberar un sabor agridulce o amargo que arruine un lote entero de destilados. Si las hierbas o las enfermedades no tratadas debilitan a un maguey, el licor resultante podría no tener un contenido tan robusto de inulina dulce o de aromas intoxicantes. La planta soporta el calor, pero si está infestada de hierbas o de enfermedades en las raíces, su capacidad de absorber minerales y expresar sus aceites volátiles se ve mermada.

Por supuesto, siempre se requieren varias labores más para garantizar que una destilería haga buen mezcal, pero el cuidado de la materia prima importa. Por eso, el papel del cosechador es fundamental, como el timonel de un navío. Los mejores jimadores, que cuidan, podan y cosechan los diferentes tipos de agave encontrados en los paisajes agrícolas, pueden añadirle mucho valor a un mezcal.

Durante décadas, si no es que siglos, el puesto icónico de jefe de cuadrilla de un equipo que hiciera la jima (cosecha) y el barbeo (poda) de

Jimador haciendo la jima con una coa.

agaves ha pasado de una generación a la siguiente de la misma familia extendida. El líder capacita a todos los jimadores para que apliquen al menos cinco técnicas de poda y limpia de los magueyes en distintas etapas de su ciclo de vida.

La primera es el barbeo de arbolito o farol, que consiste en podar las pencas para promover una mejor ventilación y prevenir enfermedades, plagas y estrés por la competencia con hierbas. La segunda es el barbeo de cacheteo o chaponeo, con el que se obtiene acceso al corazón entre las filas de pencas espinosas. La tercera es el barbeo de desemplague, que reduce el impacto del gusano barrenador, una larva que daña las pencas. La cuarta es el barbeo de escobeta, rebajado o castigado, en el que se podan todas las pencas para aumentar su exposición al sol y acelerar la maduración. La quinta (antes de la cosecha) es la capona o desquiote, en la que se «castra» el quiote cuando se está preparando para florecer.

Escuchar una descripción más larga de las sutiles diferencias entre esas técnicas de poda podría resultar desorientante al principio, pero estamos seguros de que sí puedes sentir la diferencia entre las tres técnicas de cosecha: la jima rasurada, la jima normal y la jima larga. En la jima rasurada, se quitan las pencas cerosas y puntiagudas lo más cerca posible de la piña; se rasura al ras. En la jima larga, una cantidad considerable de penca se deja en su lugar. Los jimadores eligen una técnica u otra dependiendo del efecto que crean que tendrá en el contenido de azúcar de un agave: las pencas suelen ser amargas, así que una piña rebosante de azúcares puede equilibrarse con la jima larga. Por el contrario, un agave bajo en azúcares quedaría desbalanceado si se incluyeran pencas más largas, por lo que se preferiría la jima rasurada. Los jimadores veteranos evalúan qué técnica será la mejor para los azúcares y sabores de cada lote.

A los jornaleros no calificados les costaría mucho aprender las minucias de las distintas jimas de la noche a la mañana. Tienen que dominar tres maneras de conseguir el barbeo final para distintos objetivos. Deben hacer una piña con forma perfecta a partir de la cabeza o caballo del maguey maduro. Qué tan bien lo hagan tendrá consecuencias significativas para el peso de la cosecha y para la calidad y el horneado del agave. No aprenden esas técnicas solo con sus mentes; dominan ese arte táctil poniendo manos a la obra como aprendices, no con abstracciones.

Históricamente un puesto hereditario, el estatus de jefe de cuadrilla suele concedérsele a un miembro de la familia que sea a la vez musculoso y extremadamente preciso a la hora de podar y arrancar agaves de raíz. Si bien la mayoría han sido hombres, también algunas mujeres han recibido el honor.

Sin duda, algunas mujeres muy hábiles también han dominado el arte y ciencia de la jima, aunque su presencia entre la población mayoritariamente masculina de los jimadores suele pasarse por alto. Además de ser extremadamente hábil con las herramientas de su oficio —varios tipos de coas, machetes y azadones—, el jimador también debe tener la capacidad social de mantener la moral de su equipo mientras trabajan largas horas bajo el sol, entre las pencas espinosas y puntiagudas de los magueyes, expuestos a la urticaria que pueden provocar las piñas. Digámoslo sin rodeos: ningún jimador quiere echarse encima a un equipo de gente armada con herramientas filosas. Esos instrumentos forjados a mano son preciosos a la vista, pero letales. Desde el alba hasta las tres de la tarde, el jefe de cuadrilla debe saber cuándo ordenar, engatusar o ceder ante su equipo. Debe discernir si darles más capacitación, cuándo darles primeros auxilios o cuándo despedir a un trabajador imprudente. También debe saber cuándo una planta débil o dañada debe ser retirada y cómo reemplazarla con otra. Debe recordarles a los miembros de su equipo que la manera en la que cuidan la tierra bajo sus pies puede mejorar la fertilidad del suelo y el sabor del mezcal o dejar más plantas débiles y vulnerables a las enfermedades.

Por encima de todo, los jimadores deben impartirle ese conocimiento tradicional del manejo del mezcal no solo a su equipo, sino también a los consultores de los destiladores, que quizá quieran tomar atajos en el cuidado del agave para reducir los costos de producción. Si alguien debe mantenerse firme para preservar la tradición, se trata del jimador. Si la producción mezcalera está guiada por una biblioteca no escrita de conocimiento agrícola tradicional albergado en el equipo de la jima, entonces el jefe de cuadrilla es el bibliotecario, archivista y guardián de la historia oral. Hace poco, el jimador Armando Acevez alertó a la periodista Hannah-Ellis Petersen, de *The Guardian*, de que su cadena ininterrumpida de herencia generacional de conocimientos se estaba rompiendo: «Casi todos los hombres de mi familia han sido jimadores, desde generaciones atrás; es una tradición. Mientras pueda seguir cosechando, seguiré siendo jimador. Pero la mayoría de los jimadores somos viejos, porque los jóvenes no quieren trabajar en la cosecha. Hay un par de jimadores jóvenes, pero cada vez son menos».

Tristemente, como nos reveló un agrónomo jalisciense de nombre Rubén, con la pérdida de ese conocimiento tradicional antes o durante el *boom* tequilero, «el manejo del *tequilana azul* en los plantíos tuvo un profundo impacto en la calidad de la materia prima». Había más campos y más personas contratadas, pero menos jimadores experimentados que garantizaran el control de calidad.

Se puede percibir la diferencia en la postura, la ropa y las conversaciones de los trabajadores mayores que crecieron en la industria, comparados con los jornaleros más jóvenes provenientes de otras regiones. En los viejos tiempos, el traje tradicional del jimador incluía camisa de algodón blanca y pantalones con faja roja, sombrero tapatío, guantes de cuero y guaraches. Ahora, los jimadores y los jornaleros jóvenes se visten muy parecido a los vaqueros, con botas pesadas, jeans azules a veces cubiertos de chaparreras protectoras, guantes justos y sombreros vaqueros de paja tratados con sellador impermeable. Quizá usen audífonos mientras trabajan, escuchando los últimos narcocorridos en vez de las viejas melodías de mariachi de los charros tapatíos.

Aun así, no es exageración afirmar que la piel de los jimadores suele estar tan curtida y rasgada como sus botas y sus guantes. Tienen la cara arrugada y bronceada por los rayos ardientes del sol. Sus manos, pantorrillas y muslos pueden portar viejas cicatrices de cortes accidentales con las hojas de las coas de jima que usan para podar y cosechar las piñas.

Los jimadores suelen ser representados de una forma romántica y casi nostálgica, como los rostros atractivos pero ásperos de la industria del agave, como el icónico vaquero de Marlboro, que conoce la naturaleza tan bien como la palma de su mano. Unos cuantos maestros envejecidos del arte son «exhibidos» cada vez que llegan turistas a una plantación elegante para ver cómo y dónde se hace su bebida favorita.

Sin embargo, en cuanto los turistas se van, el jimador se aleja cojeando, usando su coa como bastón. Tal vez lo exhiban porque ya no puede cosechar entre 200 y 350 agaves en un solo día, como hacía de muchacho. Todavía tiene buen ojo para cortar con precisión las pencas en una de las tres formas de barbeo, pero quizá ya no pueda cargar las piñas de 70 a 100 libras (30 a 45 kilogramos) hasta la caja de una *pickup* durante varias horas. Y parece que la paga que le dan no compensa el dolor que soporta, así que está considerando tirar la toalla. Al igual que la producción del propio mezcal, parece que se requiere cierto nivel de sufrimiento y dolor para formar un jimador de excelencia, que porte sus cicatrices con orgullo, como medallas de honor.

A pesar de todas las nociones románticas y gestos nominales de respeto que reciben los jimadores como profesión distinguida heredada de padres a hijos, nunca se les concede el estatus completo de agricultor, porque normalmente no son dueños de las tierras donde cosechan los agaves. Muchos de ellos se unieron a las filas de los desposeídos desde que eran jóvenes.

Normalmente, los pequeños propietarios ahora arriendan sus tierras, pues no les interesa formar parte de la cuarta o quinta generación en quedar arrugada o lesionada por medio siglo de trabajo duro. Se compran coches o remodelan sus casas con las rentas, pero viven en Guadalajara o Tequila, trabajando de guías turísticos, taxistas, vendedores de herbicida o peluqueros. Renunciaron a podar agaves espinosos en pos de ocupaciones menos extenuantes.

Hoy en día, cada vez más tierra es propiedad o está rentada por corporaciones multinacionales que administran las mayores destilerías y redes de distribución. Sí, sigue habiendo algunos agricultores independientes, con entre 15 y 20 hectáreas, cuyos parientes trabajan en la plantación, pero están desapareciendo. Pocos quieren participar en la jima, ni siquiera en sus propias tierras.

Curiosamente, el término mexicano *jimador* no existe en otros países hispanohablantes. Históricamente escrito como *ximador*, esa palabra mesoamericana suele referirse al maestro cosechador, cultivador, podador o incluso «peluquero vegetal», en vez de a un agricultor o un dueño de potrero como tal. Es una adaptación de un antiguo término nahua, *xima*, «suavizar par dar una forma deseada, recortar cabello, rasurar una barba, podar un arbusto, lijar un pedazo de madera o esculpir una piedra».

El jimador es el capataz crucial, que moldea los mandalas silvestres de las pencas para hacer un conjunto de piñas compacto y casi siempre apilable, recortadas para dejarlas inmaculadas y sanas, listas para tatemarse. Si no hay jimadores sanos, no hay cabezas de agave sanas y robustas. Así de simple.

Una vez, en Atotonilco, una ciudad tequilera en la región de Los Altos, David vio a un reconocido jimador que estaba batallando por bajarse de la caja de una *pickup*.

—¿Estás bien? —le preguntó—. ¿Tuviste un accidente?

—No, es dolor crónico por todas mis lesiones. Y se me acabó la lana para comprar más pastillas. Cuando no tomo analgésicos y relajantes, apenas puedo trabajar.

El cultivo cuidadoso del agave —en contraste con simplemente encontrarlo en estado silvestre en su hábitat natural, en la sierra o en las colinas— requiere que los consumidores y la sociedad en general se preocupen por la salud de quienes están mejor capacitados para hacer la dura labor de los jimadores y los jornaleros. Necesitamos su administración constante y sus interacciones colaborativas con otros trabajadores si vamos a ingerir sus destilados de calidad sin culpa. De lo contrario, la agricultura seguirá degenerando en una industria extractiva que no solo agota el suelo y la vida vegetal de la que depende, sino también a los trabajadores. Incluso en los monocultivos más mecanizados, siguen siendo esenciales para todas las labores agrícolas, desde la siembra hasta la cosecha.

Más que nunca, las cuestiones de la agricultura sustentable y la justicia laboral están unidas por la cadera. Afortunadamente, están siendo ampliamente discutidas en la industria mezcalera, en las cantinas y en las revistas especializadas. En algunos lares, sigue siendo arriesgado tocar esos temas, pues se consideran más ordinarios que un pedo en una iglesia, pero tanto la fuerza laboral como la sustentabilidad del sistema alimentario mexicano están enfrentando duros dilemas. Ahora es el momento de resolverlos.

Como encarnación de la relación mutualista entre hombre y maguey y el largo y lento baile en el tiempo y el espacio que define a México y su historia, el jimador no solo es el cosechador que sale a las terrazas con su mula para darle un machetazo a un agave. También es quien plantará

Tahona macerando agaves en molino egipcio.

la siguiente generación de magueyes que llenarán el espacio dejado por la piña podada y arrancada de raíz. A su vez, ese agave exquisitamente recortado en forma de piña le ofrece un salario y, más tarde, alimento, ebriedad y placer.

Cuando un maguey maduro empieza a erguir su quiote para estallar en cientos de pálidas flores, el jimador debe decidir si caponar (castrar) el tallo para dejar que la planta se hinche de carbohidratos antes de cosecharla para el mezcal. Otra opción es que permita que el tallo floreado se desarrolle en pleno, hasta convertirse en un candelabro de entre 10 y 30 pies (de 3 a 10 metros) de alto. Lo haría para permitir que la planta se marinara y acumulara más sabor, fragancias y dulzura conforme sus raíces absorbieran nutrientes de perfiles de suelo más profundos, y más sustancias químicas secundarias aromáticas se imbricaran en las pencas y el mezonte.

Algunos maestros mezcaleros, como los vecinos don Macario Partida y don Lorenzo Virgen, tienen el temple necesario para permitir que un quiote y el mezonte que lo soporta se marinen hasta por cuatro años, una paciencia que nunca verás en la región tequilera. Alternativamente, el jimador puede decidir cortar el quiote hasta que las flores polinizadas por murciélagos produzcan semilla. Las semillas viables serán entonces germinadas en un vivero para que sus descendientes sean plantados meses después en el potrero en terrazas, donde madurarán.

Cuando un agave lleva entre ocho y 30 años creciendo en presencia del jimador, se desarrolla un vínculo entre ambos. El jimador quizá acuda al más longevo y le dé golpecitos al quiote para ver si se está secando y ahuecando. Quizá busque el rubor en las pencas para ver si las fructanosas ya se movilizaron. Cada agave tiene su propia personalidad, su propio ritmo para llegar al sazón, a su madurez. Como el sabio agrónomo y destilador Carlos Camarena, de la destilería Tapatío, bromeó una vez, «vivimos en una época en la que queremos vivir todo a las prisas, pero por qué no tomarnos un poco de tiempo para sentarnos juntos, para convivir. Eso es algo que los jimadores y mezcaleros hacen todo el tiempo en Oaxaca, pero cuando estamos en Estados Unidos, corremos por doquier buscando las respuestas. ¡No hay tiempo para la convivencia!».

Esa es la razón por la que los desiertos azules de monocultivo tequilero en los valles y altiplanos de cinco estados mexicanos parecen más una anomalía en el mundo del agave que una tradición venerable. Indican prisa por el matadero. Las filas perfectamente cuidadas de clones de la misma edad parecen más una mala parodia de una barbería que una forma de honrar la antigua simbiosis mesoamericana.

Algo tienen los monocultivos tequileros que nos ponen azules. Es como si aguantáramos la respiración esperando una señal de alivio. La idea misma de que cada año se planten entre 15 y 20 millones de individuos genéticamente idénticos de cualquier especie, en un paisaje de filas casi rectas a lo largo de casi 300,000 acres, parece más la escena de una novela distópica que el sueño de una empresa saludable y gratificante.

Pero no te preocupes demasiado: la ayuda está en camino.

CAPÍTULO 6

LA MACERACIÓN DEL MEZCAL

Juntos, vimos la tahona (la enorme piedra de molino) dar vueltas y vueltas en lo que se conoce como un «molino egipcio». Estaba aplastando docenas de mezontes cocidos en la destilería Cascahuín. Ahí, en el pueblo de El Arenal, es donde Salvador Rosales Briseño y sus descendientes han hecho destilados de agave desde 1955. Y ahí fue donde instalaron una tahona. Cascahuín es una de apenas un puñado de destilerías que siguen usando una piedra de dos toneladas para machacar y realzar los sabores de los agaves tatemados en horno de mampostería ahí mismo. La cruza entre la piedra y las plantas libera jugos pegajosos y una pulpa dulce y ahumada; es difícil no quedar hipnotizado por esa antigua danza circular entre fuerzas geológicas y biomasa botánica mientras la piedra da indicios de sus fragancias minerales y terrosas. Y, cuando se liberan azúcares de las fibras de las pencas durante la maceración, surgen ácidos orgánicos que aumentan la dulzura y fragancia floral de los destilados de agave.

En el «desierto azul» de las tierras bajas de Jalisco, ese método tradicional para machacar los mezontes de agave tatemados para hacer tequila y mezcal prácticamente había desaparecido antes de que tuviera un pequeño renacimiento hace unos años. Nosotros vimos cómo ponían una vieja tahona a trabajar de nuevo en El Arenal, pero ahora es una de muchas que vuelven a sus labores en Jalisco.

Conforme la piedra de molino rueda en una pileta bordeada de piedra, enganchada a una suerte de eje que la conecta con el poste giratorio en el centro, exprime el aguamiel de las piñas horneadas que aplasta. Junto con esos jugos, unas canaletas que bordean la pileta del molino capturan la pulpa pulverizada de las piñas y la dirigen a las tinas de fermentación.

Los aromas de ensueño permean el aire del patio de la destilería. Ambos crecimos viendo funcionar esos artilugios, cada uno en un lugar diferente del continente. David los vio mientras seguía siendo un adolescente en el occidente de México, donde aplastaban agaves y muchas otras plantas para hacer jarabe. Gary había visto aparatos similares de niño en el Medio Oeste de los Estados Unidos, donde los granjeros exprimían jugo de los tallos de sorgo para hacer melaza *blackstrap*, y en sus veintes, para extraer la dulzura del maguey y la caña de azúcar en Sonora. La tahona emite un ruido antiguo mientras rueda…

El término *tahona* se remonta al árabe andaluz *aṭṭaḥúna*, derivado del árabe clásico *aṭṭāḥūn[ah]*, y simplemente significa «molino»: piedra o rueda de molino, molino harinero. Su origen, curiosamente, no tiene nada que ver con los aztecas, que seguramente usaban mazos de madera para machacar agaves y otras plantas comestibles. La antigüedad de las tahonas en el Mediterráneo y en Medio Oriente se remonta a varios milenios atrás, como Gary ha podido comprobar en su aldea ancestral cerca de la frontera entre Líbano, Siria e Israel.

De hecho, es muy probable que la tahona fuera introducida en México para usarla en varios cultivos en el siglo XVI, quizá por obra de familias de refugiados criptomusulmanes o criptojudíos que vinieron huyendo de la Inquisición. Los molineros andaluces, llamados *tahhán* —otro término derivado del árabe—, siguen heredando el oficio de generación en generación, moliendo grano, aplastando uvas y exprimiendo caña de azúcar con ruedas de molino giradas por yuntas, al igual que muchas familias rurales mexicanas han seguido haciendo hasta bien entrado el siglo XX.

El único elemento indígena de esa tecnología mestiza es que el tipo de roca predilecto para hacer tahonas en el Eje Volcánico Transversal mexicano se llama *tezontle*. Ese término español proviene de la unión de dos palabras: *tetl*, «piedra», y *tzontli*, «folículos capilares». Describe las piedras muy oxidadas, pero bastante porosas, fáciles de encontrar en los estratos volcánicos del centro y el occidente de México. Las mismas canteras seguramente fueron usadas para obtener piedra rojiza o negruzca para hacer los molcajetes con los que se molían las especias en la época precolonial. No tendríamos moles sin ellas.

Con la modernización y el *boom* del mezcal, muchos mezcaleros y tequileros abandonaron sus piedras de molino volcánicas y sus mazos de madera para usar molinos mecánicos y biotrituradoras.

Si bien el uso de tahonas para macerar agave persiste entre un pequeño porcentaje de mezcaleros desde Sonora hasta Oaxaca, solo un puñado de destilerías tequileras las mantuvieron activas durante el ocaso del siglo XX. Entonces, Carlos Camarena, de El Tesoro Tequila, desempolvó una piedra de molino bien curada y de tres toneladas que había heredado de su abuelo, quien a su vez la había recibido del suyo. Como describe Carlos, «estamos preparados para hacer este trabajo con nuestras manos y nuestros corazones. Eso es lo que significa la tahona para nosotros. Significa nuestros corazones».

Gracias a los tradicionalistas experimentados como Carlos, Salvador y su hijo, Salvador Jr., el uso de la tahona —tirada por mula o tractor— ha renacido para hacer mezcales y tequilas ancestrales. Pero ¿qué podría añadir a un destilado de agave? ¿Realza perceptiblemente su sabor y su aroma?

Clayton Szczech, amigo nuestro y especialista en destilados de agave, considera que el uso de la tahona es un compromiso simbólico con la tradición: «La tahona es más un indicador de compromiso con un proceso de calidad, sin importar la lentitud [...], en vez de una técnica que haga solo lo esencial».

Otras personas, incluyendo a David, no están de acuerdo. El mago del *whisky* de Portland, Tommy Klus, presiente que la maceración con piedra sí añade un sabor discernible. «Me devuelve a la destilería; recuerdo estar junto a los hornos, esperando a que descargaran los agaves recién tatemados». Mariana Sánchez Benítez, quien supervisa la producción en una destilería de Patrón, presiente que «el tequila hecho con tahona tiende a tener un perfil más suave y dulce». Hablando con Jake Emen, admitió: «Es un proceso muy, muy lento. La eficiencia sufre, pero podemos mantener los sabores que queremos».

Dependiendo de la especie de agave —y del tiempo de horneado para el mezcal—, los sabores realzados por el procesamiento con tahona parecen más terrosos, con más minerales. Algunas maestras sostienen que también son más vegetales y herbales, pues la maceración aplasta en vez de obliterar las muchas capas de las pencas. Eso podría hacer que el sabor del mezcal macerado con tahona fuera más rico y redondo en la lengua, con una presencia más generalizada de las particularidades de cada agave expuestas más tiempo a la luz.

Pero ¿es esa la razón por la que muchos mezcaleros están usando tahonas o mazos para la maceración? Al parecer, también lo están haciendo como acto de resistencia contra la innovación más significativa —y controvertida— de la historia de la producción de tequila: el difusor.

Antes del difusor, la mayoría de los mezcales y tequilas se procesaban así: el jimador elegía agaves maduros para la cosecha cuando estaban hinchados de fructosanos dulces y los convertía en piñas, a veces los cortaba por la mitad, y los tatemaba. Las piñas horneadas eran machacadas con mazo o maceradas con piedra de molino, fermentadas, destiladas dos veces y embotelladas. Históricamente, todo el proceso tomaba como mínimo una semana, pero era normal que fueran muchos días más, para obtener los complejos perfiles que los mezcaleros adoran.

Entonces llegó el difusor. Un difusor es una máquina industrial del tamaño de una cancha oficial de basquetbol que está diseñada para convertir piñas en baba. Pone la producción tradicional de cabeza al triturar los agaves crudos, a veces incluso inmaduros; luego los acribilla con chorros de ácido y agua hirviendo a alta presión y cuece el caldo resultante en una autoclave. Entonces fermenta ese lodo de jugos azucarados con aceleradores químicos y luego lo destila. Así no es como lo quería la tradición.

El beneficio de ese atajo es que los productores pueden escupir cantidades enormes de tequila en cuestión de horas, en vez de esperar una semana o más con la producción tradicional. Como la ley mexicana ahora permite la adición de azúcares no provenientes del agave, junto con colorantes y saborizantes artificiales, quienes están comprometidos con este estilo de producción no tienen necesidad real de esperar a que los agaves maduren y desarrollen sus azúcares ni sus sabores naturales.

Olvidemos el hecho de que la madurez trae consigo una gran complejidad organoléptica, que es la marca de los destilados producidos tradicionalmente a partir del venerable maguey. En vez de eso, cualquier sabor que el agave inmaduro pudiera haber adquirido queda perdido en un «procesamiento relámpago». Incluso si pusieran un agave perfectamente maduro y tatemado en un difusor, su producto final sabría tan soso como el de uno inmaduro. Sus productos finales industrializados se parecen más a los jarabes de maíz altos en fructosa presentes en miles de alimentos procesados que a los fructosanos e inulinas menos fragmentados provenientes de los agaves maduros y tatemados lentamente. Y, técnicamente, esos productos finales no deberían llamarse *mezcales* en absoluto, porque en realidad no son *mexcalli*, magueyes asados.

Sin embargo, ¡la industria nos dice que no nos preocupemos! Sus químicos de alimentos pueden añadir más tarde los principios del placer —aromas, sabores y colores— con sustancias artificiales. Bueno. Quizá. Entre el difusor y la autoclave, la pulpa del agave es azotada por procesos físicos y químicos increíblemente rápidos y destructivos. Como resultado, cualquier fragmento restante de *tequilana azul* o espadín jóvenes es pulverizado en un potente lavado de agua caliente adicionada con ácidos y enzimas. Eso elimina por la fuerza todos los resabios dignos de mención que alguna vez estuvieron imbricados en las maravillosas inulinas del agave. En resumen: lo rápido, fácil y barato está reemplazando lo lento, cuidadoso y rico en la maceración.

Agaves enfriándose en el horno de piso tras la tatemada.

CAPÍTULO 7

EL BENDITO FERMENTO DE LOS MICROBIOS AMANTES DEL AGAVE

Un hermoso día de primavera en el Agave Heritage Festival de 2022, le pedimos a la mayor experta mexicana en la ecología evolutiva de los microbios, la doctora Valeria Souza Saldívar, que les ayudara a los 50 participantes de nuestro taller de fermentación a pensar la fermentación del agave en un panorama más general. Mientras estábamos sentados en la terraza de la mezcalería El Crisol, de Amy y Doug Smith, Valeria no perdió tiempo en urdir una parábola que ninguno de los presentes olvidará jamás:

Al principio, la Tierra era una bola de barro navegando por el universo, en órbita alrededor del Sol. Pero, de pronto, un cometa chocó con ella, y la convirtió en algo más bien parecido a una olla. La humedad de la Tierra permeó la olla, y así se preparó la sopa de cometa que dio a luz toda la vida en este planeta. Así es: la vida comenzó en un proceso que se parece a la fermentación microbiana. Ni siquiera estaríamos aquí de no ser por esos microbios. ¡Nuestros ancestros surgieron del bendito fermento! ¡Quizá haya sucedido a muy gran escala, pero no es muy distinto de lo que sucede en una tina de fermentación con agave tatemado, humedad y microbios! Es algo que debemos celebrar: ¡nuestra deuda y nuestro parentesco con los microbios!

Puede que esa sea la historia de la creación más dulce y embriagadora que hayamos escuchado, pero no es algo que debas imaginar solo con los ojos. ¡Trata de imaginártela con la nariz y la boca también!

La primera vez que visitas las tinas de fermentación bordeadas de piedra donde se produce el mezcal, puedes oler sus aromas antes de verlas. En la taberna del maestro Santos Juárez, en Canoas, Jalisco, las fragancias que emanan de los mezontes fermentados de agave son terrosas, saladas, potentes y provocadoras.

Al llegar a las tinas bordeadas de piedra para asomarte a sus aguas turbias, lo que ves parece mole negro con un montón de pavo o pollo desmenuzado flotando en él, pero, a juzgar por los aromas que llegan a tu nariz y boca, bien podrías estar olisqueando la sopa primordial donde evolucionó la vida por vez primera. Puedes detectar algunas notas amargas, pero también están presentes las fragancias familiares de cítricos, lirios de los valles, cacao, almendra, menta, cereales malteados y madera de pino.

Las extrañas mezclas que burbujean, espumean y borbotean en las tinas subterráneas de las tabernas, palenques y vinatas de todo México son extraordinariamente ricas en microbios que se mantienen trabajando hasta un mes, convirtiendo los carbohidratos de los agaves en las bebidas que nos encanta saborear.

En dos pequeñas regiones mezcaleras del estado de Durango, unos microbiólogos han aislado más de 170 cepas de levaduras y docenas de cebas bacterianas en los mostos fermentados del agave. Esos microorganismos invisibles y a veces anónimos transforman unas 80 libras de piñas recién horneadas en la materia prima de 10 galones de mezcal destilado. Son los alquimistas que le sacan el alma al maguey.

Para la mayoría de los mezcales, el primer paso hacia la fermentación ocurre en hoyos bordeados de piedras volcánicas llamados *hornos de piso*, donde las piedras retienen el calor del carbón hecho a partir de leña selecta entre tres y 10 días. Entonces se retira la capa de piedras y toldos que cubre el hoyo, y las piñas de un marrón dorado que sobrevivieron la tatemada se dejan enfriar al aire libre entre 12 y 36 horas. Normalmente, se requieren entre 20 y 45 libras (10 y 20 kilos) de agaves silvestres rasurados para producir un litro de destilado 100% de agave, pero el rango varía considerablemente entre las especies usadas. Una vez que se extraen los líquidos azucarados y la pulpa, quedan más de 33 libras (15 kilos) de bagazo fibroso como producto secundario. Desafortunadamente, mucha gente lo desecha en vez de usarlo como mantillo en los campos, como composta o como forraje fermentado para el ganado, como hacen los mejores productores.

Luego viene la maceración, de la que hablamos brevemente en el último capítulo. Puede ser una tarea laboriosa. Una rueda de piedra tirada por una yunta macera los mezontes tatemados en un cuenco circular llamado *tahona*; se los machaca con un mazo de madera o se los pasa por un molino mecánico de acero o por una trituradora. En muchas regiones, las tahonas siguen siendo clave para hacer mezcales ancestrales, tal y como se los define ahora.

Luego de la maceración, los miembros más imberbes del equipo separan los fragmentos tatemados en tres grupos: los dorados y bien tatemados; los de un café profundo y caramelizados, y las pencas, quiotes y corazones muy quemados. Las piezas quemadas se excluyen de la mayoría de las tinas de fermentación, pero puede que sean trituradas de nuevo y mezcladas con arcilla para cubrir las ollas de barro usadas para la destilación ancestral.

Después, las piezas más grandes y rescatables quizá se corten o machaquen con mazos o hachas en una batea panda de piedra llamada *canoa* o *tina*. Eso se hace para reducir aún más el tamaño de sus partículas y maximizar la relación entre su superficie y su volumen para el siguiente paso del proceso en las tinas de fermentación. Hoy en día, cada vez es más común usar trituradoras en este paso de la molienda, para reducir los costos de la mano de obra.

El tercer paso es el que más tiempo toma, pero es el más determinante para el sabor y la fragancia del producto, aún más que el cuidado que se pone en la destilación misma. Se trata de la fermentación lenta que vimos al asomarnos a las tinas subterráneas: la mezcla de agua especialmente seleccionada con los fragmentos tatemados y macerados de las piñas. Las tinas pueden estar hechas de cualquier tipo de material no poroso, pero los mezcaleros comerciales suelen usar tanques en forma de barrica que contienen entre 800 y 1,200 litros. La mayor parte es agua, pero no de la llave, sino agua de manantial con un alto contenido de minerales y dulzura terrosa; agua de lluvia recolectada en techos o cisternas; el hilillo de agua cristalina que mana de rezumaderos arenosos; un arroyo montuno que corre desde una arboleda de oyameles sagrados y pinos tristes. Todas dejan su marca en la preparación de los destilados de agave.

Pero no todas esas aguas son consideradas iguales tras entrar en la boca de un mezcalero. A algunas fuentes las tratan como agua bendita, reservada solo para el mezcal usado en las ceremonias indígenas, como si hubiera llovido el sudor de los ángeles o de los santos; otras las ponen a trabajar a diario en las destilerías, como si fueran bienes seguros pero constantes.

En esa etapa, el bendito fermento inicia la milagrosa metamorfosis de la materia del agave en bebida espirituosa. A los microbios les toma al menos 30 horas hacer su magia y transformar todos los carbohidratos en los 17 tipos de alcohol que luego serán destilados del mosto. Y, sin embargo, la mayoría de los mezcaleros mantienen su magia fermentadora en las tinas durante mucho más de 30 horas; en algunos casos, llegan a ser hasta 30 días. Normalmente, se requieren muchas más horas o días de surgimiento alquímico en las tinas de fermentación para que los innumerables compuestos volátiles del agave queden completamente expresados como sabores y fragancias.

Las tinas subterráneas bordeadas de piedra no son los únicos contenedores usados para fermentar agave. También se utilizan ollas de barro, barriles o canoas de madera, cueros cuidadosamente cosidos, tinacos de plástico y tanques de acero inoxidable. En Guerrero, Michoacán y Puebla aún se usan cueros de vaca y de toro, pero los prefieren sobre todo los maestros indígenas de la Mixteca Alta de Oaxaca. Los maestros de cada región tienen su propio vocabulario para extraer sabores frutales de las bacterias de ácido láctico que habitan naturalmente en sus bolsas y columnas de fermento.

Algunas maestras y maestros son extremadamente quisquillosos con el tipo de madera que eligen para sus mejores bateas, barriles o canoas. Quizá prefieran ciprés calvo, sauce, oyamel o roble blanco maduro, pues los taninos y terpenos volátiles de la propia madera pueden realzar o arruinar el perfil del sabor. En las barricas de roble blanco francés preferidas para añejar muchos tequilas y mezcales, más de 60 compuestos volátiles realzan los sabores, colores y aromas de los añejos y los extraañejos.

La milagrosa metamorfosis de la sopa de cometa oscura, truscosa y almizcleña convertida en un destilado cristalino sucede gracias a un proceso de varios pasos que los científicos apenas están comprendiendo por completo. Primero, las piñas de los agaves deben ser tatemadas para hidrolizar sus fructosanos en azúcares más simples. Los fructosanos son los principales carbohidratos encontrados en todos los magueyes, sin importar la especie. Son la «cosa correcta» a partir de la cual se hace el mezcal.

Aunque quizá no hayas oído hablar mucho de las inulinas, sin duda las has consumido en otras plantas: ajo, poro, jícama, tupinambo y raíz de escarola. Las inulinas pertenecen a un grupo de polisacáridos, llamados *fructosanos*, que son probióticos ricos en fibra soluble. Después de los almidones, los fructosanos son el carbohidrato de almacenamiento más abundante en la naturaleza. Afortunadamente, se encuentran en muchas plantas resistentes a la sequía —no solo en los agaves— que cubren desiertos y otros parajes calientes y secos. Las inulinas de los magueyes son tan especiales que hace poco recibieron su propio nombre: agavulinas.

Dos rasgos vuelven inusuales a las inulinas del agave. En la naturaleza, ralentizan la pérdida de agua aferrándose con fuerza a la energía y la humedad conservadas en los tejidos de almacenamiento de las raíces, los quiotes y los mezontes de los magueyes. Sin embargo, una vez en el metabolismo humano, esas mismas inulinas ralentizan la digestión y absorción de azúcares vegetales en el intestino. Al hacerlo controlan el nivel de azúcar en la sangre de los diabéticos, mientras que a la vez mejoran la digestión, fomentan la pérdida de peso y alivian el estreñimiento y la grasa en el hígado. Esas cualidades les dan a las piñas horneadas del maguey y sus jugos cocidos a fuego lento la distinción de ser alimentos de «absorción lenta», ahora tan de moda entre los discípulos de la dieta de carbohidratos lentos o la dieta de South Beach.

Mientras que algunos de nosotros pensábamos que la «magia» estaba sobre todo en la genética del agave usado o en la habilidad del mezcalero, ahora nos percatamos de que los mejores mezcaleros intuyen que su trabajo consiste en reclutar todo un equipo de aliados que les ayuden a realzar el sabor de sus destilados. Se trata de los trabajadores esenciales en la fermentación del mezcal: un conjunto de microbios extraordinariamente diversos, con el poder de aumentar la intensidad del sabor y la fragancia de un mezcal o, si no se los maneja bien, de apagarla. Al igual que la mayoría de las cosas buenas de la vida, todo es cuestión de formar y mantener buenas relaciones.

Recordarás que los destilados de mezcal o maguey definitivamente no están hechos con «jugo de cactus» ni con el aguamiel que se recolecta en el hueco de un agave gigante castrado para la producción pulquera. Los magueyes ni siquiera son parientes de los cactus, aunque ambos sean considerados suculentas y compartan el metabolismo ahorrador de agua que describiremos más tarde. No, los mezcales nos llegan por cortesía de las maravillosas simbiosis que han surgido de los agaves y el diverso microbioma incrustado en sus raíces, hojas y savia.

Piénsalo así: el mezcal es un licor destilado a partir de la tatemada y la fermentación de los corazones jimados de cualquiera de varias docenas de clases de agaves que han crecido en simbiosis con cientos de hongos, bacterias, protozoarios y nematodos micorrizos asociados con la tierra. Esas alianzas subterráneas le dan a cada simbiosis de maguey su *terroir* distintivo. Y ninguna otra bebida destilada del mundo tiene un terruño más dependiente de las relaciones simbióticas de la vida que el mezcal.

Es nuestra sopa de cometa del día, como diría Valeria Souza Saldívar. Pero cada microbio puede ser una llave que abra otro sabor de esa sopa.

Sigamos esa intrigante noción hasta los detalles específicos del *terroir* de los destilados de la costa mexicana del Pacífico. Las erupciones esporádicas del volcán de Colima han expelido lava y cenizas durante miles de años, con lo que han enriquecido los suelos de sus laderas con potasio, hierro, magnesio y fósforo. Esos nutrientes no solo alimentan el crecimiento de los agaves, sino que también se les atribuye brindarles un perfil de sabor volcánico a los mezcales. Las cenizas favorecen ciertos tipos de microbios en el suelo en vez de otros, que absorben ciertos minerales y precursores de sabor. El mar cercano lleva salinidad hacia el continente en forma de bruma y neblina que se condensa en las pencas de los magueyes y escurre hacia el suelo. Eso es lo que le da una nota tan aguda y salobre a la raicilla de la costa, al igual que sucede con los ostiones en el océano. Las raicillas de la costa también portan notas más tropicales, cítricas y ahumadas que las raicillas de la sierra hechas en el interior, más lácticas.

Pero ¿qué hay del terruño introducido por quienes cuidan los agaves y el suelo?

¿Qué hay de los hombres y mujeres de la cultura capacha, previa a los olmecas, que quizá inició la agricultura del maguey, inventó los hornos de piso o *kilns*, y diseñó las vasijas de cerámica para producir alcohol durante el periodo Formativo en el occidente de Mesoamérica?

¿Qué hay de los cazadores y recolectores de agave anteriores a ellos, que quizá hayan iniciado la selección cultural del maguey que llevó después a su cultivo generalizado?

¿Cómo influyeron ellos en el ritmo de crecimiento, tamaño, olor, color y sabor de los agaves que preferían para hacer mezcal?

¿Qué hay de las maneras en las que los magueyes y sus simbiontes influyeron en la coevolución de los humanos y los microbios en nuestros intestinos?

Tras milenios de nutrir sutilmente el *terroir* de sus alimentos y bebidas, ¿cómo podemos separar a los cultivadores del suelo, de los microbios o del mezcal?

¿Por qué deberíamos volver a ignorar las decisiones inteligentes, el trabajo preciso, la sabiduría generacional y la dedicación que nuestros predecesores, tanto los humanos como los no humanos, han ofrecido a esa simbiosis?

Si cualquier persona carente de esa sabiduría se apropiara de la tierra, las plantas y los alambiques, ¿podría producir al instante un destilado de calidad conmensurable?

Claro que no. Aunque leyera todos los libros que hay sobre cultivo, fermentación y destilado, los licores resultantes no se acercarían en absoluto a los que intentarían sustituir. Aunque permitiéramos que las empresas licoreras más exitosas del mundo destilaran los mejores agaves, de todos modos sería poco probable que pudieran emular de pronto todos los pasos que da un maestro mezcalero tradicional en su baile íntimo con el maguey.

La razón es sencilla: esa gente lo ha estado haciendo durante miles de años, guiada por el conocimiento tradicional heredado por medio de la práctica diaria bajo la guía de mentores, no con prescripciones impresas en un recetario ni con fórmulas de un manual de ingeniería química.

Nadie más sabe hacer lo que las maestras y maestros han aprendido con la práctica, la oración y la persistencia. No hacen su magia solo por lucro; la hacen por orgullo y por cultura. Y además, esas contribuciones culturales al terruño de un mezcal no pueden ser recreadas a ninguna otra escala.

Ahora bien, si el término *simbiosis* te parece demasiado ñoño y trabajoso cuando estás bebiendo mezcal y platicando con tus amigos, puedes agradecer a nuestra difunta amiga Lynn Margulis por acuñar un término aún más ñoño y desconocido. En 1991, Lynn inventó *holobionte* para referirse a un ensamble cohesivo de la planta huésped y las muchas especies que viven en ella o en su entorno inmediato, para formar un universo ecológico o gastronómico discreto. Como estuvo casada durante años con el astrónomo Carl Sagan, al principio comparaba los holobiontes con constelaciones estelares y con cíborgs. Sin embargo, como nos recuerda Valeria Souza Saldívar, solo tenemos que asomarnos a nuestra propia piel y a nuestros estómagos para percatarnos de que también somos holobiontes. Quizá nos convendría empezar a usar el plural cada vez que hablamos de las cosas que logramos.

Esas santas alianzas entre varios reinos biológicos son lo que les da su brío y herbalidad distintivos a los destilados de agave, pues ofrecen una complejidad de sabores, fragancias y texturas completamente diferentes a las de cualquier otro licor ingerido por la humanidad. De hecho, la brillante química de bebidas oaxaqueña Araceli Vega Guzmán ha admitido que «la composición de los aromas de los mezcales ancestrales es extremadamente compleja», sin duda más que los compuestos de sabor y fragancia hallados en cualquier otro destilado estudiado hasta la fecha.

Ninguna otra bebida espirituosa en el mundo proviene de tantas especies vegetales entrelazadas con tantos microbios como el mezcal. Para las bebidas fermentadas y destiladas de todo tipo, la piedra de toque es la levadura. Tradicionalmente, la mayoría de los cerveceros usan uno de dos tipos de levadura para conseguir un cuerpo y sabor distintivos: la levadura de *ale* que «fermenta desde arriba», conocida como *Saccharomyces cerevisiae*, o la levadura de *lager* Carlsberg, conocida como *Saccharomyces uvarum*.

Hasta hace poco, las cervezas modernas no tenían más opciones. Dos especies del mismo género, pero con muchas cepas. Podemos conceder que los vinicultores no son tan excluyentes como los *Biermeister*, pues utilizan sobre todo *S. cerevisiae* o *S. bayanus*, pero suelen permitir que otras levaduras silvestres entren también a las tinas de fermentación. Los advenedizos silvestres de la industria vinícola tienen nombres burbujeantes como *Kloeckera, Saccharomycodes, Schizosaccharomyces, Hansenula, Candida, Pichia* y *Torulopsis*.

Aun así, solo seis géneros de levadura se insinúan en todas las cavas de vino del mundo. Para la mayoría de los *whiskies*, las levaduras son en general cepas de la misma *S. cerevisiae*, aunque siempre se han usado algunas especies secundarias para levantar el sabor en la destilación artesanal. Para el ron, la fermentación industrial suele recurrir a solo dos grupos: las varias cepas de *S. cerevisiae*, junto con algunas especies de *Schizosaccharomyces*.

Hoy en día, el mejunje fermentado de la mayoría de los destilados (incluyendo muchos tequilas) se procesa en tanques de acero inoxidable hipersanitario, usando tan solo cepas uniformes, biomodificadas y patentadas de levadura, seleccionadas y purificadas en laboratorios antisépticos. En contraste, los mostos en las tinas subterráneas de piedra, cuero, madera o estuco usadas para el mezcal son tan diversos e impredecibles como los destilados que generan.

Tan solo en el centro de México, miles de cepas de más de 30 especies de levadura y 65 especies de bacterias han sido encontradas en las tinas de fermentación de los mezcales y pulques tradicionales. Si pudiéramos tomar muestras sistemáticas de las tinas de fermentación de todas las fábricas, palenques, tabernas y vinatas en cada rincón de la República, sin duda hallaríamos tantas bacterias y levaduras en las bebidas del maguey como las que encontramos en los quesos, kimchis y kombuchas de todo el mundo.

Así, pues, podemos definir el mezcal como el único conjunto de destilados en el mundo que se deriva de un holobionte biológicamente diverso formado a partir de diferentes agaves, levaduras y bacterias en una verdadera simbiosis.

Algunos de esos microbios agavefílicos coevolucionaron con sus anfitriones para ser endófitos: sus células viven completamente imbricadas en las de sus suculentas anfitrionas sin causar ninguna enfermedad aparente ni un parasitismo letal.

Uno de esos endófitos del maguey es una bacteria de ácido láctico con el eufónico nombre de *Leuconostoc mesenteroides*. Se la puede encontrar en tinas de fermentación para pulque y mezcal, lo que le da al primero su sabor y textura viscosa característicos por la manera en que sus enzimas interactúan con las inulinas del agave. Ese perfil de sabor «a pulque» se mantiene en el aguamiel destilado del comiteco, una bebida propia de Chiapas. Si bien los mezcales y los comitecos destilados pierden la viscosidad del pulque, el sabor característico de *Leuconostoc* aún hace eco en ellos.

En contraste con el papel crucial de *Leuconostoc* para el pulque y el comiteco, seis levaduras aparte de la cepa cervecera común dominan el proceso de fermentación de la mayoría de los mezcales: una especie de *Kluyveromyces*, otra de *Pichia*, una tercera de *Torulaspora*, una de *Clavispora* y dos de *Zygosaccharomyces*. Sin embargo, tan solo en Oaxaca, otras 28 especies de levadura borbotean en varios momentos del proceso de fermentación; cada una de ellas añade algo de complejidad sensorial a algunos lotes de mezcal, pero no a todos.

Cada cepa y especie de levadura presente en la tina de fermentación ofrece algo de valor que las viejas levaduras de *S. cerevisiae* ni siquiera pueden soñar. De hecho, algunos microbiólogos dedicados a la química del mezcal han propuesto que algunas de las levaduras silvestres de Oaxaca —como un actor rápido llamado *Kluyveromyces marxianus*— son un mucho mejor iniciador de fermentación que cualquier cepa de *Saccharomyces* cervecera. No solo mejora la conversión de fructosanos a etanol, sino que mantiene más compuestos volátiles potentes para conseguir un mejor sabor y olor.

En cuanto a las cinco docenas de cepas de bacterias halladas en los mostos de agave fermentado, algunas ya llegan con la propia planta, pero otras residen en el polvo de la destilería, en los recovecos húmedos de las canoas, tanques y tinas, o en la superficie pétrea de la tahona.

Al parecer, varias bacterias de ácido láctico diferente aportan la textura cremosa o mantequillosa de algunos mezcales, incluyendo tres especies de *Lactobacillus* y dos de *Weissella*. Esas bacterias pueden residir en las tinas de cuero usadas en Oaxaca, y sirven para realzar el ácido propanoico de los mezcales, lo que les da un resabio a queso suizo. Otras, como *Zymomonas mobilis*, aumentan la acidez del mosto o tepache.

Para aprender qué hace esa miríada de microbios para que los mezcales sean un ámbito tan particular del mundo de los licores, entramos a los laboratorios laberínticos del CIATEJ, un centro de investigación nacional en Zapopan, Jalisco, dedicado a los productos del agave. Sus instalaciones están llenas de científicos entrenados en todo el mundo para hacer investigaciones de vanguardia sobre por qué los mezcales tienen aromas

y sabores tan agradables y particulares. Esos laboratorios están equipa-
dos con instrumental de vanguardia para hacer detección de ionización
cromatográfica de líquidos y gases, refractómetros, potenciómetros, se-
cuenciadores genéticos de última generación y cámaras antisépticas y
de temperatura controlada llenas de cientos de miles de clones diminutos de agaves en cultivos de tejidos.

Los laboratorios del CIATEJ y otros institutos han determinado que
el 2-feniletanol (un alcohol fenilo) es lo que genera los aromas florales,
rosáceos y vinícolas característicos de la mayoría de los tequilas procesados industrialmente. Por ser un producto importante producido por
levaduras de cerveza y de pan, a las que les encantan los azúcares, puede
ser dulce como sacarina o tener sabor a pan, con notas florales de agua
de rosas o miel de flores silvestres. Algunos tequilas industriales también pueden tener un resabio ceroso o resinoso. Algunos ancestrales y
añejos tienen un olor subdominante: el siringaldehído de aroma ahumado y a vainilla, que también se encuentra en las raicillas de la costa y
los bacanoras.

En contraste, otro compuesto aromático —el 3-metil-1-butanol— es
mucho más potente en los mezcales que se parecen menos a los tequilas
jóvenes y más al sake añejo, el vino de arroz japonés. Para los aficionados, sus aromas volátiles pueden oler a cacao, caramelo, curry o alholva,
pero tener indicios de volátiles ligeramente quemados, ahumados, su-
dorosos o breosos que a veces desorientan a los recién llegados. Una vez
que te acostumbras a ellos, es común recordar un coñac añejo o melaza
reducida de pulpa de membrillo, con su olor maltoso y sensación a jarabe. Curiosamente, algunos de los volátiles más extraños encontrados
regularmente en los destilados de agave artesanales, pero no en muchos
tequilas —como el canfeno y el benzoato de bencilo—, no se derivan
del genoma de la propia planta. ¡Provienen de hongos endófitos escondidos en los tejidos suculentos de la planta!

Los mezcales provenientes de distintos estados y especies pueden tener
fragancias y perfiles de sabor demostrablemente diferentes. Los michoacanos tienden a ser decididamente herbales y frutales, mientras que los

guerrerenses tienen más notas a mantequilla y vainilla, y aromas verdes, «agavosos». Sin embargo, sin importar de dónde provengan, los mezcales tienden a tener fragancias más complejas, terrosas, medicinales, mohosas, con notas de nueces y humo que la mayoría de los tequilas; sus sabores son proclives a resonar con el cedro, el roble y la vainilla mucho más que los tequilas jóvenes, que suelen ser fuertes, astringentes y apimentados.

Ahora bien, aquí es donde la cosa se pone interesante para nuestras papilas gustativas, no solo para nuestras sinapsis cerebrales. Todos esos alcoholes portan otras fragancias que forman un porcentaje extremadamente reducido del volumen de cada lote. Los terpenoides como el linalool les dan a muchos mezcales sus pronunciadas notas florales a limón, lichi, rosa, bergamota, arándano azul, toronja o azahar. Hasta la fecha, el limoneno (con notas de cáscara de limón y hierbas resinosas) y el butaroato de amilo (con notas de chabacano y pera) solo se han encontrado en mezcales producidos a partir del maguey pulquero gigante *Agave salmiana*.

Otra fragancia volátil —apenas descubierta hace poco en los agaves— se llama farnesol, y en un maguey vivo sirve para proteger sus tejidos contra los estreses de la sequía, el calor y la oxidación. Al mismo tiempo, le imparte una fragancia ligeramente dulce, verde y herbal al mezcal. Recuerda el estallido cítrico que hueles al cortar un limón o el aroma más débil, pero persistente, de un campo lleno de lirios de los valles. Eso es el farnesol.

En muchos tequilas, ya no encuentras un fenol llamado p-cresol, pero es constante entre los mezcales ancestrales. Junto con el guaiacol, puede realzar el olor a ahumado y la terrosidad de establo características de tantos bacanoras y raicillas rústicos. Esos volátiles fenólicos cargan sabores cenicientos y terrosos provenientes de la leña y de las piñas ligeramente quemadas, que resultan reminiscentes de la dulce geosmina que sientes al recoger un puñado de tierra mojada o un poco de fajina de una pila de leña justo después de una lluvia otoñal.

Pero eso no es todo. El eugenol le ofrece al mezcal una pizca de clavo; los furfurales, un aroma dulce, a leña o a pan. Los butiratos de etilo lo salpican de toques de plátano, fresa o piña. Los ácidos isobutíricos le imparten sabores mantequillosos, notas de vainilla o el aroma sanador del árnica.

Sí, sí, ya sabemos: esto es todo un mejunje de química ñoña como para echárselo de golpe. Pero puedes llevarte una copita de barro de mezcal a la nariz y simplemente disfrutar los indicios de docenas de fragancias de ensueño, algunas demasiado sutiles para describirlas. Entonces puedes inclinar ese mismo cuenco y tomarte un destilado que te envía pulsos por la boca, la lengua, la nariz y la garganta, una ola tras otra de sabor que estremecen tus sentidos.

Todos esos sabores y fragancias fantásticos llegaron hasta ti gracias a levaduras y bacterias muchas veces anónimas que se ganan la vida sacando compuestos volátiles de la extraña mezcla de la tina de fermentación y poniéndolos al frente para que los pruebes. Sí, tus mezcales favoritos son dones de docenas de agaves diferentes coevolucionando con miles de cepas de levadura y bacterias para formar relaciones mutualistas durante miles de años. Pero otro tipo de mutualismo está también imbricado en tu jicarita. Sus perfiles distintivos de sabores y aromas están realzados por la manera en la que los trataron sus cuidadores humanos: mujeres y hombres —casi siempre indígenas— que hacen su magia en tinas, barriles, canoas y cueros.

Pedro Jiménez Gurría, dueño de la mezcalería Pare de Sufrir y de la marca Mezonte, responsable de 70 mezcales hiperlocales, nos recuerda que el toque humano siempre resalta en los sabores que encuentras en los destilados de agave elaborados por diferentes maestros:

He contado al menos 55 factores que determinan los sabores únicos de cada mezcal, y muchos de ellos están influidos por los propios mezcaleros. Cada productor favorece un conjunto diferente de fragancias, texturas, densidad o viscosidad en sus espirituosos, pero cada uno también genera lotes que varían en color, perfil de sabor, alcohol o contenido de azúcares. Un solo productor puede cambiar la época del año en la que hace la fermentación, su duración, el séquito de levaduras usadas, su fuente de agua, el tipo de leña, la forma, el tamaño y la madera usados en los tanques de fermentación y si los agaves provienen de plantas recién castradas o de las que se dejaron a marinar en el campo durante un año o dos después de echar flor.

Entonces negó con la cabeza, se echó otro sorbo de mezcal tepe de Durango y se rio.

Pero eso solo es una parte de la historia. Cada persona que viene a tomarse ese mezcal —como trae consigo su propia memoria de sabores e incluso su propia genética de la percepción— recibe los sabores y fragancias del mezcal de una forma completamente diferente. Nunca podremos codificar un léxico preciso del sabor en todos los destilados del agave como han hecho los viticultores y enólogos. Las interacciones entre docenas de magueyes y cientos de culturas humanas son infinitamente más complejas que las del mundo de los vinos. Dudo que alguna vez reduzcamos a una simple fórmula lo que sucede en un tanque de fermentación.

Sin duda, los recipientes de fermentación son el lugar de la acción; el alambique solo es usado para intensificar los sabores y para congelar su perfil en el tiempo. Pero es en el caldo salvaje del bendito fermento que la dulzura, acidez y sabrosura de los mezcales recibe la oportunidad de aterrizar en tu boca.

CAPÍTULO 8

DESTILAR AGAVES HASTA SU ESENCIA

No es sino hasta las últimas etapas del proceso de producción del mezcal donde el enfoque se centra en la destilación, en la que se reduce a los agaves a su esencia espirituosa. Sin importar cuán impresionados estemos con la enorme diversidad de magueyes usados para producir mezcal —y la variedad de tradiciones de cosecha silvestre y cultivo, cocimiento, maceración y fermentación—, tan solo otras dos o tres destilaciones en un alambique conforman la «práctica espirituosa» de lo que los mezcaleros traen al mundo.

La primera destilación del shishe (o común u ordinario) ocurre cuando el mosto fermentado pasa por el alambique para acumular los alcoholes necesarios para una mayor refinación. La segunda destilación o rectificación aumentará el contenido alcohólico y equilibrará mejor las puntas, el corazón (cuerpo) y las colas de los distintos tipos de alcoholes con los compuestos volátiles aromáticos distintivos que portan. En esa etapa, las colas que contienen metanol y propanol, ambos tóxicos, pueden ser eliminadas y desechadas. De vez en cuando se hace una tercera destilación para terminar de «pulir» los aromas y alcoholes del mezcal, o para infusionarlo con otros sabores, como los asociados con el procesamiento de pechugas.

En resumen, la respuesta a la pregunta «¿En qué consiste la destilación del mezcal fermentado?» es: en la concentración de potencia, sabor y aroma en un líquido que puede almacenarse sin arruinarse, ¡para cargarlo en un contenedor pequeño adondequiera que vayas!

Las labores del destilador se consiguen añadiendo calor a los líquidos fermentados, para que el mosto pueda ser separado en fracciones utilizables. Entonces, las fracciones más aromáticas y potentes pueden ser concentradas en destilados almacenables y complejos. Todo el trabajo diligente pero duro del maestro mezcalero será en vano si dos o tres pasadas por el alambique no nos llevan al corazón del asunto: capturar el alma esencial de los agaves como si fueran un genio en una botella.

Como si fuéramos de peregrinación, salimos del valle central de Oaxaca para dirigirnos a las laderas, mesetas y planicies altas de Santa Catarina Minas. Se trata de uno de los focos de innovación más celebrados de Mezcalandia. Sin importar adónde miráramos, encontrábamos grupos de distintos agaves en trazos ordenados, en milpas «desorganizadas» pero divinamente complejas o aferrándose a las barrancas que sobrevolaban la carretera.

Al entrar a los palenques encontramos la atracción principal de ese pueblo: la persistencia de la destilación en olla de barro, una tradición que ha florecido hasta dar varias innovaciones significativas que ahora se reconocen a nivel mundial.

Pasamos junto a los campos, a las piñas cosechadas y tatemadas y a los tanques de fermentación de los palenques para descender a la zona sombreada de la destilería donde ocurre la verdadera alquimia: la fila de alambiques de olla de barro que generan unos de los mejores mezcales ancestrales de todo México. Es común que ollas separadas compartan el mismo fuego abajo y la misma plataforma arriba, pero no están conectadas entre sí como es la costumbre en muchos otros tipos de alambique de todo el mundo.

Los primeros atisbos pueden resultar incompletos, pero las ollas de barro que vimos en Oaxaca no parecían tan distintas de los alambiques

Lectura de «perlas» en una jicarita para revisar el contenido de alcohol.

al-inbīq («tapados» o «cóncavos») que habíamos visto en Medio Oriente. Esos son los que se usan tradicionalmente para hacer el anís destilado conocido como *araq* o *arak*. En esa antigua tradición, se conectan dos ánforas con un tubo serpentino sumergido en agua fría que permite que los vapores se condensen y precipiten en otra olla como destilado, dominado por el etanol.

Las raíces de los términos de los licores anisados —*arag, araq, arak, arkhi* y *raki*— parecen provenir de un antiguo término mongólico que es un cognado de los términos árabe y turco contemporáneos para *alambique*. Usados por primera vez por alquimistas asiáticos, esos términos se dispersaron por los desiertos de Asia para referirse a cualquier bebida alcohólica destilada en alambiques de estilo árabe, no solo a los anises. Es probable que, durante los últimos cinco siglos, al menos cinco variaciones diferentes de alambiques del Viejo Mundo se difundieran por México, ya fuera desde puertos del Mediterráneo o por puertos asiáticos y filipinos.

Podemos rastrear algunas de las peregrinaciones recorridas por el alambique más usado para hacer mezcal durante los últimos cuatro siglos. Ahora se le conoce como alambique árabo-mexicano. Los fenicios llevaron sus alambiques y ánforas a España en los siglos VII y VIII a. C.; después, el alambique de estilo «árabe» antes conocido como *al-inbīq* adquirió en Al-Ándalus el nombre de *alambique*. Ese término morisco pasó entonces al Nuevo Mundo cuando los criptomusulmanes y criptojudíos de la península ibérica huyeron de la Inquisición, primero hacia las Canarias y luego al Caribe y al resto del continente americano.

Los alambiques árabo-mexicanos adquirieron rápidamente varias formas, que perduraron hasta el último siglo en varias regiones de México, de la misma manera en la que los alambiques filipinos introducidos por la costa de Colima persistieron en la Sierra Madre Occidental. Al parecer, el diseño filipino/chino llegó con el Galeón de Manila, con el propósito de producir destilado de coco. Se difundió rápidamente por el occidente de México, una región conocida en ese entonces como Nueva Galicia, para producir bebidas de caña y de agave.

Todo esto para decir que los alambiques árabo-mexicanos se convirtieron en los instrumentos de destilación dominantes para hacer mezcal en casi todo México, hasta nuestros días. Sin duda, no son los únicos ni los más antiguos. De hecho, al menos 10 diseños de alambique tradicional se han usado históricamente. Como mucho, solo seis de los que se siguen empleando pueden remontarse a las raíces mongólicas y árabes de los prototipos de *al-inbīq* usados para licores anisados basados en uvas. La olla de barro oaxaqueña también exhibe indicios de otras influencias, quizá prehispánicas.

Lo que hemos visto de este diseño de alambique en Santa Catarina Minas y Sola de Vega se mantiene en varios otros pueblos oaxaqueños. Es posible que ese estilo de alambique también se usara en otras regiones de Mesoamérica en tiempos precolombinos. En vez de ánforas con forma de gota, usa ollas robustas y resistentes al calor hechas de una mezcla de barro blanco y negro con esmalte verde de Atzompa, Oaxaca.

Los alambiques de olla de barro están hechos con dos de esos robustos recipientes; el inferior, o *caldera*, contiene entre 40 y 50 litros de mosto de agave. En la mayor parte de Oaxaca, ese líquido se conoce como *tepache*. La caldera descansa cercada por un pequeño muro protector de ladrillos, sobre un horno de leña, y su apertura superior está en paralelo con una plataforma o banca construida alrededor de ella. Encima de la caldera está la otra olla, conocida como *montera* o *capitel*. Tiene una apertura en el fondo, de modo que funciona más bien como manga. En esencia, es una chimenea, collar o tubo de barro que se extiende encima del tepache para que la atraviesen los vapores.

La montera y la caldera están unidas por un cinturón de arcilla húmeda y bagazo de maguey que sirve de sellador para evitar que el vapor se escape en su coyuntura. En los labios de la apertura superior de la montera hay un cuenco de cobre, hierro, aluminio o madera dura que sirve de condensador: se deja correr agua fría por él durante el hervor del vapor, de modo que los alcoholes y otros compuestos volátiles se condensen en la superficie de su cara inferior. Sorprendentemente, los campesinos oaxaqueños les tienen un aprecio especial a los destilados llenos de óxido recolectados en viejos condensadores de hierro; los llaman *mezcal colorado*.

La acumulación de gotas condensadas de mezcal corre lentamente por una palangana, una cuchara de madera o una penca de maguey puesta en ángulo de modo que el destilado caiga en un carrizo de caña. El carrizo está fijo a una apertura en un costado de la montera, por medio de la cual el mezcal se escurre hasta otra penca de agave.

Los 50 litros de tepache pueden requerir entre 14 y 16 horas en recorrer la primera destilación, hecha en fracciones. Eso implica una labor lenta y tediosa de atender la leña y vigilar que la caldera no se queme ni se quiebre. Incluso si son ollas de la máxima calidad, rara vez duran más de un año, y pueden romperse unas pocas semanas después de ponerlas en su base de adobe.

Puede que la constante reparación o el reemplazo continuo de las ollas de barro parezcan abrumadores, pero cuestan una centésima parte de lo que vale un alambique de metal. Además, un alambique moderno con columna de metal como los que usan los industriales de Tequila, Jalisco, y ahora algunos en Santiago de Matatlán, Oaxaca, es al menos 80 veces más eficiente para producir el mismo volumen de mezcal con una sola destilación. Pero los escasos sabores y fragancias que emanan de una columna de acero inoxidable de 250 galones (1,000 litros) en tan solo cuatro horas no se comparan con los de las ollas de barro que humean por 16 horas de corrido. No podemos compararlos, no están en el mismo nivel.

Ahora que vimos cómo funciona la destilación en olla de barro, podemos comprender cuán diferentes son de los alambiques con serpentín estándar de cobre, no solo de los modernos de columna. Quizá no sean tan eficientes para concentrar enormes cantidades de mezcal en un periodo corto, pero trabajan en una escala mucho más propicia para ajustar las proporciones de los compuestos volátiles sabrosos y fragantes que quedaron fraccionados en las puntas, corazones y colas durante la segunda destilación. Incluso hemos oído hablar de mezcaleros tan obsesionados con el equilibrio adecuado que hacen tres destilaciones antes de hacer la mezcla final.

La venencia, el paso en el que se vierten y mezclan los tres componentes, se hace para aumentar el contenido alcohólico del mezcal. Quizá este salga del alambique con una graduación de apenas 30 a 50 grados —al menos para la primera destilación o shishe—, comparada con los 70 a 100 grados requeridos para llamar legalmente mezcal a un destilado de agave. Si bien algunos destiladores ahora tienen refractómetros como instrumentos de respaldo para determinar los grados Brix y de alcohol, la mayoría también tienen dominado el arte de «leer las perlas»: las gotas de alcohol que se elevan en cada lote que pasa por un carrizo conocido como *venencia*. El shishe normalmente no exhibe casi perlas cuando lo metes a un vaso o una botella, lo agitas y luego lo dejas reposar.

Sin embargo, a partir de entonces, el destilador debe dedicarles una atención especial al tamaño y a la duración de las burbujas que se forman mientras ajusta los distintos componentes del destilado. Conforme mezcla las puntas (180 grados), el cuerpo (de 80 a 130 grados) y las colas (menos de 60 grados) de la segunda destilación, el maestro vigila la largueza, la longevidad y la consistencia de las perlas que se levantan en el mezcal para determinar con precisión el contenido alcohólico de la mezcla.

Hemos visto la manera en la que Jorge Pérez, de Michoacán, y Santos Juárez, de Jalisco, observan las perlas elevarse mientras estiman con el subconsciente su cantidad en relación con la de los otros lotes que han rectificado. Mientras lo hacen, empiezan a poner atención también al aroma y al sabor del alcohol, para asegurarse de que tiene la graduación correcta.

Otros maestros mezcaleros dicen que Jorge y Santos son tan precisos que deberían recibir maestrías en ciencias por su habilidad para leer «burbujitas».

Impresionantemente, hace poco, un doctor en física de fluidos, Roberto Zenit, investigó el antiguo arte practicado por Pérez, Juárez y otros. Determinó que leer perlas para guiar la venencia no solo es científicamente válido, sino también bastante preciso. El «académico de las burbujas» de la Universidad de Brown decidió cambiar el contenido alcohólico de un mezcal en dos direcciones; primero, añadiéndole agua a una muestra para diluirla, y después, añadiéndole alcohol etílico a otra para hacerla más potente. En ambas muestras adulteradas, las burbujas se reventaron y disiparon rápidamente.

Sin embargo, en un mezcal bien ajustado gracias a la venencia de un maestro destilador, Zenit notó que las perlas persistían durante un periodo más largo, debido a la viscosidad de sus aceites aromáticos. Determinó que un buen mezcal también está a rebosar de unos compuestos químicos, llamados *surfactantes* o *tensoactivos*, que pueden reducir la tensión superficial. Los tensoactivos tienden a estar equitativamente distribuidos mientras se mantienen en la superficie de un líquido, pero

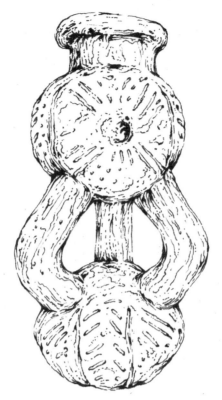

Vasija capacha prehistórica usada para hacer microdestilación.

cuando este se agita y las burbujas los golpean, muchos de ellos se aferran a los bordes de la burbuja, mientras que otros brincan encima de ella para tratar de recobrar su tensión superficial óptima. Conforme se juntan sobre el domo de la burbuja, la revientan.

Al atisbar la *Gestalt* de la cantidad de burbujas y su duración relativa, los maestros mezcaleros como Juárez y Pérez no solo están «leyendo» el contenido alcohólico de un mezcal, sino también su composición de aceites volátiles y tensoactivos. Todos esos factores influyen en el perfil de sabor y en la fragancia de los destilados de agave.

La etnobióloga michoacana América Delgado-Lemus ha documentado que el patrón deseado de densidad, duración y distribución de las burbujas varía según la región y el tipo de agave destilado. En el sur de Jalisco, apunta que los maestros mezcaleros buscan un «collar de perlas» miniatura que bordee el contenedor, mientras que, en Morelia, los destiladores esperan a que las burbujas grandes y duraderas se junten en forma de colmena. La doctora Delgado argumenta que esas variaciones en la venencia contribuyen a la particularidad del mezcal de cada región y forman parte del patrimonio intangible gastronómico mesoamericano.

Esta etapa de la magia de conjurar buenas bebidas espirituosas es donde vemos al maestro mezcalero como artista de *performance*, que recrea con precisión los rituales de los alquimistas asiáticos y mediterráneos practicados por vez primera hace muchos milenios. Un maestro o maestra sacará de pronto dos cuernos de cabra o jicaritas talladas a mano y verterá el mezcal de ida y vuelta entre ellos, lenta y ceremoniosamente, observando con astucia el ritmo al cual las perlas suben a la superficie del mezcal. Luego anunciará su evaluación del grado alcohólico volumétrico del mezcal.

En este punto de nuestra misión espirituosa podríamos reflexionar en qué medida la factura del mezcal no es una ciencia, sino un arte antiguo vinculado con prácticas espirituales. Solo en ese contexto podemos entender mejor el debate actual sobre si los destilados de agave ancestrales tenían raíces no solo en los alambiques precolombinos, sino también en las prácticas ceremoniales de esa época.

No hay que olvidar que, en la destilación en olla de barro, los agaves son una parte integral del alambique mismo, al conformar el bagazo que sella la juntura de la caldera y la montera, y el tubo que extrae el líquido condensado fuera del alambique. Los diseños más antiguos de ollas de barro rara vez usaban cobre, en contraste con el condensador serpentino del *al-inbīq*, pues no había tanto metal disponible. Un cuenco de madera o de acero puede cumplir la misma función que la tapa de acero que cubre la montera.

Esos detalles sugieren que el diseño oaxaqueño de alambique de olla de barro está influido por alguna otra tradición, quizá precolombina. En ella, los materiales locales, como el bagazo de maguey y las pencas, estaban disponibles a un costo muy reducido comparado con el cobre y el acero. Sin duda, esos usos del agave no solo eran económica o logísticamente eficientes; seguramente también tenían dimensiones simbólicas o espirituales.

Tras la introducción de los alambiques asiáticos en el occidente de México para producir una bebida alcohólica de coco o de caña, quizá haya sucedido una suerte de «convergencia cultural» mestiza del conocimiento del Viejo Mundo y del Nuevo, que permitió que los agaves fueran cultivados a mayor escala para producir materia prima para los destilados.

Eso siempre me ha parecido una afirmación curiosa: que antes de que los alambiques asiáticos o árabes se difundieran en el Nuevo Mundo, los mesoamericanos carecieran de la capacidad agrícola, la tecnología y el conocimiento técnicos necesarios para cultivar agave y destilarlo. Algunos arqueólogos admiten a regañadientes que los mesoamericanos ya habían descubierto el proceso de la destilación, pero producían una cantidad tan minúscula de espirituoso para su uso ritual que no habría habido necesidad de producir una abundancia de agaves solo para ese propósito. Según esa lógica, cualquier esfuerzo prehispánico por cultivar y destilar el maguey no tuvo nada que ver con los mezcales, comitecos y tequilas que disfrutamos en nuestros días.

Sin embargo, en los albores del siglo XXI, todos esos presupuestos fueron defenestrados gracias a una amplia gama de académicos mexicanos, como Daniel Zizumbo-Villarreal, Patricia Colunga-García Marín, Fernando González Zozaya, Mari Carmen Serra Puche y Miguel Claudio Jiménez Vizcarra. La mayoría concordarían en que están parados sobre los hombros de una académica transfronteriza bastante reservada y enigmática: Isabel Kelly, quien es digna de un libro entero para ella sola.

A finales de los años treinta, Kelly y su equipo de arqueólogos descubrieron una antigua tumba en Colima, en el occidente de México, donde habían enterrado a un hombre al parecer reverenciado. Se cree que era un miembro prominente de la cultura capacha, una sociedad mesoamericana occidental del periodo Formativo (entre el 1500 a. C. y el 292) que no se parecía a nada registrado hasta su época. Hace 3,000 o 4,000 años, el rango geográfico de quienes comerciaban con esa cultura material abarcaba gran parte de la costa occidental mexicana, desde Baja California y Sinaloa, en el norte, hasta Guerrero en el sur, si no es que hasta Guatemala. Digamos que las ondas de sus innovaciones se propagaron por gran parte del continente.

Sin embargo, las peculiares pertenencias de ese hombre anónimo y los artículos funerarios que enterraron con él fueron lo que le permitió a Isabel Kelly abrir una perspectiva fresca sobre la historia mesoamericana de la destilación del mezcal.

Acompañándolo en su tumba había una vasija de cerámica única, con una base bulbosa conectada por tres tubos huecos a una cabeza en forma de jarrón. Ese y otros contenedores de extrañas siluetas fueron llamados *vasijas capacha*, pues sus autores vivían en centros comerciales capacha en Colima, Jalisco y Michoacán. Kelly fue una de las primeras en sugerirles a los demás arqueólogos que quizá hayan sido miembros de la primera cultura compleja y tecnológicamente sofisticada en el Eje Volcánico Transversal mesoamericano, una cultura que no tardó en extender su influencia muy lejos de su lugar de origen.

Debido en gran parte a la falta de compromiso y financiamiento para su investigación por parte del gobierno mexicano, Kelly tardó en poder confirmar el uso de esas extrañas vasijas de cerámica. Al principio, describían las más curiosas como si tuvieran «estribos» huecos que conectaban dos vasijas globurales superpuestas que embonaban como una sola. Isabel Kelly las describió e ilustró con tanto detalle en 1939 que su reporte atrajo la atención y los elogios de otros historiadores culturales. La vasija inferior, en forma de cuenco, tenía una base bulbosa conectada por tres tubos huecos con una vasija superior redonda, en forma de jarrón. Otro cuenco podía ser llenado de agua fría y ajustado a la apertura de la vasija mayor para servir de condensador. Este condensador bloqueaba cualquier fuga de fluidos, de modo que se drenaban por los tubos huecos a los costados.

Mientras que la propia Kelly se cuidó de no proponer por escrito ningún uso especial para esas vasijas capacha, los detalles de su trabajo invitaron a la especulación de algunos de los mejores historiadores de la destilación, incluyendo al audaz pero brillante químico Joseph Needham. ¡Él y sus colegas no tuvieron ningún empacho en sugerir que algunos contenedores capacha fueron usados para destilar jugos de agave fermentados!

Esos académicos señalaron que las vasijas presentaban una similitud inquietante con otras que fueron descubiertas a un mundo de distancia, en Mongolia. Usando datación de carbono, se confirmó que las mongolas tenían la misma edad, unos 3,500 años de antigüedad. Desde los confines de su oficina en Cambridge, Reino Unido, Needham no dudó en añadir que las vasijas asiáticas sí tenían un uso bioquímico confirmado: eran parte de la evidencia más antigua de destilación alcohólica. En tiempos más recientes, científicos mexicanos y franceses han usado nuevas técnicas arqueomagnéticas para datar con precisión esas inusuales vasijas, tanto las bule, con forma de calabaza, como las trífidas de tres patas. También son antiguas, de hace entre 3,265 y 3,481 años.

Entonces, para el asombro de los arqueólogos mexicanos, Needham tuvo la osadía de sugerir que los «estribos» huecos de las vasijas capacha podrían haber sido usados para la microdestilación de alcohol vegetal, al igual que los alquimistas asiáticos usaban los alambiques mongoles del Viejo Mundo. Más impactante —si no es que fantasiosa— fue su sugerencia, en 1980, de que los alambiques mongoles llegaron al occidente de México gracias a navegantes chinos, hace miles de años.

Al principio, algunos geógrafos estadounidenses, como Henry Bruman, hicieron picadillo la hipótesis de que la destilación había cruzado el océano mucho antes que Colón. No obstante, la reputación de la obra maestra de Needham, *Science and Civilisation*, obligó a otros académicos a considerar la posibilidad de que las culturas americanas estuvieran destilando alcohol mucho antes de que navíos mercantes españoles o filipinos atracaran en América.

Needham simplemente había usado las descripciones y dibujos impresionantemente detallados de las vasijas capacha de Kelly para afirmar que se parecían a los microalambiques chinos y mongoles. Sin haber

puesto un pie en los puertos ni las cuevas mexicanas, abrió nuevas brechas en la investigación sobre la antigüedad de la fermentación y la destilación en Mesoamérica.

Entonces, ¿y si en el occidente de Mesoamérica evolucionó una antigua
tradición de destilación del agave, libre de influencia asiática, africana
o europea? A fin de cuentas, Needham solo usó los dos o tres tubos en
forma de estribo que conectaban los dos recipientes de cerámica para
argumentar que las vasijas capacha eran aparatos para destilar agaves
completamente funcionales; él mismo nunca presentó evidencia directa de su difusión desde Asia.

Muy pronto, los arqueólogos y etnobotánicos mexicanos del equipo
de Mari Carmen Serra Puche empezaron a encontrar evidencia del uso de
mezcal en hornos de piso, tinas de fermentación, minialambiques y tecnologías asociadas provenientes del periodo Formativo en el occidente
de Mesoamérica. Cuando investigaron los restos de agave hallados en
la cerámica y las muestras de suelo quemado encontradas en hornos
en el centro de México, dataron esas preparaciones culturales del agave en dos intervalos: entre 878 y 693 a. C. y entre 557 y 487 a. C.

No solo argumentaron que la destilación precolonial de agave en el
occidente de Mesoamérica era plausible, sino que sus análisis la confir-
maban. De hecho, sugirieron que podría haber estado tan generalizada
como para desatar el cultivo y el procesamiento de agaves para obtener
bebidas alcohólicas por toda la región, aunque con volúmenes extremadamente pequeños de mezcal por lote.

Deberíamos señalar que algunos arqueólogos mesoamericanos se
mantuvieron escépticos de que la inusual forma de las vasijas capacha
les permitiera ser usadas como aparatos de destilación. Otros concedieron que los jugos de agave podrían haber sido destilados para fabricar «microdosis» de un tipo de mezcal que seguramente estuvo
limitado a un uso ritual o ceremonial, pero que había tenido poca influencia en la tradición histórica más generalizada del vino mezcal.
(Esa, para nosotros, es una postura indefendible, pues ¡el uso ritual de
mezcal microdestilado seguramente habría tenido tanta importancia

cultural y espiritual como los sorbitos del vino de consagrar o el peyote en otras culturas!).

Otros arqueólogos más afirmaban que la prueba sería el pulque. Insistían en que debían encontrarse las sustancias vegetales únicas del agave imbricadas en las vasijas antiguas para tener evidencia forense que confirmara la excéntrica (o absurda) propuesta de Needham.

Pasaron casi dos décadas antes de que a los científicos mexicanos se les ocurrieran maneras ingeniosas de probar de forma definitiva la hipótesis ochentera de Needham. Luego de confirmar que la producción agrícola del agave y las tecnologías para procesarlo florecieron en Colima en tiempos prehistóricos, Daniel Zizumbo-Villarreal, Patricia Colunga-García Marín y Fernando González Zozaya hicieron un experimento sencillo para acallar a los escépticos. Usaron una vasija bule estilo capacha para destilar con éxito el jugo fermentado de agave hasta obtener una pequeña cantidad de mezcal con 20% de alcohol, y luego una vasija trífida de tres patas para destilar otro lote con 32% de alcohol. ¡El supuesto de que los mesoamericanos eran de alguna manera incapaces de domesticar, producir agrícolamente y destilar mezcal antes de la Conquista se derrumbó con estruendo!

Cuando vistamos a Daniel y Patricia en su casa en Mérida, unos años después, tuvieron la amabilidad de mostrarnos algunas de las réplicas de las vasijas capacha que se usaron para destilar el mosto fermentado de agaves cultivados en el occidente de México hace un par de miles de años. Nos quedamos pasmados, como si estuviéramos viendo una piedra de Rosetta que explicara cómo los jimadores y los maestros mezcaleros habían empezado a moldear las tradiciones agrícolas y gustativas sobre las cuales se fundaron las industrias mezcaleras de Mesoamérica y Aridoamérica hace 25 siglos.

Otra vasija de barro usada para destilar mezcal llegó a las manos de investigadores de Temple University. Usando un electroimán de Tesla del tamaño de un Mini Cooper, los doctores Swati Nagar y Ken Korzekwa están identificado indicios de compuestos encontrados únicamente en el agave. Intentarán identificar los patrones de oxidación específicos de la destilación, y quizá entonces confirmen la destilación de agave en muestras antiguas. Ese análisis es la consecuencia de años de drama y conflictos interpersonales entre investigadores estadounidenses y mexicanos sobre si la calidad de la evidencia confirma o niega por completo que haya residuos bioquímicos de destilación en la cerámica mesoamericana antigua.

Ahora bien, ¿qué les importa la antigüedad de la destilación mesoamericana a los bebedores de mezcal contemporáneos? ¿Acaso los mezcales sabrán mejor si podemos hacer reflexiones profundas sobre sus orígenes? Pues, de cierta forma, sí. De la misma manera en la que los psicólogos afirman que el mayor órgano sexual que debemos usar para hacer el amor es la imaginación, también es cierto que nuestras fantasías influyen en lo que saboreamos en un mezcal de ensueño.

Si creemos que el mezcal que sostenemos con la mano y sorbemos con la boca es evidencia tangible de un gran logro ocurrido en el occidente de Mesoamérica hace entre 2,500 y 3,500 años, ese suceso asombroso llena nuestros caballitos y nuestras mentes. Influye en nuestras papilas gustativas. Nos da una historia épica que contarles a nuestros amigos mientras nos sentamos alrededor de una fogata y tomamos mezcal. Muy pronto, el mundo sabrá sin lugar a dudas si los mesoamericanos estaban destilando agave para uso ceremonial miles de años antes de que los españoles, los filipinos o los chinos supuestamente les enseñaran a hacerlo.

Cuando se resuelva este debate sobre el posible origen de la destilación en el Nuevo Mundo, y el consenso al fin reconozca con firmeza que los antiguos mesoamericanos destilaban agave mucho antes de que los españoles, los filipinos y los chinos atracaran en América, tendremos más que celebrar. Podremos expresar propiamente nuestra gratitud por la diversidad de las innovaciones humanas que contribuyen a los muchos *terroirs* placenteros de los destilados de agave. Y, cuando hay una abundancia de gratitud entre amigos que se reúnen a compartir sus destilados preferidos, el mezcal siempre sabe mejor.

CAPÍTULO 9

⚜

LA PANDEMIA TEQUILERA Y SUS DESCONTENTOS

Por mucho que nos encante la fragancia ahumada de algunos mezcales, sería un engaño no admitir que también huele a peligro. En Jalisco, el estado natal de David, hemos presenciado las horripilantes consecuencias de permitir que los conglomerados multinacionales diluyan el potente patrimonio de distintos destilados de agave e inyecten dinero para convencer a los reguladores de poner en riesgo los estándares históricos de integridad.

Seguramente no somos los únicos en haber llegado a esta conclusión. Hemos oído las mismas preocupaciones de boca de agricultores, agrónomos, genetistas y microbiólogos de institutos técnicos y de la Universidad Nacional Autónoma de México (UNAM), todos ellos formados en una objetividad rigurosa, y, por supuesto, de boca de dueños de destilerías pequeñas y medianas.

Durante las últimas tres décadas, hemos presenciado impotentes cómo diluyen los destilados de agave más complejos para volverlos más «suaves» y poder hacer más versiones idiotas de margaritas baratas. Si empiezas con mierda, ninguna cirugía plástica ni desodorante ambiental va a hacer que se vea más guapa ni que huela mejor. Y como nos confió un agrónomo reconocido en la industria tequilera, el *boom* del tequila ha generado consecuencias desastrosas en términos de salud del suelo, el precio de las plántulas, la vulnerabilidad genética de los agaves ante las plagas y la salud y el bienestar de los trabajadores en los campos y en las destilerías.

¿Por qué se arruinó la denominación de origen del tequila y no logró proteger ni la integridad ni la particularidad del destilado de agave mejor conocido del mundo? En la era post-TLCAN, ¿cómo hicieron las presiones globalizadoras neoliberales sobre la industria de las bebidas para forzar a sus corporaciones transnacionales a publicitar el tequila mixto como si fuera la Bud Lite de los destilados de agave?

Acompáñanos durante esta breve autopsia, durante este vistazo a la evidencia forense de dónde se descarriló y chocó el tequila. Se parece mucho a desentrañar un mal accidente, así que tendrás que ser paciente con nosotros mientras descendemos hacia la oscuridad antes de volver a ver la luz del sol.

Cuando el tequila empezó a obtener reconocimiento en todo México a mitad del siglo XIX, las destilerías estaban concentradas en las haciendas de algunas de las familias más poderosas del país. Esos ricos hacendados negaron con fuerza las raíces indígenas del destilado para elevar su propio estatus social. La sociedad clasista mexicana siempre había desdeñado a los pueblos indígenas, su cocina y sus bebidas, por considerar que tenían un valor marginal para el mundo. Por lo tanto, si la élite mexicana quería maximizar el capital social y económico que los destilados de agave les podían brindar, tendrían que limpiarlos de sus conexiones indígenas y sus connotaciones nativistas.

Así comenzó la construcción y feroz protección de los mitos sobre el marqués Pedro Sánchez de Tagle, quien recibió el falso crédito de haber presentado el vino mezcal de Tequila al mundo. (Cuando se descubrieron documentos que demostraban que el marqués nunca se había acercado siquiera a Tequila, fueron guardados en el archivo del Museo de Tequila, donde no tardaron en ser objetivo de una bomba molotov. Los archivos sobrevivieron al fuego y, con ellos, la prueba de que esa historia falsificada del tequila es mitad ciencia ficción y mitad patrañas).

Conforme los hacendados más poderosos invertían más esfuerzos en controlar el destino del vino mezcal de Tequila, descubrieron que estaban en la posición idónea para el éxito. La élite jalisciense, como los Sauza y los Cuervo, casaron a sus hijas con ingenieros alemanes, que trajeron tanques de acero inoxidable y tecnologías modernas para reemplazar su equipo rústico y poder hacer un tequila más «limpio». Las minas de ópalo, plata y oro atraían mano de obra un poco al sur de la región, y las masas de mineros mal pagados crearon una demanda de alcohol. Mientras la riqueza mineral y los metales preciosos mexicanos eran extraídos para dirigirse al occidente de los Estados Unidos, los cargamentos ferroviarios pasaban por el pueblo de Tequila, Jalisco, donde se agregaban cajas de alcohol embotellado a los trenes.

Conforme más licores de la región llegaban al otro lado de la frontera, la demanda de ese misterioso alcohol se disparó en Estados Unidos y, convenientemente, los mitos errados y falsificados del origen del tequila se subieron al mismo tren. Con la inversión del constructor de imperios E. H. Harriman en la Southern Pacific Railway, que iba de México a Estados Unidos, los vagones cargados de tequila empezaron a llegar a las ciudades y pueblos del Salvaje Oeste justo antes de la Revolución mexicana. Ya había suficiente agitación civil a ambos lados de la frontera para multiplicar la cantidad de soldados sedientos que buscaran bebidas corrientes y baratas sin importar la calidad.

Pero, para las tropas harapientas al otro lado de la frontera, ese aguardiente mexicano no era un destilado sacramental de indios; era el alma de los nobles y los mercaderes. Para 1901, las destilerías mexicanas producían casi 10 millones de litros de destilados de agave, la mayoría destinados a la frontera. Eso significaba que los mercenarios y justicieros de las tierras fronterizas requerían la cosecha, tatemada, fermentación y destilación de más de 70 millones de agaves al año.

La riqueza se acumuló y la demanda estaba por los cielos, pero aún había una dura piedra en el zapato de la familia Sauza: la materia prima de esos licores, el majestuoso agave conocido como *el árbol de las maravillas*, parecía requerir más tiempo que un imponente árbol para entregarlas. Incluso después de entre 15 y 30 años de crecimiento en climas secos, la mayoría de las variedades de agave cosechadas para la destilación apenas tenían suficientes carbohidratos convertibles para producir la misma cantidad de alcohol que obtenían cultivando una parcelita de caña para extraerle el azúcar.

Con la excepción, por supuesto, de una variedad cultivada especial: el agave tequila variedad azul, bastante precoz. Aunque hubiera sido propuesta casi medio siglo antes por el botánico francés Frédéric Albert Constantin Weber, el nombre científico *Agave tequilana* Weber c., *tequilana azul* apenas fue aceptado formalmente en 1902.

En ese momento clave de la historia económica de los destilados de agave, ese mutante azulado fue reclasificado y elevado al nivel de una especie completamente diferente. Irónicamente, Weber solo había pasado tres años de su vida en México (de 1864 a 1867), donde trabajaba no como botánico, sino como médico en el ejército francés.

Ese es un periodo bastante corto de tiempo para que un botánico identifique una planta potencialmente inusual, la describa tentativamente y compare sus distinciones morfológicas y límites geográficos con otras especies mexicanas, aunque trabaje en ello a tiempo completo. Podemos suponer que la mayoría de los maestros y taxónomos mexicanos han necesitado muchas más observaciones para discernir si un agave como el cultivar *tequilana azul* es lo bastante particular para ser nombrado una variedad o especie única.

A principios de los años 2000, Gary trabajó con la botánica Ana Valenzuela para demostrar que el famoso agave de Weber tan solo es una variante más de la especie de agave más extendida del continente, *Agave angustifolia*, pero su cambio taxonómico no fue aceptado, en particular por parte de la industria tequilera y de los guardianes de la nomenclatura. Sin embargo, la mayoría de los científicos del maguey mexicanos han llegado independientemente a la misma conclusión.

Hoy en día, la mayoría de los publicistas del tequila incluyen innecesariamente el nombre de Weber en toda su propaganda, como si asociar el *Agave tequilana* con un francés lo legitimara o lo reificara y separara de todos los demás agaves. Eso es irónico, pues, en la práctica, pocos botánicos recitan jamás el apellido de ninguna otra autoridad taxonómica como parte del nombre científico de ningún otro agave. No solo es innecesario, sino bastante ridículo, invocar el fantasma de ese doctor burgués cada vez que se menciona el *Agave tequilana*. Se ha convertido en una convención clasista más de la industria del tequila.

Esa especie cultivada, ahora legalmente conocida como *Agave tequilana* Weber —representada por un único cultivar, el *tequilana azul*—, estaba alcanzando la madurez sexual y la cosechabilidad en entre apenas 10 a 14 años, y podía reproducirse por clonación. Sus pencas están atestadas de fructosanos dulces. Sin embargo, conforme el clima de las regiones tequileras se fue volviendo más caliente y seco desde 2002, los ejemplares propagados a partir de hijuelos empezaron a alcanzar la madurez en nueve años, y luego en tan solo siete. Hoy en día, los hijuelos propagados en viveros y luego puestos en los campos están siendo cultivados en apenas cinco años y medio, cuando siguen inmaduros. Lo que es aún peor, las plántulas clonales cultivadas en cajas de Petri o en tubos de ensayo están siendo cosechadas en menos de tres años y medio. Para 2020, esos clones de cultivo celular estaban siendo cosechados en la mitad de tiempo, maduros o no.

Como han determinado los científicos del CIATEJ por medio de sus propios estudios empíricos, es mucho más económico (y delicioso) permitir que los ejemplares de *tequilana azul* crezcan exponencialmente conforme maduran en el campo por un mínimo absoluto de siete años en vez de cosechar mezontes inmaduros en la mitad de ese tiempo. Ganas más kilos de biomasa comestible a lo largo de dos décadas, requieres menos mano de obra para el barbeo y el desyerbe, usas menos herbicidas y pesticidas y pierdes menos salud microbiana en el suelo. Unos cuantos años más en el suelo los hacen producir piñas más pesadas y adquirir aún más sabor.

¿Pero qué tiene que ver el sentido común con cultivar *tequilana azul* en estos tiempos?

Aparte de los devastadores efectos que tiene el uso de plantas inmaduras en la calidad de una bebida alcohólica, esa jugada inspirada por la avaricia creó un extenso monocultivo al que llamamos *el desierto azul*. Ahora mancha de color azul paisajes enteros a lo largo de grandes franjas de

Jalisco, pero también de Sinaloa, Nayarit, Tamaulipas y otros estados donde se propagan los hijuelos de los viveros antes de devolverlos a su estado de origen. Ahora se están cultivando 600 millones de ejemplares de *tequilana azul* en más de 700 millas cuadradas (180,000 hectáreas) de ciertos municipios mexicanos.

Varios de los mayores productores hicieron un pacto faustiano para mantener el ritmo de la demanda global de sus margaritas premezcladas y sus *shooters* de tequila. Construyeron laboratorios clandestinos, muy bien resguardados, para hacer «cultivos celulares» de clones de agaves en cajas de Petri y tubos de ensayo. Al principio, esas instalaciones estaban escondidas del público y el acceso a ellas estrictamente prohibido a otros científicos, porque el gobierno federal había proscrito la manipulación genética de cultivos que se consideraran parte del patrimonio mexicano. Como reportó Rex Dalton en *Nature* en 2005, había un acalorado debate sobre si algunas técnicas de cultivo celular estaban legalmente prohibidas o vagamente permitidas bajo la ley federal. Sin embargo, incluso en esa época estaba claro que algunos laboratorios estaban considerando —si no es que iniciando— técnicas de selección genética por medio de otras biotecnologías. Esos procesos de propagación en laboratorio podrían multiplicar, acelerar y seleccionar la cantidad de plántulas clonales mejoradas de *tequilana azul* que habría disponibles para replantarlas en los campos.

En 1989, mientras trabajaba en una exhibición itinerante sobre el tequila y su historia, a Gary lo invitaron inesperadamente a ver uno de esos laboratorios de cultivo celular. Lo manejaban científicos mexicanos al servicio de una de las destilerías más grandes de la industria. Le impresionó ver el nivel de sofisticación con el que lo estaban administrando, con un presupuesto que parecía fastuoso en contraste con el de los jornaleros de los campos que lo rodeaban. En esa época, el gobierno federal estaba moldeando su prohibición de modificar genéticamente cultivos considerados parte del patrimonio mexicano. Al mismo tiempo, los horticultores bien capacitados, albeantes en sus batas de laboratorio, aspiraban a inventar agaves de madurez cada vez más rápida y que estuvieran exentos de enfermedades y de la necesidad de la «problemática» reproducción sexual.

Hasta nuestros días, científicos mexicanos siguen debatiendo si clonar y microseleccionar los agaves «superiores» usando cultivo celular en cajas de Petri debería ser legal en su país. Sin embargo, los científicos del CIATEJ, en Guadalajara, nos llevaron a ver su repositorio de cultivos celulares, un laboratorio de clima controlado en el que nos mostraron su invento: un clon de *Agave tequilana* resistente al coctel de enfermedades comúnmente conocido como *tristeza y muerte*.

Nos impresionó que tal hazaña tecnológica ya se hubiera alcanzado, tomando en cuenta que ninguno de los dos estaba enterado de que esa variante se cultivara en los campos tequileros. El personal del CIATEJ comentó en un susurro que el Consejo Regulador del Tequila (CRT) había solicitado que se suspendiera su lanzamiento, pues no estaba seguro de que fuera a ser considerada una «cepa» o «variedad» de agave genéticamente diferente del clon de *tequilana azul* susceptible a enfermedades en el que habían basado su industria entera.

La maravilla resistente a enfermedades se ha quedado suspendida en formol hasta la fecha, a pesar de la difusión constante de tristeza y muerte a otras regiones y a otras especies silvestres de agave.

Hasta ahora, esos proyectos piloto no han lanzado ni producido en masa cultivares transgénicos con resistencia a herbicidas como los invocados en los laboratorios biotecnológicos de maíz y algodón. Lo que sí hicieron fue abrir la puerta para el cultivo de miles de agaves genéticamente idénticos *in vitro*. Esa innovación no fue en absoluto un buen paso hacia el mantenimiento de una base genética diversa para la industria del tequila.

Sin duda alguna, la planta tequilera azul nunca fue el miembro más complejo, atractivo ni sabroso de las 62 especies de la familia de los agaves que se usan para hacer mezcal en 24 estados mexicanos. No obstante, esa advenediza más bien anómala fue lo bastante eficiente para satisfacer la demanda de «aguarrás mexicano» en Estados Unidos. Sus ventas al norte de la frontera (para los bebedores que sabían poco sobre los demás mezcales) no tardaron en eclipsar la demanda tradicional en México. Al sur de la frontera, el pulque producido a partir de savia de maguey siguió siendo mucho más popular que el tequila durante al menos cinco décadas luego de que se bautizara formalmente el *tequilana azul*.

Sin duda, los consumidores novicios de destilados de agave en Estados Unidos no estaban acostumbrados a la complejidad de la mayoría de los mezcales, ni siquiera a la de los tequilas multivarietales de esa época. En el mismo momento histórico, la élite mexicana importaba y bebía licores europeos; preferían distanciarse de las bebidas tradicionales de las culturas indígenas. Asociaban los mezcales, pulques, tesgüinos, tepaches y colonches con los estratos más bajos de la sociedad.

De hecho, durante la mayor parte del siglo xx, los consumidores de élite mexicanos presumían su preferencia por licores importados más «elegantes», como el *whisky*, por encima de cualquier destilado de agave. Las conexiones indígenas con el pasado rústico de México eran un impedimento para la promoción de los destilados de agave entre los consumidores y productores urbanos por igual, pero con el tiempo se borraron de la memoria.

Para la década de 1940, el impresionante éxito de las haciendas les concedió todo el poder de la industria a unas cuantas familias, que usaron su capital político para influir en la legislación federal y garantizarse una producción eficiente, y de preferencia más exclusiva, del hijo pródigo del mezcal: el tequila. Cuando los jóvenes estadounidenses volvieron a casa tras la Segunda Guerra Mundial, la demanda de licores fuertes y cocteles dulces se disparó, tanto que los tequileros mexicanos se esforzaron en satisfacerla por cualquier medio necesario. A partir de finales de esa década, la producción se volvió cada vez más industrial.

Mientras las haciendas se concentraban cada vez más en llenar botellas de forma rápida y barata, cabildearon con éxito a favor de un cambio que amenazaría el futuro del tequila: los azúcares añadidos. Durante los siguientes 30 años, un destilado con hasta 30% de azúcares no provenientes del agave podría ser vendido como tequila. Tras un desafortunado ajuste en los años setenta, la permisión aumentó al 49%, donde permanece hasta nuestros días. El jarabe de maíz y el de caña de azúcar se han convertido en los sustitutos favoritos, y el tequila mixto se ha vuelto sinónimo de jaquecas insoportables y vomitar en un bote de basura junto a la cama.

En efecto, varias regulaciones diluidas dañaron la complejidad histórica del tequila, lo que llevó a una mengua en la calidad. A partir de entonces, ningún pequeño productor pudo entrar en escena con un licor tradicional, con más matices, y publicitarlo con la palabra más en boga que emanaba del sur del río Bravo: *¡tequila!*

De pronto, *tequila* se había convertido en una palabra conocida en los Estados Unidos, retumbaba en los radios de transistores con versiones de un éxito pop homónimo versionado por los Champs, los Ventures, Dizzy Gillespie y Boots Randolph. La adquisición de más porcentaje del mercado, y no la calidad, se convertiría en el parangón del éxito, y al excluir a los productores que usaban otros agaves, los hacendados capturaron un porcentaje aún mayor.

Por esa época, Gary se alió con Ana Valenzuela para hacer sonar la primera alarma global contra el monocultivo tequilero en una serie de artículos, conferencias y un libro: *Tequila: A Natural and Cultural History*. Cuando visitamos la Cámara Nacional de la Industria Tequilera y alertamos al Consejo Regulador del Tequila sobre la preocupación generalizada entre los científicos por la trayectoria de su industria, no les agradó nada. La cúpula de la Cámara estaba religiosamente convencida de que los nuevos agroquímicos se encargarían de cualquier plaga o enfermedad que surgiera en los desiertos azules de su clon de *tequilana azul*.

Fue una convicción a la vez trágica e irónica, pues frenó la búsqueda de otras opciones para lidiar con la vulnerabilidad genética de su monocultivo. Hoy en día, patólogos vegetales del CIATEJ han demostrado que la inoculación microbiana de las raíces de agaves plantados en los campos les brinda una protección más fuerte y eficiente contra la mayoría de las enfermedades que los costosos agroquímicos.

Si la CRT hubiera cambiado de enfoque y dejado de pensar que los clones del agave vivían aislados del mundo para pasar a considerarlos holobiontes cuya salud dependía tanto de microbios benéficos y polinizadores como de sus propios genes o de pesticidas, la telenovela ya habría terminado. Pero continúa.

No mucho tiempo después de nuestro fallido encuentro con lo que los cultivadores ahora llaman *el cártel del poder* en la industria tequilera, la doctora Katia Gil-Vega anunció que ella y sus colegas habían confirmado con total certeza la extrema vulnerabilidad genética de los clones de *tequilana azul*: «Este es uno de los niveles de polimorfismo más bajos detectados hasta la fecha en el análisis de una especie cultivada; se propone que es el resultado de la promoción de un único genotipo conservado durante muchos años, debido a la dependencia exclusiva de la propagación vegetativa para producir nuevos materiales de plantación».

En esencia, el cultivar de *tequilana azul* se había vuelto tan terriblemente incestuoso como los monarcas Habsburgo, cuyas camadas de príncipes e infantas sufrían de mandíbulas prominentes, lenguas enredadas, hemofilia e hidrocefalia.

Prominentes científicos mexicanos de varias instituciones no tardaron en concordar con nuestra predicción de que, ya que los agaves azules tequileros tenían los niveles de variación genética más severamente reducidos de cualquier cultivo comercial documentado, se estaban volviendo cada vez más vulnerables a enfermedades catastróficas. En 2012, la investigadora Miriam Díaz-Martínez y sus colegas añadieron otro clavo al ataúd de la viabilidad a largo plazo de los monocultivos de *tequilana azul*: «Se observaron bajos niveles de variación entre plantas madre e hijuelos. […] Las familias obtenidas de plantaciones comerciales mostraban niveles de variación menores comparadas con las familias cultivadas como ornamentales. No se observó ninguna variación entre el explanto original y cuatro generaciones de plantas cultivadas *in vitro*».

Agrónomo desenterrando agaves infectados de tristeza y muerte.

Hoy en día, muchos expertos del agave concuerdan en que la variabilidad genética restante en los potreros de *tequilana azul* ha caído por debajo del 73%, un nivel de empobrecimiento extremo si se lo compara con
la rica heterogeneidad presente en la mayoría de las demás especies de
maguey, ya sean silvestres o domesticadas.

El tequila se ha convertido en el equivalente de ir a una heladería
Baskin-Robbins para saborear sus 31 sabores originales y solo encontrar ocho de ellos, o menos, en los botes. Es como ir a la superflorería
Fabulous Flower World y encontrar la misma rosa floribunda en todas
las macetas.

Si bien los clones de *tequilana azul* seguían alcanzando récords de
producción en 1996 —cuando dos millones de plantas propagadas vegetativamente fueron colocadas en los campos—, ya había indicios in-
confundibles de que algo estaba yendo muy mal. Conforme las altas

temperaturas y el clima más húmedo envolvieron la mayoría de las regiones tequileras, los jimadores se empezaron a quejar de la marchitez, que afectaba a casi una cuarta parte de los agaves a su cuidado.

En 1998, nuestra colega Ana Valenzuela describió dolorosamente la llegada de un nuevo «coctel de enfermedades» en un informe de la Universidad de Guadalajara: «Incluso en plantas antes sanas, los síntomas de marchitez han aparecido de pronto, empezando por la decoloración de las pencas. Días después, es evidente en todos los tejidos de la planta, desde las raíces hasta el quiote. En unos pocos meses, la planta queda completamente devastada, desecada y debilitada hasta el punto de que un empujoncito basta para derribarla».

Para finales de 1998, Ana estimaba que casi 235 de los potreros de *tequilana azul* inspeccionados en su región sufrían los síntomas de una o más variantes de la enfermedad. De pronto, el problema que crecía en los campos tequileros fue comparado con la enfermedad de la papa que desató una hambruna en Irlanda en 1845. También lo compararon con la epidemia de mancha foliar sureña del maíz, que asoló el centro y sureste de los Estados Unidos en 1970. La estrecha base genética de la mayoría de los maíces híbridos estadounidenses contribuyó a una pérdida de 1,000 millones de dólares para los agricultores cuando la cosecha disminuyó entre 20 y 30% en un solo año. El tequila corría a todo motor hacia el mismo acantilado.

La mayoría de los patólogos vegetales de México estaban perplejos ante esta pandemia tequilera, pues eran incapaces de vincularla con un único microbio patógeno. Cuando tomaron muestras de los patógenos presentes en los magueyes marchitos, identificaron cinco organismos diferentes que parecían estar haciendo sinergia para eliminar a los agaves más vulnerables a su alcance.

Al principio, identificaron un hongo llamado *Fusarium oxysporum*, que creían que había desatado la podredumbre del meristemo de cientos de miles de agaves azules tequileros. Sin embargo, unos años después, unos patólogos más decididos identificaron otro hongo menos conocido, *Fusarium solani*, como la posible causa de la podredumbre rojiza presente en los *tequilana azul* enfermos y de su incapacidad de anclarse en la tierra.

A otros equipos de científicos no les tomó mucho tiempo encontrar tres cepas adicionales de bacterias que también estaban contribuyendo a la suave podredumbre de los agaves genéticamente uniformes: *Erwinia cacticida, Pantoea agglomerans* y una especie no identificada de *Pseudomonas*. Un patólogo más propuso la posibilidad de que un bacilo gram negativo, *Enterobacter*, también estuviera contribuyendo a la caída de los enormes agaves tequileros.

Aquí viene el remate: ningún milagro agroquímico podía aliviar a los *tequilana azul* de su enfermedad multifacética. Simplemente no existía una cura química rápida ni una solución agronómica para la pandemia múltiple desatada por la extrema vulnerabilidad genética de los agaves fomentada por las restricciones de la denominación de origen. Para 1998, esa mezcla letal de seis patógenos diferentes había combinado fuerzas en pares o tercias en cada plantación para aniquilar alrededor de 200 millones de *tequilana azul*, mientras que una cuarta parte de la cosecha estaba infectada.

La industria tequilera se empezó a tambalear como si estuviera cruda, mientras que muchas de sus plantaciones azules entraron en un coma terminal. La superficie dedicada a los clones de *tequilana azul* se desplomó un 25% cuando empezaron a arrancar plantas muertas y moribundas del suelo para evitar que se expandiera la enfermedad.

Como si la cosa no se pudiera poner peor, una singular helada temprana acabó con una buena porción de los agaves inmaduros con los que los agricultores esperaban reemplazar a los maduros que habían sucumbido a la enfermedad. No quedaba mucho material con el cual trabajar para garantizar una cosecha decente durante los siguientes años.

En junio de 1999, Ana Valenzuela le dio un pronóstico sombrío al *Boston Globe*: «Es difícil admitir que nuestro producto nacional está en peligro, pero este problema se está agravando. [...] No sé qué harán los pequeños productores».

En efecto, los tequileros a pequeña escala no sabían qué hacer. Los dueños de al menos 35 destilerías dieron su último aliento y quebraron. Un mes después de la declaración de Ana, los economistas mexicanos proyectaron que las ganancias perdidas a causa de esas enfermedades en 150,000 acres alcanzarían casi 200 millones de dólares. Con una pérdida de 64 millones de plantas requeridas como materia prima para la producción de tequila, 20 destilerías más bajaron la cortina para el verano del 2000.

Las costosas consecuencias de depender exclusivamente de un monocultivo genéticamente vulnerable enviaron ondas expansivas por toda la industria de bebidas alcohólicas que se siguen sintiendo hasta nuestros días. De hecho, hace poco nos enteramos de que el coctel de patógenos conocido como *tristeza y muerte* ya brincó de los campos tequileros recién expandidos a los campos mezcaleros adyacentes y a los agaves silvestres en municipios del sur de Jalisco que solían estar libres de la enfermedad. Existe la preocupación de que llegue también a los monocultivos oaxaqueños de espadín.

Afortunadamente, un fénix ha surgido de las cenizas de la industria tequilera. Los productores mexicanos y sus padrinos inversionistas decidieron no poner todos sus huevos de vuelta en la canasta del tequila, sino diversificar sus apuestas. Hoy en día se producen más de 300 destilados de agave diferentes (incluyendo mezcales), a partir de más de 100 variedades bautizadas de maguey. Se venden en 68 países. Algunos restaurantes y bares en Estados Unidos, Europa y Japón ahora exhiben 80 marcas diferentes de mezcal que eran prácticamente desconocidas cuando inició el gran colapso genético del tequila.

Si bien los mezcales siguen ocupando tan solo entre el 2 y el 4% del mercado de los destilados de agave (incluyendo los tequilas), han sido el componente de mayor crecimiento en la industria de bebidas alcohólicas mexicana durante la mayor parte de las últimas dos décadas. En 2016, las exportaciones de mezcal superaron el consumo nacional por primera vez. Aquel año, los productores vendieron una cantidad inédita de mezcal: 640,000 cajas dentro y fuera de México.

En 2019, el mercado del mezcal fue valuado en 727.11 millones de dólares. Como se proyecta que las ventas a nivel mundial alcancen los 1,136 millones de dólares para 2027, la tasa de crecimiento podría ser de hasta 6.1% entre 2020 y 2027. Es mucho más difícil resumir el crecimiento de la demanda de otros destilados 100% de agave, por razones que explicaremos más adelante.

Las exportaciones de mezcal a los Estados Unidos han aumentado entre 23 y 27% cada año, y ahora representan una quinta parte de todas las exportaciones de destilados de agave. Los consumidores estadounidenses ahora beben más mezcal importado que los mexicanos en su tierra natal. Por lo tanto, el Consejo Regulador del Mezcal considera que los *bartenders* y consumidores son actores importantes a los que debe escuchar. Ellos —tú, nosotros— ahora tienen un lugar en la mesa en la que se toman las decisiones sobre el futuro del mundo de los destilados de agave.

Tenemos buenas razones para creer que al trabajar de la mano de los productores y los *bartenders* podemos construir un futuro más sano y diverso para todos los destilados de agave producidos en México que el que ahora imponen los actores dominantes de la industria del tequila. La diversificación inédita de destilados de agave y la explosión de los nuevos alimentos basados en el maguey se están arraigando tanto en la economía mexicana y en la global que es poco probable que desaparezcan algún día.

El atractivo actual de muchos mezcales amenaza con ponerlos en peligro, sobre todo tomando en cuenta que la demanda global aumentará al triple para 2027. Por eso debemos enfrentar esos desafíos y resolverlos ya, en vez de desdeñarlos como decidió hacer la mayoría de los tequileros durante su Big Boom, antes de su Big Bust.

Tras ocho milenios de ser cuidados, cosechados y consumidos en México, Guatemala y el suroeste de los Estados Unidos, parece que los magueyes están al borde de recobrar su merecido sitio en nuestra economía alimentaria y de bebidas.

SEGUNDA PARTE

EL FUTURO DE LA SIMBIOSIS HUMANIDAD-AGAVE

CAPÍTULO 10

DEL ALAMBIQUE A LA BARRA

Los destilados de agave han llegado muy lejos desde hace 150 años, cuando superaron las fronteras de México hacia parajes desconocidos. Hoy en día, al menos 250 marcas de tequila han cruzado legalmente las fronteras mexicanas hacia el extranjero, cada una con su «pasaporte» original. Eso corresponde a casi una quinta parte de las 1,300 marcas registradas de tequila producidas por 150 destilerías en el país. Sin embargo, para nuestra sorpresa, casi la misma cantidad de mezcales salen de las destilerías para embelesar desconocidos en tierras extrañas: más de 300 marcas de mezcal registradas en México son para exportación. Eso es el doble que la cantidad de marcas certificadas por el Consejo Regulador del Mezcal en 2015, una duplicación que tomó tan solo siete años.

Casi todas las marcas de mezcal han presentado sus papeles para solicitar permisos de exportación, ya que el consumo es mucho mayor afuera del país que dentro de él. Ya se exportan otras dos docenas de marcas de raicilla y bacanora, pero es más difícil rastrear las travesías de esos destilados. Solo Mayahuel, la diosa del maguey, sabe cuántos espirituosos 100% de agave se saborean en otros países.

Y aquí está el asunto: los tequilas y los mezcales también se venden mucho más caros fuera de México que dentro de él. Los tequilas publicitados como Clase Azul Extra Añejo Ultra suelen costar hasta 1,700 dólares la botella en Europa, Japón y Estados Unidos, mientras que un mezcal de pechuga elegantemente sazonado proveniente de Oaxaca obtiene más de doscientos dólares por botella.

Por supuesto, otras consideraciones aparte de la edad, la calidad y la distancia recorrida influyen en el precio final. Cada vez oímos más anomalías absurdas, como la botella de a litro de Aztec Passion Limited Edition de Tequila Ley.925 que se vendió por 225,000 dólares en 2006. Fue registrada por los Récords Guinness como la botella de destilado de agave más cara de la historia.

Esa suma quizá se deba a que ese tequila estaba empacado en 4.4 libras de oro y platino. El CEO de Tequila Ley, Fernando Altamirano, insistió: «Esta es una botella de tequila única, y nuestro cliente, un coleccionista estadounidense de vinos y licores finos, atesorará esta adquisición para añadirla a una colección de por sí impresionante», sin revelar el nombre del comprador, su coeficiente intelectual ni su nivel de alcohol en la sangre en el momento de la compra.

Por otro lado, algunos de los mezcales y destilados de agave más memorables de la historia se venden por poco más de 75-100 dólares por botella en el extranjero, y por apenas entre 35 y 50 dólares directamente con los maestros mezcaleros en su tierra natal.

Comprender cada eslabón en la cadena de producción, desde el alambique hasta la barra, puede ayudar a explicar dónde sucede el cambio más drástico en el precio. Por cada botella de a litro de mezcal que se vende por 1,000 pesos en una licorería mexicana, al menos 670 pesos (un 69% en promedio) se usan para cubrir dos impuestos: el impuesto especial sobre producción y servicios (IEPS) y el impuesto al valor agregado (IVA). El primero le ayuda al gobierno mexicano a lidiar con los costos ambientales y sociales de la producción, uso y abuso del alcohol destilado, el tabaco, los dulces, los jarabes y las autoproclamadas bebidas energéticas, al igual que la comida rápida cargada de grasas y fructosa. El segundo se aplica a la venta de toda mercancía, pero con la floritura burocrática tan particular de México, prácticamente funciona como un impuesto encima de otro cuando se aplica a los destilados de agave.

Si el gobierno federal se lleva casi siete décimos del precio final de cada botella de mezcal que se registra formalmente ante las agencias mexicanas, se empieza a vislumbrar por qué existe el incentivo para exportar o vender clandestinamente destilados de agave en el mercado negro. La preferencia popular por mezcales clandestinos y otros licores es una forma de resistencia contra la burocracia que se ha inmiscuido en la industria alcohólica. Sin lugar a dudas, comprar en el mercado negro sigue siendo una necesidad para muchos campesinos que viven al día. Y, si bien vender en el mercado global les permite a los mezcaleros evitar pagar los altos costos del IEPS y el IVA en México, aun así, deben «pagar para jugar» y posicionar su mercancía en los mercados de exportación más lucrativos.

De cierta forma, esto puede significar perder-perder para los productores de pequeños lotes. Tienen que vender un riñón incluso para poder ofrecer legalmente sus jugos destilados a sus vecinos, o pagar miles de dólares en papeleo antes de que su primera botella legal salga de la República. Ninguna de las dos es una opción satisfactoria.

David recuerda el momento en el que él y Salvador Rosales Torres se preparaban para enviar el primer lote de Tequila Blanco Ancestral Siembra Valles para cruzar la frontera entre México y Texas. El Consejo Regulador del Tequila (CRT) había aprobado el producto y su etiqueta, pero un inspector notó que la palabra *mezcal* había sido usada erróneamente en la descripción de la etiqueta. Esa única palabra significaba que debía ser aprobada también por el Consejo Regulador del Mezcal (CRM), pero la misma bebida no podía caer bajo la jurisdicción de ambos a la vez. Como resultado de ese bache burocrático por una palabra en la etiqueta, Salvador y David tuvieron que reimprimir las etiquetas que fueran a enviar en futuros cargamentos a la frontera.

Quizá no haya otro destilado en el mundo que porte voluntariamente tanta información ecológica en la etiqueta como el mezcal y sus parientes. A través de todos los detalles de la etiqueta, conoces y respetas al maestro mezcalero, a su familia y el paisaje cultural en el que viven. Aprendes algo del suelo y de la piedra, del agua de manantial o de arroyo que apuntalan su producción e influyen en su terruño particular. Te enteras de qué clase de leña usan en sus hornos, en sus tinas de fermentación y en sus barricas. Averiguas qué destiladores usan, desde alambiques de cobre hasta ollas de barro. Te informas sobre las especies y variedades de agave que emplearon, y si fueron castradas antes de florecer o si las dejaron sazonarse hasta por cuatro años tras la llegada de las semillas. En algunas etiquetas, te puedes enterar de si permitieron que los murciélagos polinizaran las flores y si hay esfuerzos de reforestación incluidos en el precio de tu producto.

Invertir en esas prácticas toma tiempo, y a menudo bastante dinero. Por ejemplo, los primeros cuatro mezcales orgánicos autorizados para su exportación a los Estados Unidos —Del Maguey, Montelobos, Mezcales de Leyenda y Wahaka— tuvieron que superar las trabas de la Certificación Orgánica de la USDA, además del Programa de Cumplimiento de México (PCM) de la Ley de Productos Orgánicos (LPO) mexicana. Conseguir el sello orgánico de la USDA suele costar hasta 5,000 dólares por producto. Sin embargo, Raza Zaidi, de Wahaka, sonaba impávido al contarlo, pues afirmaba que había pasado la certificación sin complicaciones porque «siempre fuimos 100% orgánicos por tradición». Según él, solo usaron agaves cultivados de forma orgánica y libres de pesticidas, agua pura y levaduras sin modificaciones genéticas, como han hecho los oaxaqueños durante siglos.

Sin embargo, semejante escrutinio puede resultarles o bien divertido o bien irritante a todos los mezcaleros indígenas de Oaxaca y Puebla, que tienen que demostrar su propia indigenidad... llenando papeleo en los idiomas coloniales que no hablan en su día a día.

Cuando los destilados de agave salen de la destilería, pasan por las manos de muchos otros agentes que participan en la acción y obtienen su tajada del precio final en las calles o en el bar.

Por supuesto, no todos los destilados de agave salen de la vinata, taberna o palenque por la misma ruta, ni siguen los mismos protocolos de exportación. Algunos mezcales y tequilas del occidente de México son enviados por barco hacia el sur por la costa del Pacífico, cruzan el canal de Panamá y se dirigen hacia el sureste, hacia Cartagena, Colombia, antes de virar al norte para llegar a los puertos del Caribe y el Atlántico. Al zarpar de Manzanillo, Jalisco y pasar por el Canal, el tequila y el mezcal recorren 4,200 millas náuticas durante 18 días por mar para llegar a alguno de los puertos que rodean la ciudad de Nueva York.

En cuanto a los datos del pasaporte, los consejos reguladores del mezcal, la raicilla, el bacanora y el comiteco suelen seguir los protocolos forjados por los reguladores del tequila, pero algunos aspectos de la categorización no son comparables entre destilados. Por ejemplo, los mezcales se categorizan según tres grados de añejamiento: mezcal reposado (añejado en recipientes de madera por entre dos y 12 meses), mezcal añejo (añejado durante más de un año en recipientes de madera de capacidad menor a 1,000 litros) y mezcal madurado en vidrio (estabilizado en recipientes de vidrio bajo tierra durante más de un año), pero no hay una categoría «extra añejo», como en el tequila. Las bebidas vendidas como destilado 100% de agave no siguen ninguna de esas categorías formalmente definidas, pero pueden usar los mismos términos de manera informal.

Hay que tener en mente que los mezcales no reposados, conocidos como *jóvenes*, siguen siendo las bebidas predilectas en bares y restaurantes de todo el mundo, seguidos por los reposados. En la mayoría de los casos, las marcas de mezcal joven son más baratas que las demás, debido a los menores costos de producción que implica añejarlos dos meses o menos... o no añejarlos en absoluto. Suelen ser más frescos, fuertes o apimentados, y sus notas dominantes casi siempre son de pimienta blanca, humo de leña, cítricos y manzana verde.

Algunos de los mezcales jóvenes más viajeros provienen de los palenques cada vez más industrializados de Santiago de Matatlán, Oaxaca. Lo más probable es que te sirvan alguno de ellos en un coctel de mezcal. Sin embargo, beber añejos y reposados derechos se ha vuelto común entre los hípsteres cosmopolitas dispuestos a pagar extra por las variedades publicitadas por las marcas medianas de rápido crecimiento.

Sin duda, los destilados de agave inusuales han obtenido mucha más atención de aficionados y periodistas en los últimos tiempos que en el milenio pasado. Sin embargo, la riqueza de los bingarrotes, chichihualcos, huitzilas, jarcias, quitupanes, raicillas, tasequi, torrecillas, tuxcas y zihuaquios sigue siendo totalmente desconocida para la mayoría de los sedientos del Planeta Desierto.

En este momento, las denominaciones de origen —sobre todo la del mezcal— ofrecen paraguas que protegen a menos de la mitad de esos destilados históricos del agave. Para nosotros, eso revela que una amplia gama está siendo ignorada o incluso reprimida. No llegan muy lejos de sus destilerías, y rara vez, si acaso, alcanzan las luces de los bares de ciudades lejanas como Puyang, París, Perth, Palermo, Porto Alegre o Pretoria.

Muchos productores de esos destilados prefieren quedarse cerca de sus humildes raíces agrarias en vez de soñar en grande. Se rehúsan a poner el destino de sus mejores productos en manos de los ejecutivos de firmas publicitarias de alta gama, que inflan el precio de un destilado entre 20 y 25% tan solo por visitar una vinata dos veces al año. Así, una cantidad cada vez mayor de destiladores simplemente llaman a sus productos *destilado 100% de agave*, y los venden en cantinas locales a granel. Publicitar destilados 100% de agave ya está autorizado en Colima, Chiapas, Jalisco, Nayarit y Sonora. En Sonora, Chihuahua y Durango, los destiladores jóvenes siguen combinando destilados de agave con los del sotol (*Dasylirion*), igual que hacían sus abuelos en la clandestinidad, desafiando abiertamente las denominaciones de origen del bacanora, el mezcal y el sotol.

Al menos por ahora, esos y otros destiladores a pequeña escala seguirán produciendo bebidas alcohólicas clandestinas y se mantendrán fuera del radar de todo consejo regulador. Si bien el gobierno mexicano no registra datos al respecto, se siguen produciendo «mezcales» clandestinos en al menos 20 estados, quizá hasta en 24. De hecho, es muy probable que la contribución en volumen de los destilados de agave clandestinos al consumo alcohólico total mexicano deje en ridículo a la de todos los tequilas, mezcales, raicillas y bacanoras certificados legalmente. En un país en el que dos de cada cinco botellas de alcohol destilado se mantienen por fuera de la ley, ni todos los consejos reguladores pueden hacer mucho por mover la balanza.

No olvidemos un hecho histórico: durante al menos tres siglos, los mezcales han viajado más por mula, burro y caballo que por tren, barco y avión. Su calidad era «certificada» por el boca en boca, no por lo que apareciera en Trip Advisor o Mezcal Reviews. Muchos mezcales siguen teniendo travesías humildes y sinuosas desde sus raíces en la Sierra Madre Occidental y el Eje Volcánico Transversal hacia el «mundo exterior». Hasta bien entrado el siglo xx, esos mezcales eran fabricados en pequeños lotes para venta directa a clientes consentidos, pues los producían clandestinamente en alambiques móviles, o *troncos*, escondidos en los cañones, rincones y barrancas más remotos del país. Eso es parte de su mística, al igual que sucedía con los productores clandestinos de *corn likker* en los Apalaches.

Esos mezcaleros se negaron rotundamente a obtener permisos y a pagar impuestos o aranceles de ningún tipo, aunque algunos pagaran cuotas de extorsión a autoridades sin escrúpulos para que se hicieran de la vista gorda. En ese sentido, estaban en buena compañía, pues al menos dos quintas partes de todo el alcohol destilado del mundo sigue siendo fabricado clandestinamente.

En su reflexión «De lo sabio y lo eterno», en *Mezcal. Arte Tradicional*, Fausto Rasero vincula el legado del mezcal con una historia de opresión política y económica y represión espiritual:

> Prohibido durante el Virreinato por su vinculación con festividades paganas y por su oposición a los negocios del brandy y del vino, importados de España, el mezcal mantuvo hasta hace unos cuantos lustros el estigma de su origen transgresor y su condición humilde; por ello, se le confinó durante siglos al ámbito rural. El fenómeno conocido como globalización ha permitido el intercambio de conocimientos referentes a la forma de vida y a las tradiciones en todas partes del mundo; de manera natural o paradójica, muchas cosas tienden a la homogeneización, al tiempo que cobran valor inusitado todas aquellas que mantienen una esencia singular afianzada en profundas raíces culturales.

Tenemos que admitir que, de jóvenes, nos parecía romántico arriesgarnos a cometer delitos menores. Rastrear productores clandestinos y probar sus mejores mezcales nos llenaba de una sensación de aventura. Esa misión nos emocionaba tanto que valía la pena el riesgo de encontrarnos

158 ALMA DE AGAVE

con un alguacil o policía local con tal de encontrar «chupe casero» en cualquier lugar de México.

Gary recuerda un momento a mediados de los años setenta, cuando entró con su compadre Tomás al pueblito ribereño de Cucurpe, Sonora, justo antes del anochecer, con la esperanza de encontrar algún espirituoso que les calentara la garganta mientras acampaban en el frío de diciembre. Los locales los guiaron a un «callejón oscuro» en la parte pobre del pueblo, donde las familias humildes de ascendencia indígena aún vendían de vez en cuando mezcal lechuguilla, bacanora y sotol. Les urgían esas ventas como fuente de ingresos adicional a lo que llevaban a casa del corte de leña, el marcado de ganado, la cosecha de chiles y bellotas silvestres, y la talabartería para riendas, lazos y fuetes.

Luego de buscar luces que salieran de las casitas de adobe, Tomás y Gary fueron de puerta en puerta preguntando dónde habría un mezcalero al que le sobrara mercancía. Por fin, una señora mayor los dirigió a la casa de su hermano, quien según ella hacía el mejor lechuguilla del pueblo, pero que también tenía algunas botellas de bacanora de pechuga y sotoles añejos de sus parientes, que vivían cerca de la frontera con Chihuahua.

Cuando llegaron a la puerta de un jacal destartalado, no se veía luz eléctrica emanar del lugar, solo el ocasional titilar del fuego en un cuarto lleno de humo, seguramente a causa del fogón. Tocaron, pero nadie contestó.

Tocaron de nuevo.

Al otro lado de una media puerta, un hombre preguntó en español qué asunto los traía por ahí. Contestaron, también en español, que unos tragos de mezcal les calentarían la garganta para sobrevivir la fría noche. El hombre, aún oculto y suspicaz, preguntó abiertamente si eran de la policía. Le aseguraron que no, que solo eran aficionados al bacanora sin vínculos sólidos con la escena destiladora local.

—Bueno, pues —dijo la figura oculta mientras abría la mitad superior de la puerta y extendía un brazo lleno de arrugas—. Pasen su botella.

Gary y Tomás le dieron la única botella que tenían en el carro: una botella de a litro de cerveza Carta Blanca. La casa estaba a oscuras, a excepción del fogón, y mientras su esposa sostenía la botella, el viejo la llenó lentamente hasta el borde desde un gran garrafón que inclinó sobre ella, consultando los haces de nuestra linterna para asegurarse de no derramar mucho. Su esposa entonces le metió un corcho tallado a mano en la boca, la secó con su delantal y la entregó por la media puerta. El hombre pidió 100 pesos, o 50 y la linterna. ¡Trato hecho!

Así se habían vendido el bacanora, el lechuguilla y el sotol durante décadas en el noroeste de México. Estos espirituosos habían pasado a la clandestinidad con la ley seca de Sonora del 8 de agosto de 1915, cuando el entonces gobernador Plutarco Elías Calles estaba decidido a destruir la industria alcohólica del estado en tan solo cinco años.

El famoso abstemio no logró comprender la resistencia que enfrentaría su plumazo durante las siguientes ocho décadas. Lo que engendró no fue sobriedad, sino una industria mezcalera resiliente y clandestina que también surgió en otros estados. Cuando, el 17 de enero de 1920, Estados Unidos instauró su propia Prohibición —que duraría hasta 1933—, los mochomos u *hormigas nocturnas* sonorenses cruzaron decenas de miles de litros de licor mexicano clandestino por la frontera, con lo que desataron la fama y la apreciación perenne por los maestros mezcaleros en los estados fronterizos.

En resumen, el mezcal se volvió especial en los Locos Veintes porque era triplemente ilegal: lo producían clandestinamente en México sin pagar impuestos ni cuotas de registro, lo contrabandeaban por la frontera sin pagar aduana y lo bebían en tugurios del suroeste sin que un solo dólar llegara al fisco estadounidense.

Desde las prohibiciones en México y Estados Unidos, muchas cosas han cambiado en la cadena de producción para las bebidas destiladas y sus voluntariosos productores. El añejamiento de los mezcales antes de llegar a los consumidores se ha estandarizado y codificado, pero por un precio.

La mayor parte del mezcal que llega a las ciudades fronterizas estadounidenses sigue siendo mezcal joven, el destilado translúcido y sin reposar que suele tener un sabor vivo, no agresivo, y apimentado. Y la mayoría de las margaritas se siguen haciendo con tequilas mixtos baratos y adulterados.

Pero ahora tenemos mucho más acceso a los reposados que ya mencionamos, mezcales añejados en barricas de roble durante al menos dos meses, de modo que los taninos de la madera le brindan un tono acaramelado al destilado. A pesar de que existen docenas de especies de roble nativas en México, las preferidas para hacer barricas siguen siendo el roble blanco (*Quercus alba*) y el encino (*Quercus ilex*), ambas menos porosas, más aromáticas e importadas del Mediterráneo.

Tenemos muchas más opciones de mezcales añejos, reposados al menos un año en volúmenes de 200 litros o menos, en barricas que suelen importarse de Portugal, España, Italia o Grecia. El proceso de añejado profundiza el destilado hasta alcanzar un color acaramelado oscuro mientras suaviza y endulza sus fragancias y sabores.

Sin embargo, no hay que olvidar que los mezcaleros mexicanos llevan décadas almacenando añejados en sus propias barricas hechas a mano a partir de otras maderas, y casi siempre conmemoran la muerte de un gran mezcalero compartiendo unos pistos con sus amigos en cada aniversario luctuoso. Suelen regar un poco de destilado en ofrenda a la estatuilla de un mártir, una foto del difunto o una imagen de Cristo crucificado, ¡para no olvidar que solo unos pocos salen vivos de este mundo!

Por definición, las especialidades regionales como el bacanora podrían también llamarse *mezcales abocados*, pues es común que se infusionen con colorantes naturales o aromas de frutas y hierbas durante meses. La mayoría de las pechugas oaxaqueñas también podrían llamarse mezcales abocados, al igual que el mezcal de gusano, con su célebre larva animando el fondo de la botella.

No obstante, todos los mezcales, añejos o no, siguen dos reglas. La primera es que el mezcal debe ser embotellado dentro de la denominación de origen. No importa si es joven o si pasó 15 años en una barrica, debe ser embotellado donde se produjo. En contraste, el tequila mixto puede ser enviado como concentrado o a granel a Estados Unidos en una pipa, luego diluido, coloreado y saborizado artificialmente en las instalaciones embotelladoras estadounidenses.

La segunda es que todo el mezcal, por regulación, es 100% de agave. No hay mixtos. A diferencia del tequila, donde los productores solo pueden usar un tipo de maguey, pero no tienen restricciones para añadirle otros azúcares, el mezcal puede producirse con todos los tipos de agave que se deseen... pero solo de agave, y solo de agave cultivado en la denominación de origen. Lo vamos a subrayar: ser 100% de agave no es un factor distintivo en el mezcal. El nivel de alcohol, sin embargo, sí lo es. Si la graduación está por debajo del 45% —aunque el 36% siga siendo legal—, pídele una explicación al vendedor. La potencia de un buen mezcal suele caer entre el 45 y el 55 por ciento.

El otro problema que manchó la industria tras el «*boom* mezcalero» de los noventa fue el embotellamiento de mezcales —que habían mezclado a partir de varias fuentes baratas— que luego etiquetaban como «envasado en México». Puedes garantizar más autenticidad y calidad distintiva si te atienes a los que están etiquetados como «envasado de origen», pues fueron embotellados en la misma destilería en la que hornearon, maceraron y fermentaron los agaves. Antes de que la restringieran, la práctica de reetiquetar tequilas para *boutiques* y mercados de nicho apadrinados por celebridades se puso muy de moda a principios de los 2000. Personajes como George Clooney y Dwayne Johnson, estrellas de cine; Kendall Jenner, modelo y estrella de *reality*; Elon Musk, magnate tecnológico; Michael Jordan, basquetbolista, y Justin Timberlake, Sammy Hagar y Roger Clyne, músicos, han jugado con etiquetar sus propias versiones de alcohol mexicano. Lo hicieron como si sus lindas caras y gordas billeteras bastaran para hacer que esos licores supieran mejor.

Con más de 250 marcas de mezcal de exportación saliendo del país mes con mes, es difícil llevar registro de adónde van todas y cómo fueron reetiquetadas. Sabemos que al menos dos terceras partes están destinadas a Estados Unidos y Canadá. Sin embargo, incluso en nuestra era de códigos de barras escaneables, la exportación de un mezcal o tequila mexicano a sus vecinos del norte puede estar llena de peligros.

La mayoría de los aficionados al mezcal saben que los productores, exportadores y agentes fronterizos están regulados por algo llamado la NOM-070-SCFI-1994 (NOM significa Norma Oficial Mexicana, que denota que la botella es un destilado de agave auténtico producido en México y te dice de qué productor proviene). Esa ley indica los estándares que hacen que la denominación de origen del mezcal esté al día con la de las demás denominaciones de origen internacionales, incluyendo la que ya se había establecido para el tequila. Pero las denominaciones de origen son solo una de varias estrategias de protección basadas en un lugar y una cultura, en un mar de protocolos legales de etiquetado llamados colectivamente *indicaciones geográficas*.

Hay que recordar que los consejos reguladores no son los que dictan las normas y regulaciones para la producción, certificación, etiquetado y exportación de ningún destilado de agave. Esas guías legales son establecidas por medio de la Secretaría de Economía (SE), a través del Instituto Mexicano de la Propiedad Intelectual (IMPI). El Consejo Regulador del Mezcal (CRM) fue fundado en 1997 para ser el primer (pero no el único) cuerpo que evalúe y certifique si los productores e importadores están siguiendo las leyes y protocolos del IMPI.

En 2017, cuando el IMPI autorizó a otros dos certificadores y verificadores, el CRM se percató de pronto de que ya no tendría el monopolio de esas labores. Se echó un berrinche digno de cualquier adolescente del planeta: empezó a hostigar a su competencia y a los pequeños productores.

Luego, en junio de 2020, un momento de luchas intestinas precipitó un hecho sin precedentes: la SE sancionó y multó al CRM por 260,640 pesos por su «publicidad engañosa», que afirmaba que era el único certificador de mezcales. La SE rechazó el argumento público del CRM de que «si un destilado de agave no tiene el holograma del CRM, ¡no es mezcal!». También señaló que el CRM se había negado «intencional, repetida e injustificadamente» a reconocer la labor de los otros cuerpos certificadores que fueron autorizados en 2017 y a colaborar con ellos.

Además, la SE multó al CRM por otros 695,040 pesos por engañar intencionalmente a unos mezcaleros que querían usar los laboratorios de otros cuerpos certificadores legítimos en Michoacán, pues, según ellos, solo podrían certificarlos usando contratos exclusivos con el laboratorio del CRM. El fallo de la SE no solo anuló los contratos que les habían impuesto a los pequeños productores, sino que también les permitió certificarse ante otras entidades. Los investigadores federales revelaron una comprometedora imagen de la conducta abusiva del CRM con los productores e importadores durante los tres años anteriores.

Si bien las multas totales impuestas al CRM fueron una bicoca, menos de un millón de pesos (200,000) en conjunto, la SE le advirtió con severidad a su jerarquía que cualquier incumplimiento más provocaría la revocación de su autoridad para certificar el mezcal. La secretaria de economía anunció en términos muy claros que el CRM tendría que jugar limpio o sería expulsado.

El bloguero del mezcal y guía de turistas Clayton Szczech comprendió, correctamente, el regaño al CRM como una advertencia de que deberían evitar hostigar a cualquier productor en el futuro, ya fuera de mezcal o de destilados de agave no certificados. Los miembros del consejo ya no podrían favorecer injustamente los mezcales que les habían pagado por certificar contra otros destilados de agave que habían empezado a competir en el mercado nacional y global. Además, como bromeó Clayton durante una conversación que tuvimos en la destilería Cascahuín en El Arenal, Jalisco, «los destilados 100% de agave no autorizados por el CRM son las verdaderas joyas, y lo seguirán siendo por un tiempo».

A la Secretaría de Economía claramente le preocupaba que esas campañas de hostigamiento perjudicaran no solo a los productores, sino también a otros cuerpos certificadores, a los exportadores y a los consumidores. Así, por primera vez en la historia, el gobierno mexicano castigó a un consejo regulador mexicano por difundir publicidad «imprecisa, incorrecta, exagerada, parcial, artificial y sesgada». El CRM había menospreciado, si no es que condenado, todo intento por disuadir a los importadores y consumidores extranjeros de probar otros destilados de agave.

Nunca ha habido un solo mezcal uniforme que regular, a diferencia del tequila (hasta cierto punto). Como señaló John McEvoy en su blog Mezcal PhD, tener una denominación de origen pareja para todos los mezcales «les dio una vía de legitimación, pero fue una decisión controvertida desde el inicio. Una de las preocupaciones principales era que su norma era demasiado parecida a la del tequila. Muchos productores e interesados concedieron desde el inicio de que ese no era un buen punto de partida».

La decisión de la SE de castigar a un consejo regulador abusivo y autoritario, y a sus aliados en la industria, fue algo que retumbó por todo el mundo. Cambió las reglas del juego, pues equivalió a reconocer en público que los mezcaleros necesitaban el poder de tomar las decisiones que moldeaban su destino.

Quizá en otro universo recordaríamos 2020 como el año de la Primavera del Agave. Inició la liberación y autorizó la rediversificación de todos los destilados 100% de agave. Ya no tenían que entrar en el mismo molde. Fue un hito que tomó siglos: siglos de historia enterrada, explotación y un grupo de gente y plantas extraordinariamente resilientes.

CAPÍTULO 11

LOS AGAVES PERDIDOS Y SUS DESTILADOS OLVIDADOS

Algo sin precedentes empezó a aparecer con más frecuencia en la prensa y en redes sociales en 2019, y ha continuado hasta nuestros días: los periodistas empezaron a mencionar la pérdida reciente de ciertas plantas comestibles y bebibles como «la crisis de extinción de la que nadie está hablando». Algunos los llamaron «alimentos y bebidas en peligro de extinción», «brechas gastronómicas», «festines perdidos» o incluso «extinciones culinarias». Proliferaron nuevas listas de especies extintas que habían curado el hambre o satisfecho la sed de miles si no es que millones de consumidores. La gran pregunta que despertaron esas alertas fue si sería posible resucitar alguna de esas exquisiteces prohibidas.

La respuesta fue que sí, pero, curiosamente, ninguna de las listas mencionaba ningún agave entre los esfuerzos por «resucitar» alimentos y bebidas olvidados. De hecho, algunos están siendo revividos en este mismo instante, pero muy pronto verás por qué es tan fácil no ver esas brillantes historias de éxito entre el pajar de extinciones que suceden a diario.

En 1791, un historiador natural guatemalteco, el teniente Antonio Pineda y Ramírez, atracó en el occidente de México para unirse a una expedición real encargada por el conde de Revilla Gigedo, virrey de la Nueva España. Fue por tierra desde el puerto de Acapulco hasta la

Ciudad de México para encontrarse con otros miembros de la expedición Malaspina, e iniciaron un viaje de varios meses por toda la región, sondeando tierras en los actuales estados de Guanajuato, Guerrero, Hidalgo, México, Querétaro y Puebla. Durante los ocho a 10 meses que exploraron el paisaje mesoamericano en busca de especímenes de plantas y vida silvestre, don Antonio de Pineda se dedicó a registrar todas las bebidas fermentadas y destiladas que pudo encontrar y probar.

Lo que impresiona a cualquier lector de su informe de «recetas» de 77 bebidas diferentes es la asombrosa variedad de tragos que usaban el agave como ingrediente principal. El teniente describió más de 30 bebidas probióticas diferentes que usaban aguamiel, pulque o los quiotes, pencas y mezontes del agave fermentados con frutas y especias.

También describió nueve bebidas destiladas que utilizaban magueyes, al igual que tres destilaciones de mezcales que se separaban y usaban de distintas maneras, o se combinaban en destilados ajustados. Algunos destilados de su lista se parecen mucho a los comitecos chiapanecos, que implican pasar aguamiel por un alambique para obtener aguardiente.

Esos destilados antiguos del agave tienen una amplia gama de nombres atractivos: bingarrote (aún producido en Guanajuato), excomunión (aún producido en Michoacán), mezcal de pulque, mistela por alambique (anisado), aguardiente de pulque, vino mezcal de Guadalajara y vino resacado. Algunos se infusionaban con hierbas y frutas, otros se combinaban con jugos de caña de azúcar o de coco, pero todos suenan deliciosos.

Es probable que la mayor parte de lo que Pineda aprendió sobre esas recetas para usar agaves en distintas bebidas fermentadas y destiladas nunca haya llegado a la imprenta. Murió en otra expedición, a apenas 14 meses de haber iniciado su sondeo de los destilados mexicanos. Sin embargo, sus colegas de la expedición Malaspina lo querían tanto que se aseguraron de que dos de sus informes fueran publicados póstumamente y de que se erigiera un gran mausoleo en su honor en los jardines botánicos de Malate, en Manila, entonces la principal ciudad portuaria de Filipinas. La inscripción rezaba: «En tres años de arduos viajes, viajó hasta el fin del mundo, exploró las entrañas de la tierra, las profundidades del mar y las cimas más altas. [...] La muerte prematura de este noble hombre es lamentada por sus paisanos, por la flora, la fauna y los amigos que erigieron este monumento».

Lo que obtenemos de la obra de Pineda es asombro ante la diversidad y antigüedad de los destilados de agave en Mesoamérica, y tristeza por los que quizá estén perdidos para siempre. Recordemos que Pineda escribió tres siglos después de Colón y dos y medio tras la Conquista. Vivió y codició espirituosos décadas después de que Francisco Hernández hiciera lo propio. Hernández, el otro historiador natural notable de alimentos y bebidas indígenas, fue uno de los primeros en describir cómo los chichimecas horneaban las pencas y los «mezontles» de los agaves en hornos subterráneos llamados *barbacoas*, y luego fermentaban y destilaban sus jugos.

Así, el periodo protohistórico nos ofrece abundantes pruebas de que la destilación del agave —no solo su fermentación— ya se consideraba una tradición digna. Sin embargo, con el despoblamiento y la aculturación de Mesoamérica durante el primer siglo posterior a Cortés, muchas prácticas gastronómicas —como comer granos tostados de amaranto mezclados con sangre fresca— fueron declaradas de pronto «salvajes» y eliminadas o prohibidas terminantemente.

Es imposible saber cuántas bebidas diferentes de agave destilado o fermentado pasaron de moda y cayeron en el olvido. Solo a través de los breves atisbos que nos conceden Hernández y Pineda podemos imaginar un mundo en el que la innovación y la tradición se combinaban para fomentar docenas de bebidas de agave celebradas regionalmente.

Conforme empezábamos a compilar una lista de todos los destilados de agave olvidados, perdidos o raros de México registrados desde tiempos de Antonio de Pineda, la lista se volvió cada vez más larga y extraña. Incluye el bacanora de Sonora y el vecino Chihuahua, el bingarrote de Guanajuato, las canoas de la costa jalisciense, el chihuahualco de Michoacán, el comiteco de Chiapas, el excomunión de Michoacán, el huitzila de Zacatecas, el jaiboli de Sonora y el vecino Chihuahua, el jarcia de Tamaulipas, la lechuguilla de Sonora y Chihuahua, el minero de Oaxaca, las petaquillas de Guerrero, el quitupan de Jalisco, la raicilla (de la costa y de sierra) de Jalisco y Nayarit, el sikua de Michoacán, el tasequi y el tuata del sur de Sonora, el tepe/torrecillas de Durango, el tlahuelompa de Hidalgo, el turicato de Michoacán, el tuxca de Colima

y el vecino Jalisco, el yocogihua de Sonora y la vecina Sinaloa, el zihuaquio de Guerrero y el zotolero de Puebla.

Incluso a primera vista, la lista nos impresiona y nos obliga a recon-
siderar la enorme diversidad encontrada históricamente en los destilados de agave. Añoramos cultivarlos, cosecharlos, fermentarlos,
destilarlos o probarlos. En su mayoría, esas tradiciones no han quedado
circunscritas —ni obsoletas— por las instrucciones operativas que
guían a los consejos reguladores del mezcal y del tequila. Por supuesto,
muchos de esos destilados sufrieron traspiés mucho antes de la fundación de los consejos. Y, sin embargo, los fragmentos restantes de ciertas
tradiciones fueron desdeñados abiertamente en algunos ámbitos, si no
es que completamente prohibidos por los reguladores.

Si bien cada uno de estos destilados históricos de agave tiene una trayectoria única de ascenso, caída y posible rejuvenecimiento, los relatos
de todos comparten ciertos temas.

En primer lugar, quien controlaba la importación de alcohol europeo
o norteamericano a México quería limitar la competencia indígena y su
«pisto» casero para controlar el mercado en el Nuevo Mundo para sus
parientes y socios en Europa.

En segundo lugar, esa represión forzó a la producción a pasar a la clandestinidad en sus localidades de origen, de modo que los destiladores
mexicanos rara vez buscaban elogios externos ni mercados extranjeros.
En cierto sentido, sus destilados de agave se convirtieron en vino mezcal de la casa o de la cantina, y se mantuvieron fuera de la mira de la mayoría de las autoridades.

Para nuestra sorpresa, esos destilados de agave caseros siguen siendo los espirituosos clandestinos más bebidos en la República mexicana.
Como señalamos antes, aun hoy, las bebidas alcohólicas hechas, adulteradas o comerciadas por agentes ilícitos conforman el 43% de todos los
destilados consumidos tras la Cortina de Tortilla.

En tercer lugar, las proclamaciones prohibicionistas instituidas por
virreyes, gobernadores y presidentes mexicanos tuvieron un éxito variopinto a lo largo de los siglos. Sin duda, la ley seca perpetrada por

Plutarco Elías Calles fue tan brutal que llevó a la bancarrota a cientos de pequeñas destilerías, mientras que otras pasaron a la clandestinidad. Solo podemos imaginar que una gran cantidad de conocimiento tradicional sobre el cultivo, fermentación y destilación de agaves se perdió en esos Tiempos Secos. Como nos sigue afectando, vemos sombríamente nuestro caballito, añorando lo que podría haber contenido.

En tiempos recientes, el Consejo Regulador del Mezcal (CRM) ha tratado esporádicamente de volver ilegales algunos de esos destilados, o al menos de evitar que usen la palabra *mezcal* en sus etiquetas. Sin embargo, en otros momentos, se ha dedicado a atraer a los productores para que trabajen bajo sus auspicios en vez de permitir que soliciten su propia denominación de origen. Podríamos diagnosticar esa conducta contradictoria como esquizofrenia burocrática: cuando los reguladores intentan en vano mantener el control de las tendencias de *marketing* aunque la tendencia ya haya partido.

Como ejemplo, cuando los destiladores purépechas de sikua trataron de obtener su propia denominación de origen, el CRM expandió su jurisdicción para incluir sus municipios michoacanos y los invitó a usar la denominación de origen existente para el mezcal en vez de iniciar su propio consejo, para capturar más cuotas de pruebas y verificación.

Irónicamente, el alto costo de entrada para recibir el estatus legal de destilado de agave sikua bajo el CRM prácticamente eliminó la producción de destilados de esa tradición particular de la región de Pátzcuaro. Tras 2016, los destiladores purépechas perdieron gran parte de su publicidad «gratuita» previa y tampoco lograron obtener un mercado más amplio para sus productos. El sikua parece estar más marginado hoy en día que en 2010, cuando el CRM empezó a reclutar a cientos de productores purépechas en los tres municipios que recorren la costa del lago de Pátzcuaro.

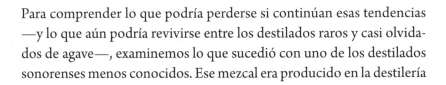

Para comprender lo que podría perderse si continúan esas tendencias —y lo que aún podría revivirse entre los destilados raros y casi olvidados de agave—, examinemos lo que sucedió con uno de los destilados sonorenses menos conocidos. Ese mezcal era producido en la destilería

Yocogihua, cerca de la frontera con Sinaloa, entre 1888 y 1965. La destilería estaba ubicada entre el pueblo minero histórico de Álamos, Sonora, y el pueblo mayo de Masiaca, a lo largo de un arroyo llamado Yocogihua, «donde come el jaguar».

Según Juan Carlos Holguín Balderrama, historiador de Álamos, los hermanos Aldama construyeron una destilería en su rancho en 1888. Empezaron a usar agaves silvestres y dos razas criollas de *Agave rhodacantha*, un maguey imponente que se cultiva para hacer destilados mucho más al sur en la costa oeste de México. Esa especie subtropical siempre ha sido bastante rara en Sonora. De hecho, se la conoce solo en dos herbarios cerca de Álamos y en otra localidad, más de 100 kilómetros al norte. Sin embargo, prosperó en las plantaciones de los hermanos Aldama a lo largo del río Masiaca, donde llamaron a sus dos variedades especiales de agave El Chino y San Antoneña.

Algunos registros sugieren que el *Agave rhodacantha* fue llevado inicialmente desde Jalisco en grandes cantidades en un esfuerzo bien organizado por aumentar el cultivo de maguey en el norte de Sinaloa y el sur de Sonora. El objetivo era construir una industria del mezcal que pudiera exportar destilados por ferrocarril a los Estados Unidos.

En esa época, la Sonora Railway —una línea de la Southern Pacific Railway de Edward Harriman— había terminado de construir sus vías entre la cercana Guaymas, Sonora, y Nogales, Arizona, en 1882. Una inversión importante de parte del «barón ladrón» Harriman para construir cinco vías férreas interconectadas abrió el oeste de los Estados Unidos a los tesoros y placeres gastronómicos de los subtrópicos mexicanos. En menos de un cuarto de siglo, llevando los tesoros mexicanos a Estados Unidos, Harriman había hecho suficientes ganancias para comprar la pequeña línea de correos en diligencias que existía en los estados fronterizos y la convirtió en el imperio bancario Wells Fargo.

Así, para aplacar la sed de ferrocarrileros y pasajeros por igual, la destilería Yocogihua se convirtió en una de 66 mezcalerías o vinatas sonorenses en la década de 1890 que trataron de colocar sus garrafas en los vagones que subían hacia la frontera norte. La cantidad de tequila y mezcal exportada a Estados Unidos creció exponencialmente. En menos de una década, la destilería Yocogihua estaba empleando a una docena de cultivadores y jimadores, y a cinco peones más, para producir casi 19,000 litros de distintos destilados de agave al año.

Si las observaciones e historias orales oídas por Howard Gentry en la región de los Álamos son correctas, esa y otras destilerías cercanas no tardaron en acabar con tres especies silvestres de agave en unos pocos años. Sin embargo, el cultivo de las dos variedades de *Agave Rhodacantha* en la plantación prosperó. Es probable que los Aldama contrataran trabajadores mayos y guarijíos, que tenían una larga tradición de usar más de 10 especies y variedades diferentes de maguey para beber.

En poco tiempo, en agosto de 1915, Plutarco Elías Calles hizo su funesta declaración en el Congreso de Sonora. Algunos historiadores afirman que lo hizo porque su padre o tío borracho lo golpeaban cuando era niño. Pero otros sugieren que su abuelo era un sirio abstemio (y quizá de origen musulmán), que había sido reclutado en Medio Oriente por el Texas Camel Corps en la década de 1850 antes de aventurarse al sur hacia Sonora y casarse con una mujer indígena de la región. En todo caso, Calles declaró que la producción agrícola, destilación, venta o posesión de mezcal eran delitos penables con cinco años de trabajos forzados. La mayoría de los infractores acababan en la cárcel, pero se dice que algunos reincidentes fueron asesinados, pues Calles estaba decidido a erradicar todo tipo de alcohol hecho en su estado. Incapaces de mantener su rancho ni sus plantaciones de agave sin los ingresos de la venta de mezcal, los descendientes de los Aldama lo vendieron en 1927.

Luego, en 1934, el rancho fue vendido a un inmigrante yugoslavo emprendedor que acababa de llegar a la región. Calles se fue de Sonora para convertirse en secretario de Comercio, luego secretario del interior, luego presidente de la República y, por último, el brutal jefe máximo, que mantuvo a otros tres presidentes bajo su puño de hierro. No fue hasta 1934 cuando se vio forzado a exiliarse en California.

En esas fechas, el nuevo dueño del rancho, David Andrés Sugich Rafaelovich, tuvo la audacia de abrir su primera tienda de vinos y licores no muy lejos del viejo patio trasero de Calles, en Navojoa, Sonora. Con el abstemio ateo permanentemente fuera de escena, David Sugich aprovechó la oportunidad para capturar la distribución de la cerveza Modelo en toda Sonora, abrir 134 cantinas en todo el estado

y encontrar medios semilegales para reiniciar la producción de mezcal en la vieja destilería.

Sugich no tardó en renovar los viejos campos de agave antes cuidados
por cultivadores y jimadores mayos. El historiador Juan Carlos Holguín
nos ayuda a imaginar la escena en esa época. El ambicioso inmigrante
construyó una trituradora mecánica, 23 tinas de fermentación de 800
galones (3,100 litros) de capacidad, tres bóileres, alambiques arábigos,
un pozo y dos aljibes de agua fresca.

Los magueyes usados en la segunda encarnación del mezcal Yocogihua se cultivaron en el propio rancho, donde las variedades San Antoneña y El Chino habían demostrado estar bien adaptadas al paisaje
árido subtropical. Cada hectárea albergaba 2,500 agaves cuidados por
entre ocho y 10 hombres, quienes los desyerbaban, podaban y cosechaban para hacer mezcal, mientras propagaban nuevos hijuelos en viveros.
Su producción mezcalera iniciaba en cuanto se cortaban los agaves maduros. La cosecha era llevada cabo por cultivadores y jimadores veteranos, apoyados por algunos jornaleros. En cuanto rasuraban las piñas, las
subían a carretas jaladas por mulas y las llevaban a la vinata, donde las
partían en dos. Las cocían en dos hornos de mampostería durante 72
horas. Cada horno tenía capacidad para 10 toneladas de agave rasurado.

El historiador Holguín reconstruyó su proceso:

> Una vez cocidas, las cabezas horneadas se pasaban por una triturado-
> ra y se molían en una tahona, donde el jugo extraído era canalizado
> hacia tinas donde lo dejaban fermentar entre cinco y siete días. Una
> vez fermentado, pasaban ese mosto al alambique, que primero era ali-
> mentado con leña y luego con alquitrán rico en carbón. El alambique
> tenía una capacidad de mil litros por lote. Tomaba 24 horas destilar
> dos veces y ajustar el mezcal, antes de enviarlo en barricas por tren a
> embotellarlo en Navojoa.

Hay poca duda de que algunos sobornos terminaran en los bolsillos
de políticos, pues el rancho de Sugich no tardó en contratar a 20 trabajadores como «vaqueros». Probablemente sí criaron un par de va-
cas, pero en general se aseguraban de que se produjeran 200 litros de

mezcal Yocogihua al día. Tras el envasado en Navojoa, el mezcal viajaba en tren o camión por la red de distribución de Sugich. Esta había crecido hasta abarcar cientos de bares y depósitos en Sonora, Sinaloa y Baja California.

Cuando David Sugich dejó su mundo empapado de mezcal en marzo de 1965, la destilería continuó por algunos años, pero ya no contaba con su red de distribución hacia bares y licorerías más allá de Navojoa, Obregón y Álamos. La producción mezcalera del rancho entró en un serio declive y el negocio cayó en deuda.

Según el historiador Holguín, las autoridades federales expropiaron las 6,490 hectáreas del Rancho Yocogihua en 1975, quizá porque se habían detenido las mordidas para los políticos que habían permitido décadas de producción de destilados a pesar de la ley seca. Con la plantación en ruinas y las poblaciones de agaves silvestres en la región circundante de Álamos muy mermadas, la destilería cerró sus puertas definitivamente en 1985.

Ese fue el último año en el que Gary logró conseguir una botella de Yocogihua en Navojoa. La marca aún podía ser adquirida en una de las viejas licorerías de Sugich, que tenía el logotipo de Yocogihua en un mural. En menos de una década, el *stock* restante del destilado de Yocogihua se terminó, el rancho quedó abandonado y su tradición agavera única cayó en el olvido. Parecía haberse convertido en una bebida extinta, en un destilado olvidado.

Y, sin embargo, la historia de Yocogihua aún no acababa.

Tras décadas de visitar la región de Álamos, en la Sierra Madre Occidental, Gary se ha tropezado con varias variedades distintas de *Agave rhodacantha* adaptadas al desierto en rancherías y pueblos mayos no muy alejados de la vieja destilería Yocogihua. Dos de las únicas tres colecciones de esa especie registradas en Sonora son sus herbarios recogidos en localidades a una hora en coche de la vieja destilería.

¿Sería posible que hubieran tomado esos sobrevivientes del Rancho Yocogihua, donde solía haber plantaciones alrededor de la destilería? ¿Podría tratarse de remanentes de plantas rescatadas por las últimas familias mayos o guarijías que trabajaron en el rancho de los Aldama-Sugich en el arroyo Masiaca? ¿Habrían sido «repatriadas» informalmente por los cultivadores y jimadores indígenas cuando la destilería cayó en el abandono? ¿Podrían ser el eslabón perdido hacia las variedades tradicionales de San Antoneña y El Chino que la familia Aldama cultivaba para hacer mezcal en el sur de Sonora?

¿Valdría la pena regalarle esas variedades tradicionales o razas criollas de agaves raros a algún maestro bacanorero, como Ramón Miranda Urrea y su hijo Eduardo Miranda, que hacen el mejor destilado de agave en Sonora en su destilería El Real de Álamos? Esa vinata está a menos de una hora en coche de donde solía funcionar la destilería Yocogihua. Si Ramón y Eduardo decidieran cultivarlas para destilarlas, en honor de la historia, Sonora recobraría su estatus histórico de tener varios destilados de agave en el mercado, no solo bacanora.

El proyecto de recobrar esas variedades perdidas de maguey y devolverlas a los destiladores ha comenzado. Se están planeando expediciones a la región de Yocogihua, en las faldas de la Sierra Madre del sur de Sonora. Aún no podemos garantizar que muy pronto vayas a probar un mezcal resucitado, pero estamos seguros de que sucederá.

Posibilidades como esa ya están en proceso en otras regiones mezcaleras de México. Ana Valenzuela pasó más de tres décadas hablando con jimadores ancianos para que le ayudaran a rastrear las siete variedades de agave «patrimoniales» que solían cultivar junto con el *tequilana azul* en los Altos y los Valles de Jalisco. Barrió matorrales, arboledas dispersas cerca de destilerías y remanentes en campos abandonados antes de recobrar el material genético sobreviviente de las razas criollas de variedades tradicionales conocidas como *bermejo, listado, moraleño, pata de mula, sahuayo, sigüín* y *zopilote*.

Sin embargo, Ana no solo las trató como piezas de museo. Evaluó con cuidado los rasgos únicos de cada uno de esos agaves patrimoniales y propuso un sitio para ellos en su manifiesto clásico, «A New Agenda for the Blue Agave». Ahora pueden encontrarse en varios huertos de conservación, donde un total de 15 variedades históricas de maguey, antes creídas perdidas, están siendo cuidadas por científicos y cultivadores. Uno de ellos está a las afueras de Zapotitlán, Jalisco.

El mismo tipo de proceso ha sido iniciado por los propios mezcaleros en otras franjas de tierra que también quedan a la vista del volcán de Colima. Ahí es donde se describió históricamente la antigua tradición tuxca, en el pueblo de Tuxcacuesco, cerca de la frontera actual entre Jalisco y Colima. Hasta nuestros días, los ancianos siguen llamando a sus destilados *tuxca* cuando los venden con un ponche en el mercado del domingo y en los puestos carreteros de Tuxcacuesco. Los grandes maestros mezcaleros de esa región —Macario Partida, Lorenzo Virgen, Tomás Virgen y Santos Juárez— siguen asociando algunas de las variedades cultivadas más antiguas con esa tradición tuxca, y llaman informalmente a las plantas mismas o a sus destilados *tuxcas*. Hombres como don Macario y Miguel Partida organizan expediciones en las barrancas entre el Nevado de Colima y la sierra de Manantlán para buscar variedades asilvestradas que puedan devolver a sus campos para evaluarlas.

Esa es una forma de conservación vegetal que los biólogos han apodado *ecología de resurrección*. O, en este caso, quizá deberíamos llamarla *etnobiología de resurrección*. Se trata del descubrimiento y recuperación de fuentes olvidadas de genes y sabores vegetales. El objetivo no es «retro» en absoluto —como promover la Coke Classic—, sino más bien darles usos nuevos en la nueva era. Esos agaves son como el ave fénix: una nueva vida que surge de las cenizas salpicadas en los campos alrededor de los hornos de piso de una destilería tradicional.

Las familias Partida, Juárez y Virgen usan muchas de las mismas tradiciones de destilación, sensibilidades al sabor y conocimiento tradicional de cuidado de plantas que solían usar los mezcaleros tuxca de tiempos de sus abuelos. Sin embargo, hoy en día deben llamar a sus productos *destilados 100% de agave*, pues ya no pueden publicitarlos legalmente como mezcal ni como vino mezcal de Tuxca, pues sus tierras quedan fuera del rango de producción delimitado por la denominación de origen del mezcal.

¿Y si simplemente usaran marcas registradas colectivas, indicaciones geográficas o apelaciones de origen para nombrar y promover el legado histórico de la tradición tuxca? Sus procesos tradicionales y sus razas criollas de agave seguirían ahí. La diversidad aumentaría en vez de seguir declinando inexorablemente.

De hecho, es muy posible que eso sea lo que esté pasando con la tradición del minero en Oaxaca, del bingarrote en Guanajuato, del tepe en Durango y de la lechuguilla en el occidente de Chihuahua. Las mejores variedades «patrimoniales» simplemente deben ponerse en manos de los mejores maestros mezcaleros que trabajen con esas tradiciones locales. Esos productores pueden incorporarse como una asociación civil sin fines de lucro que puede definir sus propios criterios para mantener la calidad de sus destilados 100% de agave sin tener que consultar con el Consejo Regulador del Mezcal. Solicitar una marca colectiva bastaría para iniciar la travesía.

Como Patricia Colunga-García Marín no deja de recordarles a todos los aficionados al mezcal dispuestos a escucharla, «el futuro de los destilados de agave surgirá de nuestras tradiciones ancestrales, no de los procesos y convenciones industrializados». Ahí es donde la acción de base se encuentra con el corazón del mundo de los destilados de agave.

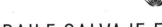

CAPÍTULO 12

EL BAILE SALVAJE ENTRE LOS AGAVES Y LOS MURCIÉLAGOS

Aunque nos encante celebrar la idea de Howard Gentry de que los agaves y la humanidad han entrado en una suerte de relación simbiótica, no queremos ignorar las demás relaciones simbióticas que los mantienen fructíferos y sabrosos.

Una de ellas trabaja de noche. Quizá suceda cuando pocas personas pueden presenciarlas, pero eso también es cierto de la mayoría de los actos de reproducción y regeneración, ¿no crees? En este caso, nos referimos al baile coevolutivo entre los magueyes y los murciélagos. Para atisbar los fundamentos de este antiguo conjunto de interacciones ecológicas, viajamos a ver a un amigo en el «alma de México», Michoacán, en lo que alguna vez se conoció como el Imperio Tarasco de los purépechas.

Nuestra primera parada en el rancho El Limón fue el vivero de magueyes de Emilio Vieyra Rangel. No nos llevó a su casa ni a su vinata, ni siquiera a sus bosques restaurados de plantas maduras. Nos llevó a su vivero.

Con el orgullo de un padre, nos guio por los pasillos entre los miles de plántulas de *Agave cupreata*. Se inclinó hacia atrás el sombrero de vaquero, se arrodilló en sus jeans azules y nos señaló la asombrosa variabilidad del espectro de tamaños, formas y colores de sus magueyes sembrados a mano.

«El *Agave cupreata* tiene muchos nombres comunes y sinonimias», nos explicó mientras sonreía y se acariciaba la barba de candado. «Hay

quienes le dicen *cimarrón*, el salvaje. Otros usan el viejo término en náhuatl *papalometl*, mezcal de mariposa».

Emilio entrelazó las manos para imitar las alas onduladas de una mariposa, como si las dejara volar para imitar a las monarcas amenazadas
que llegan a reproducirse en invierno en cantidades cada vez menores
en las sierras cercanas de Michoacán. Señaló que otras personas le dicen *tuchi* o *yaabendisi*, un término mixteco.

Agave cupreata es una de las dos especies de suculenta que Emilio cultiva en áreas reforestadas para producir el mezcal artesanal de su familia, mientras que otros agaves silvestres crecen por su cuenta, fuera de
su alcance, aferrados a los acantilados que se ciernen sobre sus campos.

No todos los magueyes en las tierras restauradas de Emilio se ven ni saben igual. Se notaba que el propio *cupreata* era irreprimiblemente hetero-
géneo: presumía un arcoíris de colores y una diversidad característica que
apenas pueden encontrarse en las enormes plantaciones de agave azul tequilero que se extienden a 185 millas (300 kilómetros) al norte de su hogar.

La persistencia de semejante diversidad genética en el rancho El Limón le debe mucho al hecho de que los agaves de Emilio son producto
de plantas polinizadas al aire libre: están siempre disponibles para los
murciélagos trompudos y otros polinizadores que cargan polen de un
maguey para fertilizar las flores de otro. Ellos se alimentan del nutritivo
néctar de las flores mientras depositan polen viable de otros agaves silvestres que crecen en la cuenca del río Balsas.

Para fomentar ese antiguo mutualismo murciélago-agave, Emilio está
cultivando otro tipo de simbiosis entre su propia familia y la de los magueyes. Ahora evita tocar entre el 3 y el 5% de los *cupreata* en sus bosques
de pino y encino, para que alimenten a los murciélagos amenazados, en
vez de cosecharlos todos para tatemarlos.

Así, Emilio y su familia se han convertido en pioneros del movimiento por un mezcal y un tequila amigables con los murciélagos, que inició alrededor de 2015. Se trata de una iniciativa que ahora promueven
en varios estados la Fundación y el Tequila Interchange Project, y que
monitorean *in situ* el doctor Rodrigo Medellín y sus estudiantes de la

Universidad Nacional Autónoma de México (UNAM). También ha sido respaldada y promovida por los muchos otros conservacionistas que Rodrigo ha formado en su papel de *Hombre Murciélago* de México.

En el rancho de Emilio fue donde el proyecto rindió frutos por vez primera. La marca de su familia —Mezcal Don Mateo de la Sierra— no solo incluye el primer conjunto de mezcales artesanales certificados en el estado de Michoacán, sino que también son los primeros destilados de agave amigables con los murciélagos verificados en México.

Los esfuerzos conservacionistas de Emilio no son un truco publicitario de *green-washing*, pensado simplemente para atraer consumidores amantes de la naturaleza a sus productos. Su iniciativa de restauración proviene del profundo compromiso de su familia por albergar más magueyes y murciélagos en sus tierras que cuando heredó el rancho El Limón tras la muerte prematura de su padre.

También son un acto de resistencia contra las tendencias dominantes en las industrias del tequila y el mezcal durante el último cuarto de siglo. La mayoría de los agaves usados para producir tequila y mezcal son propagados vegetativamente, en vez de a partir de semillas. En el rancho El Limón, la mayoría de las plántulas de los bosques restaurados fueron germinadas a partir de semillas derivadas de flores polinizadas por murciélagos, no clonadas a partir de una única planta madre.

Tristemente, los propágulos clonales que dominan la producción de *tequilana azul* y de espadín rara vez obtienen la oportunidad de madurar ni florecer para que los visiten murciélagos polinizadores. Hoy en día, como la mayoría de los agaves azules tequileros son micropropagados mediante cultivos celulares en cajas de Petri acomodadas en estanterías en laboratorios, sospechamos que la reproducción sexual «consensuada» entre plantas tequileras es rarísima. La mayoría de los propágulos de *tequilana azul* provienen de unos cuantos clones homogéneos estrechamente emparentados que ahora cubren cientos de miles de acres en cuatro estados al norte del rancho El Limón.

Puede que la producción tequilera se haya convertido en uno de los agronegocios de bebidas más genéticamente uniformes del Planeta

Desierto, pero la mezcalera está luchando por tomar una ruta más benigna. La gestión de hábitats para agaves silvestres que hace Emilio presenta un contrapunto necesario y una manera completamente diferente de ver y probar el mundo que los productores y bebedores de tequila deberían tomar muy en cuenta.

En nuestro segundo día con la familia Vieyra en el rancho El Limón, Emilio nos explicó cómo el uso de esos agaves semidomesticados y genéticamente variados comenzó por insistencia de su padre, don Emilio. Años atrás, padre e hijo empezaron a trasplantar miles de *Agave cupreata* y *Agave inaequidens* en los bosques de su rancho. También establecieron una reserva de conservación voluntaria de 86 acres (35 hectáreas) arriba de sus lotes de restauración agroforestal, que está protegida de la crianza de ganado y la cosecha comercial de cualquier tipo de plantas.

Si voláramos sobre las tierras de los Vieyra que visitamos con Emilio o nos tropezáramos con ellas, nos costaría reconocerlas como un sitio de producción agrícola o agroforestal. Los agaves son trasplantados en el bosque abierto, metidos entre pinos, encinos, tepeguajes y nopales arborescentes, en vez de colocados en filas rectas en tierras aradas. Las orquídeas, las bromelias con forma de piñas y los hongos decoran los árboles como si fueran adornos navideños.

La tierra ha quedado restaurada en toda su naturaleza, y la cosecha de agave es solo un producto secundario de ese generoso gesto humano de restauración del hábitat. No usan métodos de labranza, pesticidas ni herbicidas de ningún tipo. La parte del rancho que está dedicada a la producción de maguey parece más un hábitat natural y silvestre que campos cuidados o pasturas irrigadas. Además, la fauna silvestre —murciélagos incluidos— responde favorablemente a su carácter natural.

Muchos de los miembros de nuestra banda itinerante de aficionados al mezcal creen que los mezcales destilados a partir de los agaves cultivados en el bosque restaurado de Emilio tienen un sabor más dulce y salvaje que los de otros magueyes michoacanos.

Murciélago trompudo polinizando flores de agave.

Los bosques del rancho El Limón están llenos de plantas silvestres que son parientes cercanos —si no es que ancestros directos— de los muchos cultivos de alimentos y bebidas que han nutrido a las familias mexicanas durante casi 10 milenios. Eso se debe a que su cuenca —la del río Balsas, con sus profundas barrancas talladas por el agua— ahora es considerada por muchos científicos la cuna de la agricultura mesoamericana. También es un foco global de parientes silvestres de cultivos, los familiares desobedientes de las plantas cultivadas que nos nutren día a día. Al menos 330 especies de parientes silvestres de cultivos en 30 géneros vegetales existen en la cuenca del Balsas o cerca de ella. Como muchas tienen adaptaciones que podrían ayudar a nuestros cultivos a soportar el cambio climático, se han convertido en prioridades de conservación globales.

El fondo de los cañones acuna la hierba parecida al maíz llamada teosintle, y enredaderas de frijoles y calabazas silvestres. Se sospecha que las plantas que persisten en el río Balsas son los progenitores directos de la tríada básica maíz-frijol-calabaza conocida como las tres hermanas. Junto con el maguey, el chile y el nopal, esas hermanas botánicas conforman los orígenes de la dieta mesoamericana que ahora se celebra como Patrimonio Biocultural de Importancia Mundial de la UNESCO.

Gracias a la visión compartida por Emilio padre e hijo, el *Agave cupreata*, de puntas cobrizas y una calidad ecológica maravillosa, y muchos otros parientes silvestres se están recuperando. Ese agave ahora es lo bastante abundante para ofrecerles sus hermosos jugos a quienes le ayudaron a aumentar su población. A su vez, esa abundancia ha ayudado a que una especie de polinizadores, antes en peligro, también se recobrara: el murciélago trompudo. Se trata de un murciélago migratorio que frecuenta por temporadas las cuevas de las barrancas cercanas y los quiotes nocturnos de los agaves que florecen en los acantilados.

Si bien las flores están abiertas cuando los colibríes las visitan durante los largos días de verano, el polen solamente es viable para fertilizar otras flores durante la noche. Incluso el polen que los colibríes o las abejas mueven de una planta a otra durante el día podría no ser viable, lo que exacerba aún más la dependencia del agave en los polinizadores nocturnos. En noticias agradables, el famoso Hombre Murciélago de México ha hecho estudios de campo nocturnos para confirmar que la comunidad de murciélagos trompudos del rancho El Limón baste para mantener la recuperación. Los murciélagos hacen la mayor parte de la polinización para sus agaves, y Emilio atribuye su abundancia a los incansables esfuerzos de cuidados que le enseñó su padre.

La simbiosis murciélago-agave es aumentada por la simbiosis humano-agave para mantener la prosperidad de los magueyes silvestres y sabrosos mezcales en nuestras jicaritas y caballitos. Sin embargo, ¿cómo es esa relación mutualista y coevolutiva entre los murciélagos y los magueyes que se ha mantenido durante tantos siglos?

Para empezar, observemos la forma y el tamaño de un murciélago trompudo hembra y la manera en la que vuela desde Michoacán, Colima y Jalisco hasta Arizona y Sonora en su ciclo migratorio de 1,500 millas (2,400 kilómetros) cada año. Tiene un hocico mucho más largo que los demás murciélagos de su región, pues debe meter la cabeza en los tubos profundos de las flores de los magueyes y los cactus mientras se mantiene en vuelo frente a ellas. También tiene una lengua bastante larga y con punta de cepillo para recoger el néctar y el polen de las pálidas flores nocturnas del agave. De hecho, puede sobrevivir únicamente con una dieta de néctar y polen de ser necesario, algo que otros murciélagos agaveros no necesariamente logran; ellos también recurren a comer insectos.

Por su parte, cada noche, las flores del agave liberan copiosas cantidades de un néctar aguado y rico en azúcares y un polen rico en proteínas, para incitar a los murciélagos a mover su polen a otras flores. Las flores que coevolucionaron con los murciélagos polinizadores suelen tener solo una tercera parte de la sacarosa, pero más hexosa que las flores polinizadas exclusivamente por abejas. La hexosa está asociada con un aroma almizcleño fácilmente discernible por los murciélagos por la noche, que puede atraerlos a un racimo de flores desde una distancia considerable. Y, por supuesto, puede que haya paralelos entre la forma, longitud y anchura del hocico de los murciélagos y las flores tubulares de los agaves.

Incluso las lenguas acanaladas y llenas de protuberancias de los murciélagos están altamente adaptadas para recolectar polen y néctar, perfectamente moldeadas para cosechar esos recursos durante toda la duración de una visita a una flor. Se trata de un mecanismo especial de recolección de fluidos no visto en ningún otro mamífero del mundo.

Los murciélagos nectarívoros son buenos volando, pero también tienen la capacidad de mantenerse en un solo sitio y moverse entre una flor y otra mientras cada una derrama néctar en su tubo. Se ha visto a murciélagos trompudos visitar el mismo racimo de flores de maguey entre 200 y 300 veces en una noche. Pueden hacer salidas de unas 10 a 20 millas (16 a 32 kilómetros) con facilidad para buscar comida desde sus cuevas durante cualquier noche de su migración, pero quizá requieran el néctar de hasta 500 flores para impulsar todo su ciclo migratorio en ambos sentidos.

Los murciélagos nectarívoros que visitan los quiotes desde la mitad del verano hasta el fin del otoño tienen un fuerte sentido del olfato y una vista bastante buena para detectar unas cuantas flores pálidas de maguey en el cielo nocturno. Los agaves hacen que sus flores sean más visibles entre la vegetación desértica y tropical izándolas en imponentes quiotes que las elevan hasta 48 pies (15 metros) por encima del suelo. Se requiere muchísima energía para generar los imponentes quiotes que elevan sus flores más alto que otras plantas en los desiertos arbóreos, bosques de pino y encino y selvas tropicales de Norteamérica. Quizá la razón por la que han erigido los tallos floreados más altos del mundo es que sirven como letreros para indicarles a los murciélagos migratorios que se detengan durante su recorrido nectarívoro.

En general, la mayoría de los agaves silvestres necesitan echar buena semilla para que sus poblaciones sobrevivan, por lo que no solo han recibido con los brazos abiertos las visitas de los murciélagos, sino que han moldeado su arquitectura y sus recompensas florales para fomentarlas.

Ha habido muchos obstáculos para mantener con vida el baile simbiótico entre los murciélagos y los magueyes, para que llegara al nuevo milenio. Algunos de los esfuerzos de Emilio y otras personas parecen estar funcionando, pues tienen un valor conservacionista tangible. Estamos en un momento histórico en el que las poblaciones de murciélagos antes amenazadas parecen estar recuperándose, y se están plantando millones de agaves en México y el suroeste de los Estados Unidos.

El Tequila Interchange Project, el Instituto de Ecología de la UNAM, Agave Power, la iniciativa Sembrando Vida, Heifer International, la Wild Agave Foundation, la Borderlands Restoration Network, el Colectivo Sonora Silvestre y Bat Conservation International son algunos de los muchos actores inspirados por Rodrigo y David. A pesar del éxito inicial de tales iniciativas, no deberíamos olvidar cuán amenazadas siguen estando las poblaciones de murciélagos y de magueyes.

Hace apenas un siglo ya había señales de alerta a la vista de cualquier mezcalero que pusiera atención: los murciélagos estaban escaseando y la sobrecosecha de agaves para hacer mezcal era la responsable.

Una pequeña parábola de la época de la Revolución mexicana puede ayudarnos a comprender el poder de atracción y el peligro inminente que representan los mezcales destilados a partir de magueyes silvestres. Antes de que se estableciera la opresiva ley seca, se cultivaban varios tipos diferentes de agave, casi siempre junto a los que se cosechaban en la naturaleza.

Como ya hemos mencionado, los sonorenses cuidaban el bacanora en los matorrales subtropicales libres de heladas de la Sierra Madre; dos variedades cultivadas de *Agave rhodacantha* (para hacer mezcal yocogihua) en la transición entre los matorrales subtropicales y los bosques enanos tropicales; lechuguilla en los mezquitales al borde del desierto y una variedad de magueyes más localizados, como *tauta*, *vicho* y *jaiboli*, en grupos pequeños.

Justo antes de que Calles cerrara todas las plantaciones de agave para destilar en Sonora, la cosecha de magueyes silvestres y el cultivo de los domesticados generaba entre 400,000 y 850,000 litros de espirituoso para aliviar la boca seca de los habitantes del desierto de Sonora.

Al calcular la cantidad de magueyes maduros requeridos para producir 850,000 litros de alcohol destilado sin añadir nada de caña de azúcar a las tinas de fermentación, estimamos que se cosechaba al menos un millón de agaves de crecimiento lento en Sonora al año hasta 1910. Cuando la Revolución mexicana estaba arreciando, ya había tanta demanda de alcohol de parte de ambos bandos que los maestros mezcaleros sonorenses descubrieron que las poblaciones de agaves silvestres a su disposición estaban escaseando.

En ese entonces, había un gran malestar social en el estado. Este alcanzó su clímax tras la masacre de mineros en la huelga del pueblo serrano de Cananea, Sonora, en 1906. Ese suceso trágico fue uno de tantos catalizadores la Revolución mexicana.

Cuando la guerra total estalló en Sonora en 1910, la cantidad de vinatas o destilerías legales disminuyó repentinamente una quinta parte. La producción de mezcal pasó a la clandestinidad, y 1,000 microdestilerías brotaron como flores del desierto en los años subsiguientes.

Incapaces de seguir cultivando agaves domesticados, los mezcaleros buscaron barrancas remotas para destilar. Sus lugares preferidos para esconder sus alambiques eran los fondos de los cañones, debajo de manantiales y en medio de grandes poblaciones de dos o más especies silvestres de agaves. Ahí, con una mula y un machete, podían trabajar clandestinamente para hacer «aguardiente» de agave clandestino.

Fue entonces cuando los productores clandestinos se convirtieron en *mochomos*, una pintoresca metáfora sonorense que los comparaba con las hormigas que cosechan hojas de plantas desérticas durante el día, para fermentarlas en huertos subterráneos con la ayuda de hongos por las noches. Al igual que esas hormigas nocturnas que estuvieron entre los primeros «agricultores» del mundo, los destiladores fermentaban y luego concentraban la potencia de sus depósitos de carbohidratos vegetales para consumirlos el resto del año.

Si bien los agaves silvestres sonorenses eran más pequeños que los que se cultivaban antes de la Revolución, eran divinamente sabrosos y podían obtenerse sin ayuda de la importante mano de obra requerida para administrar una plantación mezcalera.

Así, durante los siguientes 80 años, casi todos los niños sonorenses eran reclutados por sus padres o tíos para trabajar un rato haciendo mezcal. Ayudar a su padre y tíos a producir las reservas de mezcal que requerirían durante todo el año se convirtió en un rito de paso o medalla de honor para todo sonorense que viviera sin refrigerador para enfriar unas cervezas.

Debido al valor cultural añadido que una botella de bacanora clandestino tenía frente al tequila o los mezcales oaxaqueños, es posible que la cantidad de destiladores en Sonora aumentara durante la prohibición.

Ya que los alambiques eran móviles, los mezcaleros podían levantar sus cosas e irse a otro lado si un alguacil les pedía demasiada mordida.

Sin embargo, los alambiques itinerantes les permitían recuperarse a algunas poblaciones de agaves antes de que volvieran a cosecharlas. Además, la mayoría de los jimadores de ese entonces estaban entrenados por mezcaleros ancianos para «podar» en vez de cosechar destructivamente todas las plantas conectadas por rizomas subterráneos, de modo que las poblaciones de magueyes no necesariamente decrecían.

Todas esas tradiciones empezaron a cambiar hace unos 30 años. Para principios de los noventa, cuando el interés global por los mezcales empezó a aumentar exponencialmente, los sonorenses abolieron las restricciones de la prohibición. De hecho, el gobierno del estado empezó a promover el bacanora como producto legal, siguiendo la vía establecida por los productores de raicilla en Jalisco y de sotol en Chihuahua.

Fue en esa época cuando los ecólogos notaron por primera vez indicios serios de sobrecosecha en Sonora. Las nuevas iniciativas para legalizar el mercado habían precipitado la extracción de hasta dos millones de magueyes al año, ya fuera para trasplantarlos en campos alrededor de las destilerías renovadas o para tatemarlos a una escala no vista desde hacía décadas. Las destilerías ya no eran alambiques itinerantes, y su impacto en las poblaciones de agave circundantes podía medirse con más facilidad.

El colmo era que los destiladores apoyados por corporaciones contrataban desempleados o expresidiarios para meterse al monte y cosechar cualquier maguey casi maduro que encontraran. Si bien la mayoría de las vinatas bien establecidas de familias sonorenses tradicionales no permitían que esa clase de saqueo ocurriera en sus tierras, había muchos reportes de cosechas ilegales y clandestinas en ejidos y reservas.

Curiosamente, el toque de clarín de la sobrecosecha que finalmente llegó a oídos de los políticos no provino directamente de los mezcaleros —aunque muchos refunfuñaban con sus familiares sobre el ritmo de la pérdida—, sino de los biólogos y conservacionistas de polinizadores. Alrededor de 1980, la bióloga de murciélagos Donna Howell contactó a Gary y le pidió que le presentara a alguno de sus amigos productores de destilado de agave clandestino al sur de la frontera. Ella trabajaba con murciélagos polinizadores de agaves en la sierra de Chiricahua, en el sureste de Arizona.

La doctora Howell tenía la hipótesis de que, a falta de murciélagos, la polinización exitosa de *Agave palmeri* se había desplomado precipitadamente en algunos lugares, lo que sugería un declive simultáneo en la población de murciélagos y la reproducción de las plantas. Por eso quería hacer su documental en el norte de Sonora, donde la industria clandestina de destilado de agave seguía siendo popular.

Para demostrar su tesis, Donna nos mostró que había estado abriendo las vainas de *Agave palmeri* —o lechuguilla del norte sonorense— en las sierras áridas donde llevaba años midiendo las poblaciones de murciélagos. Al contar las marcas negras al interior de las vainas, que indicaban cuántas semillas fértiles se habían producido, su conteo era sorprendentemente bajo, lo que indicaba que quizá ningún murciélago había visitado las flores: solo abejas.

Pero cuando Donna nos llevó a un herbario de especímenes secos para contar las estriaciones negras de las vainas recogidas en la misma sierra décadas atrás, eran muchas más. Ella estimaba que las poblaciones actuales de ese agave solo estaban consiguiendo 1/3000 del potencial reproductivo que habían demostrado en décadas anteriores, ¡a pesar de que los siguieran polinizando las abejas y los colibríes!

Le alarmaba cuánto se estaba perturbando la simbiosis murciélago-agave, y alertó a Gary y muchas otras personas de los riesgos a los que se enfrentaban.

Gary guio a Donna y a su equipo de filmación a conocer a un mochomo en el río Moctezuma, no muy lejos de donde ella había hecho su trabajo de campo en la sierra de Chiricahua. El maestro que accedió a que lo filmaran, Joaquín Martínez, estimaba tranquilamente que cortaba entre 400 y 500 plantas al año para hacer mezcal lechuguilla y mezcal bacanora. No sintió vergüenza al declarar que otros productores cosechaban muchos más agaves, muchas veces sin dejar que «parieran» o se propagaran vegetativamente para mantener la población.

La disposición de Joaquín a hablar abiertamente del tema no solo era honorable, sino que indicaba el nivel de seriedad del dilema. En los viejos tiempos de la prohibición, si hubiera admitido en público que tenía su propia destilería, lo habrían metido a la cárcel unos tres o cuatro días sin comida. Lo habrían obligado a pagar una multa y a entregarle todas sus botellas de mezcal al alguacil.

Pero luego, las regulaciones legales habían sido relajadas por alguaciles más favorables a la tradición, y Joaquín y otros 15 mezcaleros estaban produciendo todo lo que podían. A causa de la sobrecosecha de algunos, ahora tenía que recorrer hasta 45 millas (70 kilómetros) para conseguir materia prima.

¿Qué tan lejos tenían que ir los murciélagos de la zona para conseguir suficiente polen y néctar para sobrevivir? No lo sabemos con certeza, pero cuando los agaves y cactus escasean, estimamos que podrían recorrer hasta 120 millas (200 kilómetros) en una sola noche para buscar fuentes de néctar abundantes con cuevas seguras para descansar cerca. Las distancias podrían aumentar en paisajes en los que los cosechadores sonorenses han cortado al menos tres especies de agaves particulares inmediatamente antes de que florezcan. En la única zona del estado que investigamos, al menos 7,500 agaves estaban siendo cortados antes de que generaran las flores requeridas para nutrir a los murciélagos.

En 1983, cuando se estrenó internacionalmente su polémica película *The Bat, the Blossom, and the Biologist*, Donna Howell comentó: «Esta falta de alimento es responsable de la bien documentada aniquilación de las poblaciones de murciélagos nectarívoros, sobre todo durante los últimos 35 años». El declive en la cantidad de semillas producidas, como lo demostraron nuestro trabajo de campo y la meticulosa revisión que hizo Donna de los especímenes históricos de agaves encontrados en herbarios, demostraban sin lugar a dudas un declive paralelo al declive en las poblaciones de murciélagos.

Entre los conservacionistas de murciélagos y los de polinizadores, Howell se convirtió en un Paul Revere cabalgando por la noche para advertirles a los demás del peligro inminente. Habría consecuencias por interrumpir los mutualismos o simbiosis entre los murciélagos y los magueyes… o entre los magueyes y los bebedores de mezcal. Si queremos beber sin culpa, no podemos seguir sobrecosechando agaves sin pensar en las consecuencias para la fauna silvestre que depende de ellos.

El trabajo fundacional de Howell inspiró a más investigadores y, en conjunto, sus resultados empezaron a cambiar lentamente el mundo de la conservación del agave y la producción de mezcal. Dio luz a la campaña Forgotten Pollinators, que Gary cofundó con el ecólogo Stephen Buchmann, y luego a la iniciativa millonaria Migratory Pollinators, que le permitió entregarles fondos urgentes a conservacionistas de murciélagos como Rodrigo Medellín, Ted Fleming, Merlin Tuttle y Karen Krebbs. Además del aumento en el financiamiento para ayudar a monitorear el estatus de los murciélagos a lo largo de todo su corredor migratorio, Gary y sus aliados de pronto tuvieron reuniones con los políticos ambientales de más alto rango de México y los Estados Unidos. Ellos movilizaron a muchos más profesionales ambientales para proteger a los murciélagos y los agaves de lo que habría podido imaginarse.

A eso le siguió el impresionante trabajo del Tequila Interchange Project, que demostró que algunos productores de tequila y mezcal estaban completamente dispuestos a colaborar para restaurar los mutualismos murciélago-agave en sus paisajes locales, para beneficio de todos. La migración de los murciélagos trompudos puede cubrir entre 750 y 930 millas (de 1,200 a 1,500 kilómetros) o más a lo largo de una variedad de tierras públicas y privadas que albergan muchos tipos de hábitats y cuentan con diversas clases de gestión de la vegetación. Eso significaba que ni siquiera el buen trabajo de mezcaleros diligentes como Emilio Vieyra Rangel podría bastar para mover la balanza, a menos que reclutáramos a otros administradores de tierras para acrecentar sus esfuerzos. Se requerirían pueblos enteros, engarzados como cuentas en el mismo «corredor del néctar» por el que se desplazan los murciélagos migratorios.

Por fortuna, empezaron a surgir muchas iniciativas públicas y privadas más para plantar agaves y proteger refugios de murciélagos desde Michoacán hasta Sonora y Arizona. El descubrimiento de nidos antes desconocidos de murciélagos trompudos, combinado con el inicio de campañas importantes de reforestación de agaves, bastó para que la comunidad internacional tachara a este polinizador del maguey de la lista de especies en peligro crítico de extinción en 2018, el primer murciélago en lograrlo.

Como profetizó el propio Rodrigo, el Hombre Murciélago, hace casi dos décadas:

Todavía nos queda trabajo más que suficiente en el futuro cercano para conservar los murciélagos y los agaves en México. Hemos dado los primeros pasos y ahora el programa requiere una planeación estratégica sólida, muchos participantes y un esquema colaborativo confiable. Las circunstancias y situaciones nunca han sido más prometedoras para lograr la conservación de los murciélagos y los agaves; nunca habrá un mejor momento que ahora.

CAPÍTULO 13

UNA AGRICULTURA DEL AGAVE

Cuando viajamos por América y a paisajes subtropicales áridos en otros continentes, siempre nos asombra ver que los agaves crecen en los lugares más elegantemente austeros del planeta. Si bien gran parte de los matorrales y flores silvestres de esos paisajes se agachan para expandir sus raíces hacia cada recoveco del suelo seco, los magueyes parecen cernerse sobre ellos. Con sus pencas aleteando alrededor de sus corazones, a veces parecen listos para volar a sitios más elevados, como las libélulas y los helicópteros cada vez que atrapan una ráfaga caliente y se levantan del suelo con una facilidad impresionante.

Para nosotros, los agaves están listos para volar hacia nuevas funciones que podrían sernos de gran ayuda en estos tiempos de cambio climático acelerado. Dados el pronóstico de que la demanda de mezcal y otros destilados de agave se multiplicará entre tres y siete veces en la próxima década y las señas de declive de muchas poblaciones de agaves silvestres, ¿qué clase de producción agrícola del maguey podría ayudarnos a afrontar esos retos? ¿Podemos frenar las pérdidas?

Quizá te sorprenda escuchar que el tipo de hábitats agrícolas nuevos que añoramos para Mezcalandia no se parecerán mucho a Tequilandia, donde surco tras surco de pencas afiladas de un azul polvoriento cubren el suelo en patrones interminables, sin nada que las separe del cielo igualmente azul. Y todos los mezcales que se produzcan en el futuro no

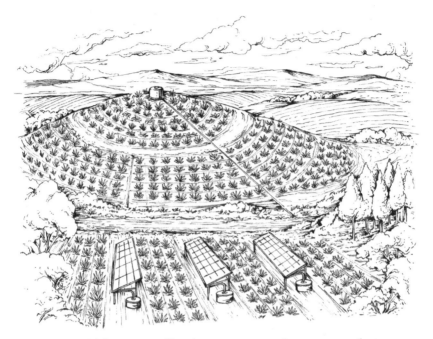

Granja del futuro, con filas de agaves separadas por agrovoltaicos.

sabrán ni se sentirán como los tequilas del último siglo de auges y crisis constantes. Tratemos de imaginar algunas de las nuevas funciones que quizá asuman los agaves en este Planeta Desierto.

Cierra los ojos e imagina otro futuro para nuestras plantas bebibles preferidas. Ábrelos de nuevo. Quizá hayas atisbado un escenario donde las rosetas suculentas de agaves grises, verdes y azules crecen juntas, a la sombra parcial de los mezquites, huizaches, bonetes o guamúchiles, junto con nopales arborescentes, enredaderas de pitayas e imponentes cactus órganos.

En el remoto caso de que lleguen lluvias abundantes como solían, los tallos de las legumbres se extenderán por la tierra bajo las pencas, fijando nitrógeno por doquier, y los agricultores plantarán plantas nutritivas y tolerantes al calor, como amaranto, chía, garbanzo, romerillo, huauzontle, linaza, ajonjolí, frijol tépari y verdolaga.

Los árboles en plantaciones agroforestales o en los bordes de los campos ofrecerán toda la leña requerida para hacer mezcal a partir de los agaves que rodeen. Las pencas podadas serán trituradas, fermentadas y mezcladas con harina de mezquite para alimentar cabras, borregos, codornices o gallinas. Las icónicas milpas mesoamericanas renacerán y se expandirán, con magueyes salpicados entre las muchas razas de maíz, frijol y calabaza.

En un futuro así, los agaves se cultivarán y se les permitirá madurar y florecer en cantidades suficientes para aliviar a las poblaciones silvestres, pero nunca en un monocultivo tan vulnerable a las enfermedades como ahora. Y ese policultivo de magueyes, cactáceas y árboles robustos secuestrará mucho más carbono para frenar el cambio climático que cualquier tipo de cultivo anual en el mundo.

¿Te suena muy fantasioso, muy exagerado y muy imposible? Pues ya hay modelos agroforestales viables funcionando en Arizona, Sonora, las islas Canarias y los oasis de los desiertos del norte de África. Pero en ninguna otra parte del mundo hay modelos de agaves engarzados en un policultivo de lento crecimiento de alimentos y bebidas tan prometedores —ni tan lucrativos— como en Techaluta de Montenegro, Jalisco, o en el rancho Vía Orgánica, a las afueras de San Miguel de Allende, Guanajuato.

Un día soleado de enero, recorrimos las planicies cubiertas de hierba y las playas salobres a 20 minutos al oeste del lago de Chapala, donde miles de aves migratorias se estaban congregando para pasar el invierno. Sin embargo, al alejarnos de la carretera y empezar a subir por las laderas volcánicas hacia el pueblo de Techaluta de Montenegro, el paisaje se volvió más agrario y sus habitantes, más heterogéneos.

Cuando decidimos orillarnos y bajar del vehículo para mirar a nuestro alrededor, nuestros acompañantes no estaban muy seguros de saber qué estaban viendo. El edredón de retazos de suculentas y árboles parecía muy peculiar porque la mezcla de plantas ante nosotros incluía muchas clases de cultivos, no solo los dos tipos de magueyes cultivados para la mayoría de las destilerías.

Esos patrones espaciales y formas de cultivos simplemente no encajaban en los estereotipos de la agricultura moderna «convencional» en absoluto. Eran filas curvas de agaves junto a filas de cactus altos. El maíz, el frijol y la calabaza nativos estaban «cultivados en corredores» entre las suculentas espinosas, en franjas de 10 a 15 pies (3 a 5 metros). También había pitayas posadas o enredadas en los troncos de árboles de raíz profunda que brindaban sombra parcial desde los bordes de los campos y en su corazón mismo. Esos perennes leñosos incluían mezquites, con sus vainas dulces; guamúchiles, con sus hermosos troncos de madera dura; y bonetes, un pariente de la papaya que presenta una fruta grande y comestible de deliciosa carne roja y amarilla.

En los árboles más viejos, los tallos como parras de las pitayas surgían directamente de las corvas, incluso donde parecía no haber tierra depositada para abrigar sus raíces. Y, sin embargo, en el verano siguiente, cuando algunos de nosotros visitamos Techaluta de nuevo, vimos agricultores cosechando su preciada fruta para venderla en los mercados más elitistas de la bulliciosa metrópolis de Guadalajara.

Sí, esa «agroforestería», «intercultivo» o «policultivo» de varias formas de vida podría haber desconcertado a un granjero convencional. A un turista estadounidense o canadiense que se perdiera en el camino de vuelta de los mercados de artesanías del lago de Chapala o de las atracciones similares en el distrito de Tlaquepaque de la capital de Jalisco le parecería caótico, o incluso improductivo.

Quizá sea indisciplinado, pero no improductivo. Los agricultores de Techaluta están involucrados en un empeño agrícola supremamente productivo, resiliente y lucrativo que ofrece alimento y bebida a su propia comunidad, y cuyo excedente se vende en Guadalajara y Los Ángeles.

Los 4,000 miembros de las familias agrícolas de Techaluta obtienen ingresos respetables vendiendo miles de frutas frescas en mercados especializados y ofreciendo sus agaves a destiladores de mezcal artesanal de su zona. Las mujeres más emprendedoras del pueblo preparan ponches, mermeladas y salsas a partir de sus cosechas familiares para venderlos en puestos carreteros y festivales regionales. Y sus magueyes grandes y sanos obtienen ofertas mucho más altas de parte de los destiladores de lo que incitan los clones de *tequilana azul*.

Eric Toensmeier, quien trabaja en soluciones agrícolas para el cambio climático como investigador sénior en Project Drawdown, confirma que los policultivos perennes como los de Techaluta suelen producir más alimentos y bebidas y secuestrar más carbono por área plantada que los monocultivos de agave u otras plantas aisladas.

Presintiendo la misma posibilidad, la ecóloga mexicana Verónica Zamora-Gutiérrez ha trabajado con los agricultores de Techaluta y se ha ganado su respeto y su afecto. A veces la acompaña un equipo de zoólogos, ecólogos especializados en polinización y economistas británicos y australianos. Llegan a los potreros y las zonas silvestres de Techaluta para ayudarle a evaluar el papel de los murciélagos nectarívoros en esos paisajes agrícolas. Lo que han descubierto mediante sus colaboraciones con los agricultores de Techaluta es que cuidar a los murciélagos polinizadores de la región brindándoles acceso a las flores de más agaves y cactáceas en sus campos aumentó considerablemente el valor de sus cosechas.

¿Cómo puede ser? Para empezar, hay que tomar en cuenta que cuando los agricultores de Techaluta se enteraron de que había una demanda comercial por los magueyes y cactáceas que crecían en las laderas cercanas a sus tierras, los empezaron a cultivar para aumentar la densidad, la productividad y los cuidados brindados a esos recursos. Eso, sin duda, atrajo y mantuvo una mayor población de murciélagos, pues había más polen rico en proteínas y néctar rico en energía para alimentarlos en ese paradero de su ruta migratoria.

Sin embargo, lo que eludió a los científicos agrarios durante años fue que los murciélagos estaban mejorando el valor de las cosechas gracias a sus servicios de polinización efectiva. En el caso de las cactáceas frutales de Techaluta, la mayor frecuencia de polinización brindada por los murciélagos (y no solo abejas o colibríes) aumentó la cantidad de frutas, su tamaño y el contenido Brix de azúcares solubles en la deliciosa pulpa y los ricos jugos de la pitaya.

Cuando los murciélagos fueron excluidos de las flores de los cactus órganos de tal manera que otros polinizadores (abejas y aves) aún pudieran entrar, produjeron 35% menos fruta, su tamaño y peso se redujo casi a la mitad, su vida útil disminuyó y eran 13% menos dulces que las polinizadas por murciélagos. Los agricultores no solo cosechaban más fruta cuando incitaban a los murciélagos a visitar las flores, sino que esta era de una calidad tan superior que exigía un mejor precio en el mercado.

Podríamos argumentar que podría estar ocurriendo una tendencia similar, pero más sutil, con los agaves. Como los magueyes cultivados en Techaluta suelen provenir de plantas silvestres o cultivadas polinizadas a cielo abierto, tienen el potencial de expresar un mayor vigor híbrido y variabilidad. Obtienen precios mucho más altos por ejemplar en el comercio tapatío de viveros que el de los propágulos clonados de *tequilana azul*. Es probable que brinden más sabor y aroma a los destilados de agave si se les permite madurar más que a los especímenes precoces de clones de *tequilana azul*. También es probable que sean menos vulnerables a las plagas si se cultivan en policultivos de edades, variedades y especies diferentes.

En las comunidades rurales de Jalisco, San Luis Potosí, Durango, Puebla y Oaxaca, los trazos contemporáneos de las plantaciones agroforestales hacen eco de las formas de agricultura más perdurables que solían dominar Mesoamérica y Aridoamérica. Algunos elementos de esos antiguos sistemas de producción alimenticia se están resucitando para generar una agricultura lenta «amigable con el medio ambiente» que podría ayudar a los futuros agricultores de México y el suroeste de los Estados Unidos a resistir los desafíos del cambio climático.

La agricultura lenta es una forma de cultivo que brinda cosechas estables de alimentos y bebidas año con año, sin abusar de sus recursos. Es posible que los agaves cultivados para hacer mezcal en esos intercultivos agroforestales sean el mejor ejemplo de tales sistemas agrícolas y de su contribución a la producción de destilados únicos. Las muchas especies de maguey, la leña necesaria para tatemarlas y las hierbas y frutas usadas para infusionarlas son producidas todas en el mismo policultivo.

El lugar en el que este movimiento paciente por un cultivo de agave ecológico resulta más refrescante es el rancho Vía Orgánica, un centro de capacitación en agricultura regenerativa y restauración de pastizales a menos de media hora de San Miguel de Allende, en el estado de Guanajuato. Ahí, Ronnie Cummins, Juan Flores y Gerardo Ruiz Smith han estado usando magueyes y sus acompañantes para producir comida, forraje, combustible, bebidas fermentadas y secuestro de carbono durante los últimos años.

Cuando visitamos su rancho en abril de 2021, nos asombró lo hermoso, saludable y productivo que puede ser un policultivo bien administrado. Había agaves por doquier, pero también mezquites, granadas, cabras y unos huertos preciosos. Los campos, vergeles y pastizales de Vía Orgánica son tan prodigiosos que con sus cosechas de temporada pueden alimentar nutritivamente a 70 empleados, pasantes y visitantes durante todo el año.

Eso se debe a que todos los edificios tienen una cisterna que retiene toda el agua de lluvia recolectada en la tierra arable, los estacionamientos, los techos y los senderos. Estamos hablando de un rancho en un paisaje semiárido, a una elevación de 4,000 pies (1,200 metros), que no necesita bombear agua de pozos, pues las cisternas y los suelos ricos en materia orgánica retienen todo lo que necesita. Las cisternas de Vía Orgánica se mantuvieron llenas y sus cultivos, bien irrigados, a pesar de que el 87.6% de la tierra cultivable mexicana entró en peligro de sequía ese mismo año.

Como si administrar un rancho experimental de 200 acres (80 hectáreas) como centro de capacitación en agricultura regenerativa no bastara, el cofundador, Ronnie Cummins, ha estado trabajando por construir una coalición que inició el Billion Agave Project en todo México. El objetivo de esa iniciativa de la organización sin fines de lucro Regeneration International es plantar 1,000 millones de agaves a nivel global para extraer y retener mil millones de toneladas del CO_2 que está desestabilizando el clima. Como Ronnie nos recordó varias veces durante nuestra estadía, trasplantar magueyes en densidades moderadamente altas en tan solo el 1.1% de la superficie mexicana podría compensar por completo todas las emisiones de carbono de la República.

Después fuimos con Ronnie, el agrónomo Juan Flores y el perma-culturista Gerardo Ruiz a un corral al que acababa de llegar un rebaño caprino a descansar y comer. Algunos pasantes estaban mezclando fru-tos de mezquite con pencas de agave fermentadas. En cuanto echaron el forraje en los comederos, los perros guardianes del rebaño corrieron por delante para comer primero. Las cabras no tardaron en seguirlos y se arremolinaron alrededor de los comederos como si fueran imanes, hasta terminárselo todo.

Mientras caminábamos varios cientos de yardas hacia donde esta-ban metiendo las pencas en una trituradora personalizada, Ronnie nos siguió explicando el potencial del policultivo basado en maguey para sacar de la pobreza a familias de bajos ingresos. Borboteaba de entusias-mo mientras detallaba los múltiples beneficios para los hogares más po-bres del valle.

La alfalfa y la paja que se pueden comprar por aquí son extremada-mente caras, así que los pastores no tienen acceso a ellas. [...] Tratan de arreglárselas con el poco pasto y hierbas que brotan en sus plan-taciones de pulque destartaladas. Pero ahora, en un paisaje semiári-do [...] que sufrió históricamente de sobrepastoreo de reses, cabras y borregos, tenemos un sistema agroforestal con agaves y mezquites que reduce la presión de los frágiles pastizales, y a la vez mejora la salud del suelo y la retención de agua. El ganado —en particular los borregos y cabras— gana más peso con nuestro forraje de maguey y mezquite, y produce carne más sabrosa. Los precios más elevados que obtienen en el mercado pueden darles un margen de ganancias a los pastores, en vez de hundirlos aún más en deudas.

Lo mejor de todo es que los agaves y sus mezquites nodriza están ex-trayendo y almacenando cantidades enormes de CO_2 atmosférico para frenar o mitigar el cambio climático.

¿Cómo lo logran? Entre sorbos de pulque curado, Ronnie garabateó cifras en una servilleta y luego nos detalló sus cálculos. Según él y Juan, en cuanto un sistema tiene 2,000 magueyes sembrados en franjas con 500 árboles como mezquites, capulines y granadas, los agaves pueden secuestrar cientos de toneladas de carbono aunque se coseche el 20% de ellos cada año. Si tomamos en cuenta la extracción de carbono de las especies arbóreas del sistema, este consigue uno de los mejores valores de secuestro de carbono de cualquier sistema de cultivo en el mundo: alcanza con facilidad las 500 toneladas métricas de carbono por hectárea, en un policultivo desértico.

Si el valor de proteger a los agricultores del cambio climático no es razón suficiente para que incluyan agaves en sus campos, Ronnie nos recordó los flujos de ingresos que provienen de este sistema de policultivo: aguamiel, pulque, mezcal, jarabe de savia dulce, miel y harina comestible de mezquite, tuna y otras frutas de cactáceas, capulines, granadas, leña, carne de cabra, cordero y res. Como activista agrario, a Ronnie se le da bien reiterar que esos nuevos flujos de ingresos provenientes de la administración holística de agaves intercultivados bastan para eliminar la deuda y brindarles prosperidad a los campesinos pobres:

> Combinando el valor de mercado de las pencas y las piñas de las tres variedades de agave más productivas que cultivamos en Vía Orgánica, llegamos a un valor de mercado bruto de 152,500 dólares por hectárea —eso son 61,538 dólares por acre— durante 10 años. Cada año —a partir del segundo— cosechamos el 20% de las pencas de cada maguey, que luego vuelven a crecer y reemplazan la biomasa cosechada para hacer forraje fermentado para el ganado. La capacidad de forraje de agave (mojado, no seco) en este policultivo perenne alcanza un promedio de 100 toneladas al año, si se estima durante 10 años. Y eso constituye una de las fuentes más baratas de alimento para cabras, borregos y reses que se puedan conseguir en zonas desérticas.

Muchas de las afirmaciones de Ronnie son confirmadas por otros investigadores del agave. Exequiel Ezcurra, uno de los principales ecólogos vegetales que trabajan en los desiertos mexicanos, no puede minimizar la promesa que los magueyes les ofrecen a los campesinos mexicanos que se enfrentan a condiciones de cultivo más calientes y secas: «Como plantas de metabolismo CAM [metabolismo ácido de las crasuláceas, por sus siglas en inglés], los agaves ofrecen inmensas posibilidades de nuevos cultivos con una alta eficiencia en el uso del agua, un problema que será cada vez más importante en la agricultura mexicana».

Hay muchas razones por las que deberíamos empezar a usar de inmediato más cultivos CAM como los magueyes en sistemas de policultivo. Solo hay que observar los cultivos templados predominantes (que usan el metabolismo C3, más demandante de agua), para ver que la agricultura en dos terceras partes de México y el árido suroeste de los Estados Unidos está descompuesta. Cientos de miles de acres están quedando improductivos —150,000 acres arables tan solo en Arizona entre 2021 y 2023— debido a las presiones múltiples en los balances de los agricultores. Las olas de calor y las sequías que han golpeado una y otra vez la agricultura del Cinturón del Sol han reducido las cosechas drásticamente y a la vez aumentado los costos. Eso se debe a que la mayoría de las verduras, legumbres y frutas han cruzado su umbral de crecimiento óptimo y rentabilidad.

No nos gusta sonar apocalípticos, pero la situación está empeorando cada vez más. Debido al reciente racionamiento de agua requerido por la sequía en la cuenca del río Colorado, los agricultores de Arizona han perdido más de un millón de acres-pies de capacidad de irrigación desde septiembre de 2021, lo que ha significado la pérdida inmediata de miles de empleos rurales y 200 millones de dólares al año en ventas. Si a eso le añadimos el hecho de que los trabajadores agrícolas en los estados desérticos se están enfrentando a un riesgo inédito de tiempo laboral perdido a causa de la deshidratación, la insolación y los accidentes relacionados con fatiga, obtenemos la tormenta perfecta (¡y sin agua!).

Pintemos un retrato más panorámico de lo que ha sucedido con la agricultura en un arco que abarca la zona fronteriza entre México y Estados Unidos y tiene el centro en Tucson, se extiende hacia el oeste a Mexicali e Imperial Valley, y hacia el este a Las Cruces, El Paso y Ciudad Juárez. Muchos valles agrícolas en los desiertos del Mojave, de Sonora y de Chihuahua han alcanzado su nivel de precipitación anual más bajo en la historia de datos registrados, con menos de una cuarta parte de la lluvia promedio que habían recibido durante los últimos 30 años. Desde 2020, la desecación de reservorios para irrigación a lo largo de los ríos del desierto ha exacerbado el sobrebombeo de mantos subterráneos con combustibles fósiles. Eso no solo ha aumentado los costos de la irrigación, sino que ha contribuido a algunas de las emisiones de gases invernadero más altas de cualquier granja en Norteamérica.

Más de tres cuartas partes de las tierras cultivables y de pastoreo en las partes áridas del suroeste de los Estados Unidos y México han sufrido de lo que antes se consideraban calor y sequía «excepcionales». Esas condiciones ahora son la norma, lo que obliga a los ganaderos a buscar alfalfa para sus reses, borregos y cabras como alimento adicional. Sin embargo, cultivar un acre de alfalfa en regiones desérticas requiere hasta nueve acres-pies de agua, alrededor de seis veces el volumen que necesita un acre de agaves. Ahora que los arroyos y manantiales antes perennes se mantienen secos durante 100 días seguidos o más al año, los rancheros también necesitan conseguir pipas de agua para dar de beber a su ganado cuando más lo necesitan.

No obstante, los magueyes parecen estar sobreviviendo y hasta prosperando en los estados mexicanos y estadounidenses más afectados por el peligroso calor y las sequías atribuidos al cambio climático mundial. En Estados Unidos, los agaves se han usado más para el «embellecimiento urbano» —xerojardinería ornamental en parques y jardines que usa prudentemente el agua— que para alimentos y bebidas en una agricultura sensata con el clima. Eso es desafortunado, pues los magueyes les habrían ayudado a los agricultores a sobrevivir las calamidades climáticas recientes con mucha más resiliencia que los sedientos cultivos anuales que usan. También habrían secuestrado suficiente carbono para compensar las emisiones de gases invernadero que han acelerado el cambio climático.

Cualquiera de esos desafíos —racionamiento de agua, aumento en el costo de la energía, efecto del calor en los cultivos y los trabajadores agrícolas— sería abrumador por sí mismo. Juntos, sugieren que el paradigma actual de agricultura convencional en regiones desérticas, en particular en el suroeste de los Estados Unidos y el norte de México, está al borde del colapso. Pero nuestras agencias federales de agricultura se han tardado en invertir en soluciones a largo plazo a esos desafíos, y algunos estados, como Arizona, han renunciado a desarrollar planes de contingencia lo bastante efectivos para repeler desastres. La mayoría de las fundaciones filantrópicas estadounidenses tienen su sede en climas más templados, a unas 20 millas (32 kilómetros) de un lago o el mar, y parecen poco conscientes de las presiones que están sufriendo los campesinos en las zonas áridas de Norteamérica.

En México, aparte de financiar la fuerza laboral del programa de reforestación Sembrando Vida, el gobierno federal ha ofrecido pocos incentivos para que las empresas involucradas en la producción de tequila y néctar de agave vuelvan a cultivar distintos tipos de agaves en los mismos potreros con otros cultivos. Esa falta de visión a futuro podría persistir hasta que los disuasores de mantener el monocultivo de tequila azul se vuelvan tan prevalentes que su paradigma caiga también. Entonces, nuevamente la necesidad se volverá la enojada madre de la invención.

Afortunadamente, la mayoría de la agricultura tradicional del maguey en México —desde la producción de pulque en los altos semiáridos al sur de Guadalajara y Monterrey hasta la de mezcal en los valles secos de la Ciudad de México y la Sierra Sur de Oaxaca— ya favorece múltiples variedades y especies entremezcladas con los cultivos mesoamericanos básicos. Aún se cultivan agaves en milpas con maíz, varias especies de frijoles, calabaza, amaranto, tomatillo, chile y una docena de quelites. Esos policultivos tradicionales han sobrevivido cinco siglos de supresión y opresión, y no es probable que desaparezcan pronto. Estamos esperando el renacimiento de esos metepantles ricos en diversidad por todo México y el suroeste árido de los Estados Unidos.

El dilema inminente al que nos enfrentamos es que la mayoría de los productores de destilados de agave que no sean tequila se sienten cada vez más tentados a adoptar técnicas agrícolas mecanizadas que aumentan el uso de combustible y agua, para tener sistemas de producción de agave más modernizados. Albergamos la esperanza de que elijan tecnologías asequibles, con un uso más eficiente de la energía y que les permitan integrar las mejores prácticas agroecológicas contemporáneas para cosechar varios cultivos en el mismo lote. Así, podrán desarrollar —en vez de rechazar— las tradiciones de la milpa y el metepantle en Aridoamérica y Mesoamérica. Pequeños tractores, cosechadores y trituradoras alimentados con biocombustibles o paneles solares pueden ser usados con pericia para reducir el trabajo tedioso sin dañar las plantas ni el suelo.

Por supuesto, no somos tan clarividentes como para predecir en qué dirección se moverá la mayoría de los pequeños productores y destiladores de bebidas de agave artesanales y ancestrales: si hacia la industrialización o hacia la innovación agroecológica. Desafortunadamente, ya hay indicios de que el cultivo de agaves espadín en Oaxaca va por el mismo camino que los desiertos azules tequileros.

En un reportaje impactante hecho para *El Universal* por Juan Carlos Zavala, uno de los periodistas más astutos de México, se muestra que el cultivo y destilación a gran escala de espadín ya está acabando con el agua, la leña, los suelos y los agaves en los valles más importantes del estado. Zavala recibió datos estatales sobre la producción mezcalera de manos de la funcionaria oaxaqueña Elena Cuevas Hernández, una escrupulosa legisladora de Morena, Oaxaca, que sabe hacer análisis científicos profundos.

Los datos de Cuevas sugieren que, para producir *cada litro* de mezcal a partir de espadín cultivado en 2019, se requirieron 20 litros de agua y seis kilos de leña. Eso es ocho veces la cantidad de agua y nueve veces la cantidad de leña usadas en la industria mezcalera en 2011, siendo que solo una tercera parte del volumen del mezcal destilado en 2019 se producía usando técnicas tradicionales a menor escala. La conclusión de Zavala fue que el costo del crecimiento de la industria del mezcal y de su imitación de la tequilera está afectando el paisaje y la fuerza laboral oaxaqueños.

Si bien a la mayoría de nosotros nos parecen preocupantes esas tendencias, somos optimistas y creemos que las microempresas tambaleantes asociadas con la mayoría de las marcas de mezcal y otros destilados de agave corregirán el rumbo hacia horizontes más sustentables y deliciosos.

Axel Visel, experto en cultivos de pocos insumos para producir bioenergía, ha resumido muy bien por qué estos resistentes cultivos suculentos serán el elemento clave de cualquier policultivo ecológico del futuro:

> Los agaves son capaces de crecer en tierras marginales que de otra forma no estarían disponibles para producir alimentos. Producen 1,034 toneladas métricas de biomasa seca por hectárea al año. En algunos casos, su productividad puede entrar en un rango comparable con el de los cultivos de biocombustible que requieren más agua y nutrientes. [...] La eficiencia hídrica y la termotolerancia de las especies de *Agave* permiten su cultivo en tierras áridas inadecuadas para la producción de cultivos básicos, lo que permite una producción bioenergética con un impacto reducido en el medio ambiente y en el mercado alimenticio global.

La eficiencia hídrica a la que alude Visel —la cantidad de biomasa comestible por el volumen de agua usado por el cultivo durante una década— puede ser cuatro veces superior que la de granos como el maíz o el sorgo, y seis veces superior que la de legumbres como el frijol, la soya o la alfalfa. En resumen, la misma cantidad de agua producirá entre dos y seis veces más comida o bebida si se la dedica al agave que a la mayoría de las legumbres, cereales y forrajes.

La creciente cantidad de agricultores y rancheros involucrados en el Billion Agave Project de Regeneration International normalmente no están interesados en plantar sus miles de magueyes en filas de monocultivo que se extiendan hasta el horizonte, como sucede con el maíz o la soya. Al igual que su profeta, Ronnie Cummins, quieren diversidad, densidad nutricional y una reducción en la emisión de gases invernadero que pueda reducir el ritmo del cambio climático a un leve ronroneo. Y las tres «hermanas pícaras» del agave —el nopal, el cactus y el chiltepín— pueden ofrecer más sabor, nutrientes y antioxidantes con menos agua que las famosas tres hermanas del maíz, el frijol y la calabaza.

Otros innovadores están interesados en cultivar plantas para hacer destilados en lotes pequeños adaptados al *terroir* único de su terruño. Quieren poner sus tierras en condiciones óptimas para el cultivo a largo plazo de agaves específicos, y su capacidad para producir leña y extraer agua sin abusar del paisaje.

Nos deleita saber que ahora hay cientos de maestras y maestros jóvenes entusiasmados por esas posibilidades, pues están preparando una visión nueva para los destilados de agave. Si pueden unir fuerzas con los cultivadores de carbono, tendrán los medios para alejarse del peligro y usar prácticas agrícolas más regeneradoras y prácticas de destilación más deliciosas a nuestros ojos, labios, narices y gargantas.

CAPÍTULO 14

✺

LA CREATIVIDAD
DE LAS MAESTRAS MEZCALERAS

De camino al valle Sola de Vega, en el suroeste de Oaxaca, pasamos bajo un letrero que decía: «Aquí el mezcal no es una moda, ¡es nuestra tradición!».

Menos de una hora después, cuando nos encontramos con la maestra Sósima Olivera Aguilar, parecía ser la encarnación de ese dicho. Y, sin embargo, casi no tuvimos tiempo para platicar nimiedades al llegar al palenque en el que estaba trabajando aquel día, pues de inmediato nos arreó de la destilería de la cooperativa Tres Colibrí hacia los campos en las laderas vecinas. Ahí era donde quería mostrarnos los agaves y los árboles para leña que estaban cultivando para el palenque.

«Vamos a subir por acá», dijo señalando nuestro destino con un machete que le llegaba casi a la cintura. Mientras se adelantaba por el sendero, tajeaba las hierbas y retiraba cualquier obstáculo que pudiera frenar nuestro ritmo.

En algún lugar más adelante, les empezó a gritar a los trabajadores, que aún no alcanzábamos a ver. Protegida por su enorme sombrero de paja, alzaba la voz para llamarlos mientras decía chistes y cantaba versos de sus canciones favoritas. Los jornaleros le contestaban. Mientras buscaba a sus hombres para presentárnoslos, pasó a toda velocidad junto a una docena de tipos de maguey, todos más altos que ella. Sósima compensa su corta estatura con una visión de largo alcance y una pasión irrefrenable por sus esfuerzos colaborativos por cambiar la manera en la que se hace y se publicita el mezcal.

Cuando la alcanzamos, mientras señalaba al anciano Juan de Jesús Díaz y a su joven ayudante, parados entre los agaves, dijo Sósima:

¿Saben qué? Estos trabajadores calificados no quieren doblegarse ante las demandas del mercado. En vez de eso, sienten que es el mercado el que se tiene que readaptar a las necesidades del agave y a las de quienes lo cuidamos. Y si Estados Unidos y Europa no entienden o no aceptan lo que estamos tratando de hacer, con gusto nos quedamos los mejores destilados de agave acá en nuestra comunidad, ¡para que la gente que entiende cuánto sudor se necesita para cada botella sea la que la pruebe y la celebre!

Sósima entonces se acercó al señor Díaz y lo abrazó. Le pidió que identificara y describiera los magueyes que estaban a nuestro alcance, y lo hizo con un léxico experto que capturaba toda la heterogeneidad que presenciábamos. Recorrió cada detalle de la forma, color y dentición de las pencas; la cantidad de años requeridos para alcanzar la madurez, y la capacidad de producir semillas o hijuelos vegetativos de al menos 12 variedades de agave que crecían en ese campo, entre plantas de maíz y calabaza: arroqueño, barrileto, coyote, espadín, mexicanito chiquito, mexicano grande, mexicano penca larga, sierra negra y tobalá.

Como pueden ver —nos susurró Sósima mientras Díaz se adelantaba para identificar otra variedad de maguey sutilmente distinta–, para él esto es más que un negocio. Para nosotros, el mezcal tradicional no solo es una mercancía: es un elemento esencial de nuestra cosmovisión... ¿Cómo se dice, *worldview*? Estamos elaborando el tipo de destilado que nos une cuando hay problemas, cuando celebramos los éxitos de nuestro esfuerzo colectivo o cuando hay momentos tristes o trágicos en nuestras vidas.

Sósima no usa el término *colectivo* de forma casual ni superficial. Ayudó a cofundar la cooperativa Tres Colibrí hace varios años en su pueblo natal, el pueblo chontal de San Miguel Suchiltepec Yautepec. Ese colectivo de comercio justo incluye ahora a más de 70 productores de mezcal, luego de expandirse al pueblo zapoteco de Villa Sola de Vega en 2010, que queda a tres horas y media de su hogar.

Sósima fundó su primera cooperativa de comercio justo cuando tenía apenas 15 años, para vender mezcales infusionados con hierbas y otros productos artesanales hechos por su abuela y otras mujeres chontales de San Miguel. A ella la inspiró y empujó a poner una tienda de comercio justo un pionero del Movimiento del Comercio Justo, el exobispo Arturo Lona Reyes, que, por coincidencia, murió el día en que conocimos a Sósima a las afueras de la ciudad de Oaxaca. Conocido como el obispo de los pobres, era común ver a Lona en eventos públicos vestido de huaraches, jeans azules y playera blanca, con un gran crucifijo de madera en el pecho. Él fue clave para iniciar muchas de las empresas cafetaleras de comercio justo en el istmo de Tehuantepec, cerca de donde creció Sósima.

El obispo Lona y sus fieles también ayudaban a jóvenes indígenas como Sósima a fundar sus propias microempresas basadas en los principios del comercio justo. Debido a sus ideas políticas radicales y a su ardiente apoyo a la Coalición Obrera, Campesina, Estudiantil del Istmo (COCEI), sufrió un intento de atentado perpetrado por justicieros de derecha, y fue obligado a renunciar a su obispado en 1998, justo cuando la cooperativa de Sósima estaba batallando por mantenerse en pie en la economía de su comunidad.

Si bien fue a la universidad para recibir educación formal y afinar sus habilidades de liderazgo emprendedor, Sósima decidió volver a las profundas raíces agrarias de su familia, que están empapadas de mezcal:

Cuando estudiaba en la universidad y estaba decidiendo dónde practicar mis nuevas habilidades y valores, de pronto me di cuenta de que siempre había querido administrar un palenque, y no solo porque quisiera destilar mi propio mezcal. Yo crecí correteando por el palenque de mis abuelos. Pensaba que era el paraíso, ¡el verdadero paraíso! Estaba juntito a un manantial que le daba agua a la destilería, así que podía correr al agua y chapotear cuando hacía calor. Podía treparme a las ramas de los árboles frutales que les echaban sombra a los tanques de fermentación y recoger todas las guayabas que quisiera. Luego podía bajarme columpiando de los árboles y espantar a las gallinas que se acercaban a las piñas tatemadas de los agaves. Recorría el piso a gatas buscando dónde habían escondido sus huevos.

Sósima continúa:

Cuando era muy chiquita y mis papás les ayudaban a mis abuelos a destilar mezcal hasta las mil de la noche, me metían a dormir a una tina de fermentación seca, donde no me alcanzaran los mosquitos. Me quedaba dormida oliendo el fermento en la madera. Y cada vez que me daba gripa o me dolía la garganta, mi mamá, que era también partera, me daba una cucharada de mezcal infusionado con hierbas para quitarme la tos.

Sósima suelta risitas entre frases.

¿Cómo podía no haber vuelto a hacer mezcal, si mi patio de juegos de la infancia era la destilería misma? Ahí fue donde me fogueé. Lo que digo es que la primera vez que me mareé fue cuando me tomé una jicarita de mezcal, cuando apenas tenía ocho años. Me curó la gripa, pero no extinguió mi fascinación por la fermentación y la destilación. No es de sorprender que después de estudiar, añorara regresar al palenque, porque fue un espacio muy formativo y creativo para mí.

Aunque creyéramos que íbamos a regresar de inmediato al palenque con Sósima, primero nos invitó a alejarnos aún más, para salir de los campos de agaves cultivados. Tenía sus razones, y hacían eco de lo que nos había enseñado el mezcalero Lalo Ángeles en Oaxaca unos días atrás:

No puedes tener un buen palenque, una destilería bien administrada que haga buen mezcal, a menos que tus productos estén basados en una agricultura sana y bien manejada. Y no puedes tener buena agricultura del agave si tu milpa está aislada de la naturaleza. Si no hay murciélagos que visiten las flores de tus magueyes para producir semillas polinizadas al aire libre para la siguiente siembra porque quitaron toda la vegetación natural de los alrededores con *bulldozers*, tu palenque sufrirá. Si el desmonte causado por los *bulldozers* elimina las poblaciones de agaves silvestres cuyo polen podría añadirles variedad a tus magueyes, sales perdiendo. Si tienes que comprar leña a media hora de distancia porque ya no queda nada en tus tierras que puedas usar en la destilería, tus costos aumentan. Eso se debe a que tienes que pagarles a los leñadores por su trabajo y por la gasolina que te va a traer la leña.

No hablamos mucho mientras nos guiaba por una cresta hacia los matorrales subtropicales, pues el hermoso escenario nos impactó. Sósima había plantado ahí árboles para leña en un acre de vegetación salvaje, trasplantados entre los árboles existentes. Más allá, había sembrado plántulas de *Agave potatorum* del vivero de Tres Colibrí, tomadas de seis sitios cercanos diferentes.

Pronto llegamos ante una variante de *Agave potatorum* —la especie conocida localmente como *tobalá*—, que era una de las primeras en florecer desde que la trasplantaron cinco o seis años atrás. Era diminuta, pero sana y hermosa. Sósima sonreía orgullosa de que sus esfuerzos de varios años ya estuvieran rindiendo fruto. Ese tobalá maduro ya estaba izando su primer quiote, entre docenas de especies de plantas silvestres que en conjunto formaban un hábitat lo bastante sano y diverso como para atraer murciélagos, abejas y colibríes. Nos dijo:

> Creo que se puede decir que las mujeres somos particularmente aptas para pensar en el proceso entero, desde la polinización hasta el envasado, pasando por la semilla, el trasplante, la cosecha, la fermentación y la destilación. Las mujeres vemos que tenemos que aspirar a ganar calidad en cada uno de esos pasos, pues eso es lo que determina la calidad de nuestros mezcales y los ingresos que generamos.

Mientras regresábamos al palenque para presenciar el maceramiento de piñas horneadas en una nueva tahona, Sósima expresó un poco de irritación con las normas impuestas por el Consejo Regulador del Mezcal en Oaxaca: «No tiene nada de malo macerar las piñas para el mezcal con la piedra de la tahona, pero ahora estamos restringidos a usar ese método si queremos llamar *mezcal ancestral* a alguno de nuestros productos». Frunció el ceño.

Fíjate… Históricamente, la mayoría de los palenquitos familiares de por aquí no tenían tahona: usaban mazos de madera para machacar los agaves tatemados. Nunca usamos palabras rebuscadas como *ancestral* o *artesanal* cuando yo era niña en el palenque de mi familia. O era mezcal tradicional o no, como lo que hacen en Santiago de Matatlán, producción industrial con un gusano para hacerle al cuento.

Pero ahora, el Consejo Regulador está tratando de obligarnos a usar procesos que nunca utilizamos tradicionalmente, y nos dicen que no le podemos decir *mezcal* si no seguimos sus recomendaciones. ¿Los fuereños están determinando cómo podemos llamar a los productos que hacemos igual que hacían nuestros abuelos? Hay que acabar con estas tonterías… ¡no nos están llevando a ningún lado!

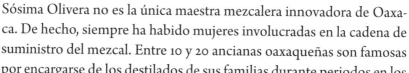

Sósima Olivera no es la única maestra mezcalera innovadora de Oaxaca. De hecho, siempre ha habido mujeres involucradas en la cadena de suministro del mezcal. Entre 10 y 20 ancianas oaxaqueñas son famosas por encargarse de los destilados de sus familias durante periodos en los que sus hijos, esposos y hermanos no tenían permitido vender alcohol destilado legalmente en sus pueblos. Era común que esas mujeres fueran curanderas o parteras que ofrecían infusiones de mezcal con hierbas en los mercados locales, como hacían Sósima, su madre y su abuela en su comunidad chontal cerca de la región del Istmo. Hoy en día, varias maestras mezcaleras oaxaqueñas han recibido una merecida fama nacional e internacional por sus destilados, habilidades y talentos.

Puede que el reconocimiento total de las mujeres que apuntalan los esfuerzos de sus familias por producir destilados de agave sea tardío, pero también está cambiando el rostro público de la industria en otros estados. La productora veterana de bacanora Laura Espinosa fue a nuestro Agave Heritage Festival de 2022 en Tucson para contarnos su historia, junto con otras tres emprendedoras voluntariosas de otros estados. En un escenario en el que proyectaron grandes fotografías de las instalaciones de su familia en una pantalla a sus espaldas, Laura nos contó la travesía que la llevó a involucrarse con las 30 sonorenses que ya trabajaban en varios aspectos de las microempresas de bacanora. Algunas son destiladoras; otras, publicistas, y unas pocas hacen todas las labores que hacen sus padres o sus colaboradores hombres para llevar los agaves del vivero a los campos, al alambique y al consumidor. Laura comentó que, si bien las mujeres sonorenses llevan bastante tiempo encargadas de partes cruciales de la industria de los destilados de agave, hasta hace poco sus funciones se habían mantenido ocultas a los ojos de las personas ajenas a sus pueblos.

Sin embargo, Espinosa está agradecida de al fin ver una buena cantidad de profesionales completamente admitidas en puestos clave de la industria del bacanora, sobre todo tomando en cuenta que, tras 45 años bajo la primera denominación de origen para destilados de agave, solo el 5% de las microdestilerías de tequila están en manos de mujeres. Las industrias del mezcal, bacanora y raicilla tienen un desequilibrio similar y quizá aún alberguen sesgos machistas, pero la proporción de mujeres involucradas en los destilados de agave que no son tequila ya es mucho más alta.

Una de las innovadoras más reconocidas es Graciela Ángeles Carreño, una verdadera potencia protectora de la integridad de los destilados de agave, pues cree que la paciencia femenina y la producción de mezcal ancestral están perfectamente alineadas. Graciela nos recuerda —como también hizo su amiga Sósima— que el mezcal alude a la cultura, la cosmovisión y la religión, no solo a las calorías y las mercancías: «El mezcal es un elemento que nos permite comunicarnos con seres superiores, crucial para la preservación y la sanación del alma colectiva del pueblo».

Cuando llegamos al palenque Mezcal Real Minero una tarde de octubre, justo antes del Día de Todos los Santos, casi no esperábamos ver a Graciela, por la intensidad con la que los oaxaqueños se preparan para el Día de Muertos. Su suplente, Catalina, nos recibió en el portón del almacén de Real Minero y nos guio por su jardín botánico de agaves, maravillosamente diverso, antes de que nos enteráramos de que Graciela sí estaba y se nos iba a unir. Vagamos por el almacén, por elegantes senderos que nos llevaron ante los grupos principales de agaves mezcaleros que el Proyecto LAM de Graciela está cultivando y evaluando, y al llegar al vivero donde cultivaban miles de plántulas e hijuelos de agave bajo tela de sombra, en camas de siembra intensiva para cada variedad, Graciela se apareció de la nada para acompañarnos durante el resto de la tarde.

Con su hablar quedo y reflexivo mientras avanzaba con gracia de planta en planta, Graciela nos explicó que el Proyecto LAM es su esfuerzo filantrópico por darle una mayor diversidad y sustentabilidad a la producción de maguey, en honor a la visión de su difunto padre (LAM por las iniciales de Lorenzo Ángeles Mendoza). Sus esfuerzos de conservación y restauración van más allá del cuidado de los agaves con gran demanda comercial, pues se extienden a las especies raras y poco conocidas que tienen otros usos. También se encarga de la propagación de cuatro especies de árboles diferentes, como el guamúchil, que se han agotado en la región conforme la cantidad de palenques en Santa Catarina Minas ha crecido exponencialmente durante la última década.

Graciela tiene un doctorado en desarrollo rural por la Universidad Autónoma Metropolitana, pero también ha adquirido un conocimiento sofisticado de la taxonomía y la horticultura relacionadas con los agaves al unificar lo que ha aprendido de tres generaciones de mezcaleros en su familia con el conocimiento académico que obtuvo al colaborar con investigadores universitarios. Delgada, de cabello largo, negro y ondulado que se recoge al salir al campo, irradia una inteligencia comedida cada vez que rompe el silencio para decir algo. Mientras recorríamos el vivero especie por especie, señalaba agaves que solo pocos palenques usan para preparar mezcal.

Uno de ellos es el cultivar *tripón* del *Agave karwinskii*, una especie altamente variable que puede tener tallos altos como troncos, o piñas elongadas. Otro —rara vez encontrado en Oaxaca— parecía ser un *Agave desmettiana* domesticado con pencas largas y bellas sin dientes afilados en los bordes. Eso incitó a Graciela a comentar lo opresivo que le parece que las comisiones reguladoras de distintos destilados de agave ordenen que solo puedan usarse las variedades de una lista aprobada. El problema es que las autoridades no entienden que la nomenclatura científica tiene un propósito diferente al de los nombres que los campesinos le dan a lo que perciben como útil y distinto.

Los lingüistas han registrado casi 600 nombres para distintos magueyes en español y en las muchas lenguas indígenas de México. Son demasiados para que los reguladores de escritorio los recorran todos, y ni pensar en comprenderlos. Además, un solo nombre común puede referirse a plantas diferentes en distintas regiones de Oaxaca. Por ejemplo, un nombre nahua como *teometl* podría ser usado para cuatro o cinco especies diferentes de agave. Lo mismo pasa con el tobalá, que los mezcaleros pueden llamar *papalometl* o *papalome* en otros lados. Los reguladores suelen suponer que los tres nombres solo se usan para *Agave potatorum*, pero uno o más de ellos podría usarse para *Agave nussaviorum*, menos conocido, en otra parte de Oaxaca.

Graciela nos planteó una pregunta sesuda pero impertinente: «¿Por qué un consejo regulador supone que tiene que ser el único que determina qué nombre es el "correcto", si sus miembros no son productores ni botánicos?».

Desde su almacén y jardín botánico, sede del Proyecto LAM, Graciela nos llevó a la destilería Real Minero, diseñada por uno de sus hermanos, Edgar, arquitecto de profesión. Él se nos unió en la sala de cata, donde los felicitamos por tener el palenque más elegante, limpio y eficientemente distribuido que hubiéramos visto en nuestra vida. Los flujos de agua y de energía estaban particularmente bien diseñados.

Graciela volteó a ver a su hermano y sonrió. «Así se ve un palenque cuando hay a cargo una mujer y un arquitecto que crecieron en palenques. Imagínense, pasamos tanto tiempo aquí que queríamos que nuestro lugar de trabajo fuera cómodo y hermoso, para que todo nuestro equipo palenquero percibiera que lo que hacemos es trabajo digno».

Si bien destilan a fuego lento en muchas más ollas de las que hubiéramos visto en cualquier otro palenque (10 a la vez), otras partes de su proceso están optimizadas. Sus tanques de fermentación son relativamente grandes —de entre 500 y 1,000 litros— y combinan el uso de una trituradora automática con el machaque a la antigüita usando mazos de madera. De nuevo, Graciela expresó su frustración con las regulaciones:

> Para llamar mezcal *ancestral* a nuestros destilados, tendríamos que macerar los agaves tatemados con una tahona. Pero debido al tamaño modesto del personal en nuestras instalaciones, tenemos que iniciar la molienda con una trituradora mecánica y luego usar mazos de madera para completar el proceso antes de echarlo todo en los tanques de fermentación. Por ese solo pecado, quedamos fuera del marco regulatorio necesario para publicitar nuestro mezcal como ancestral.

A pesar de los baches en su camino, la destilería Real Minero recibió su certificación de parte del Consejo Regulador en 2004, solo tres años luego de que su padre la pusiera a cargo de las operaciones, cuando ella aún seguía haciendo investigación académica a medio tiempo. En 2009, Real Minero solicitó y recibió una licencia para exportar sus mezcales a Europa y Estados Unidos. Las primeras exportaciones se dieron en 2010. A veces, Graciela se pregunta si la inversión para exportar valió la pena.

Mientras sorbíamos mezcal con los hermanos, ella reflexionó un poco sobre su misión para cambiar la cara de la industria mezcalera:

> Nuestro modelo de negocios es engañosamente sencillo... Sentíamos que merecíamos un sitio en el mercado global con otros destilados, pero queríamos lograrlo sin dañar ni poner en riesgo la calidad de nuestros productos. Para mí, la tradición y la modernización no son antitéticas si no creemos que modernizar significa industrializar. Si modernizamos algunos aspectos de nuestras operaciones para conseguir una mayor sustentabilidad, le estamos añadiendo calidad a nuestro mezcal y estabilidad a nuestra operación. Si la mitad de nuestro mezcal es exportada y la otra mitad bebida con placer por los hombres y mujeres de nuestro país, entonces hemos hecho que la cadena de valor responda a nuestros ideales, en vez de permitir que los socave. Yo he querido demostrar que una mezcalera no nece-

sita convertirse ella misma en mercancía, sino que puede cambiar su posición en la cadena de valor para que encaje mejor con sus propios valores y aspiraciones.

Nos encanta ver a tantas mujeres innovadoras dirigiendo la carga para renovar el mundo de los destilados de agave, y haciendo sentir su sensibilidad ética y su creatividad en la industria. Cuando David dice que su visión es uno de los mayores cambios de paradigma que hayan sucedido en el mundo del mezcal, no es una hipérbole. El viejo mundo de la publicidad del tequila parecía una escena tapatía trillada de una vieja película de charros, donde solo había hombres a la mesa, exigiendo que las señoritas bonitas y calladitas les sirvieran otra ronda. La nueva visión es una en la que todos tienen un sitio a la mesa, donde las mujeres salvaguardan la integridad de la plantación —no solo del producto final—, y donde la calidad y la ética se discuten tanto como la cosecha bruta y el precio por botella.

CAPÍTULO 15

LOS TRABAJADORES ESENCIALES
DEL AGAVE

Mapas: a casi todos nos gusta observarlos, o pasar el índice por las rutas que conectan nuestros lugares más queridos. Nosotros tenemos mapas en nuestros muros de regiones productoras de mezcal; los centros de origen de cultivos para alimentos y bebidas, y las cunas de las muchas culturas indígenas de México. Los mapas no solo sirven para documentar distribuciones y distancia, sino que también desatan sueños de adónde podríamos ir y qué podríamos ver ahí.

Sin embargo, algunos mapas también nos recuerdan pesadillas, tiranías y desigualdades. Si cualquiera de nosotros se sentara ante una mesa cubierta de mapas que mostraran las principales zonas tequileras y mezcaleras de México y los yuxtapusiera con otros que mostraran las distribuciones de distintos niveles de ingresos, pobreza, hambre y enfermedades crónicas, nos horrorizarían los resultados. En muchos casos (pero no todos), los focos de pobreza rural, alta inseguridad alimentaria y toxicidad por pesticidas son precisamente donde se producen agronómamente y se destilan industrialmente los agaves de tequila azul y espadín. La riqueza no se ha derramado para mejorar la vida de la mayoría de los trabajadores de la industria.

Para el mezcal, eso incluye a los jornaleros de los ocho estados donde se localizan más de 815,000 acres (330,000 hectáreas) de campos de agave. Si bien tan solo 9,000 de esos habitantes rurales cuentan como «productores» de mezcal, toda la cadena de producción del mezcal en México incluye a más de 300,000 jornaleros, aplicadores de pesticida, leñadores, destiladores y envasadores.

En Oaxaca —el tercer estado más pobre de México— se produce el 90% de todo el mezcal mexicano. A pesar del aumento en los ingresos que el mezcal está generando en el estado, el porcentaje de la población rural que vive en pobreza extrema es casi el triple que el promedio nacional. En otros estados productores de mezcal, como Guerrero y Puebla, los niveles de pobreza son trágicamente más altos, al igual que en Chiapas —donde se produce comiteco— y en Yucatán —donde se producen fibras de henequén—. En los pueblos indígenas pobres de Oaxaca y Puebla, el ingreso por cortar agaves y leña podría caer en un rango entre los 65 y los 450 dólares al año, menos que el salario mínimo oficial en México.

Dos estados tequileros, Jalisco y Guanajuato, son también dos de los más violentos del país, al igual que Chihuahua, donde se produce sotol, y Sonora, donde se produce bacanora. Michoacán, Guerrero y Querétaro también tienen altos niveles de violencia en sus municipios productores de mezcal. La violencia callejera suele obtener toda la atención, mientras que la muerte lenta debida a la desesperanza que provocan la pobreza y las enfermedades crónicas suele quedar fuera de vista y de los reflectores.

Durante demasiado tiempo, el hedor de la pobreza y los pesticidas ha apestado el aire que rodea los palenques, vinatas y tabernas, aunque no se pueda ver. Ahí, cualquier beneficio que haya traído la modernización agrícola ya fue superado por la doble carga de la desnutrición y la exposición a la contaminación química en un entorno empobrecido.

Los aumentos en los salarios no han logrado mantener el ritmo del alza en alimentos, energía y salud entre la mayoría de los hombres y mujeres que trabajan en la mercantilización de destilados de agave para mercados extranjeros. Están en un baile completamente diferente que el de sus ancestros, que cuidaban las milpas y metepantles dedicados a la diosa del maguey, Mayahuel. Sin embargo, muchos campesinos actuales mantienen las tradiciones agaveras de sus abuelos por razones culturales, pues sus bajos salarios nunca podrían compensar por completo la cantidad de trabajo que dedican a todas las labores requeridas para hacer un buen mezcal.

Las disparidades y disfunciones son aún más evidentes en el paisaje de agaves y antiguas instalaciones industriales de Tequila, considerado Patrimonio de la Humanidad por la UNESCO. Si recorres la calle principal de cualquier pueblo polvoriento jalisciense en el que se produzca tequila, encontrarás siempre el mismo patrón de tiendas bordeándolo. Verás cantinas y depósitos de cerveza; supercitos para comprar botana, agua embotellada y bebidas carbonatadas; tiendas de ropa barata; ferreterías y autopartes, y docenas y docenas de tiendas de insecticidas, fungicidas o herbicidas.

A plena vista de cualquier viandante, es obvio que los Dow y los Monsanto han tenido una presencia abrumadora en el campo mexicano durante las últimas cinco décadas, quizá incluso mayor que en la tierra del maíz y la soya, en el Medio Oeste de los Estados Unidos.

Mientras que México es el cuarto lugar en uso de todo tipo de pesticidas en Latinoamérica, Jalisco es el principal estado mexicano en intensidad de uso de agroquímicos. Durante el último cuarto de siglo, muchos de los espectaculares y carteles que se pueden ver en las zonas productoras de tequila y otros cultivos presumen los poderes milagrosos de toxinas con nombres como Hércules, Marvel, Balazo, Paraquat, Nuvacron, Furadan, Gramoxone y Tordon.

Por muy efectivos que sean esos agroquímicos para frenar temporalmente las malas hierbas, el gorgojo, las larvas de palomillas y los nematodos, esas toxinas dejan una marca, oculta pero indeleble, en la salud de los jimadores y jornaleros. Muchos de esos trabajadores se mueven entre varias plantaciones de agave, pero algunos también trabajan por temporada en campos de aguacate, maíz y frijol. Eso hace que sea extremadamente difícil atribuirles su intoxicación por pesticidas o su cáncer a su trabajo con algún cultivo en específico, o para alguna compañía en específico.

Según un sondeo de salud realizado por la Universidad de Guadalajara entre jornaleros jaliscienses en 2005, el 61% de los encuestados afirmaban haber sufrido intoxicación por pesticidas al menos una vez durante su vida laboral. Además, el 39% evaluaban que tenían una exposición alta a esos agroquímicos, con episodios repetidos de contaminación y enfermedad.

¿Cómo pueden esos jornaleros suponer, ya no hablemos de confirmar definitivamente, que lo que los enfermó fue trabajar con pesticidas en los campos de tequila o de maíz? Los doctores bien capacitados solo se aparecen en sus clínicas rurales uno de cada ocho días laborales, y las clínicas de urgencias de la Cruz Roja suelen estar atendidas por paramédicos, no por doctores que sepan cómo y dónde solicitar pruebas de laboratorio para verificar qué agroquímicos podrían estar asolando los vasos sanguíneos de sus pacientes. De todos los que caen enfermos mientras cuidan o cosechan agaves en los campos industrializados, solo unos pocos son tratados por un médico con suficientes recursos a la mano para identificar la toxina específica y el nivel al que fueron expuestos a ella.

Las correlaciones pueden indicar causas o no. En la mayoría de los casos, el personal de salud rural solo puede empatar los síntomas —mareos, vómito, dolor de cabeza y estómago, sudoración excesiva— con las consecuencias conocidas de sobreexposición a ciertas sustancias altamente tóxicas. Determinar si el culpable fue el carbofurano, el clorpirifos o el glifosato puede ser más difícil, pues un solo trabajador puede estar expuesto a varias sustancias en el mismo puesto, y estas pueden interactuar una vez absorbidas por su cuerpo. No obstante, México ha ordenado una prohibición total del glifosfato (ingrediente activo de herbicidas como Roundup) para 2024.

Hace poco, el toxicólogo Joel Salazar-Flores, de la Universidad de Guadalajara, confirmó más allá de toda duda que hay niveles peligrosamente altos de carbofuranos tóxicos en el torrente sanguíneo de más de 100 campesinos jaliscienses. Sin embargo, los afectados no solo trabajan en plantaciones de agave, sino también en campos con otros cultivos en la región.

La exposición a agroquímicos no está limitada a quienes laboran en los campos. También se encontraron niveles importantes de esa toxina en los familiares que no trabajaban en los campos tequileros, pero vivían cerca de ellos. Varias muertes en el estudio de Salazar fueron relacionadas de manera tentativa con la alta exposición a estas sustancias, aunque el nivel de precisión del diagnóstico fuera bajo.

Resumiendo los resultados de pruebas de sangre de 117 campesinos jaliscienses que habían trabajado en la región de La Ciénega, en Los Altos, donde se producen tequila y maíz, los investigadores Carlos Melgoza, Frida Valdivia y Rodrigo Cervantes reportaron lo siguiente:

> Por las venas de una centena de campesinos de la región Ciénega de Jalisco corren sustancias como Furadan, Paraquat —o Gramoxone—, Balazo T y Faena. Todos estos compuestos químicos son reconocidos por su toxicidad y alta eficacia contra las plagas y maleza en los cultivos. Según datos de la Oficina General de Epidemiología de la Secretaría de Salud en el estado, los compuestos químicos de estos productos son culpables de que en la región, la cual se compone de nueve municipios jaliscienses, resulte una persona intoxicada cada cinco días. Además, estas sustancias pueden llegar a ser posibles agentes causales de enfermedades como cáncer, diabetes e hipertensión.

La verdadera tragedia de esas enfermedades y muertes es que los agrónomos de la Universidad de Guadalajara y del CIATEJ han determinado medios efectivos para reducir las pérdidas de cultivos de agave y maíz a causa de esas plagas sin usar ninguna toxina. En vez de ellas, recomiendan insectos y microbios benéficos, biocontroles, repelentes de plagas orgánicos y prácticas alteradas de gestión del suelo.

Sin lugar a dudas, no todas las visitas a la sala de emergencias de los jimadores y jornaleros que trabajan en los campos de agave están relacionadas con intoxicación por pesticidas. Muchos de los que buscan cuidados urgentes llegan sufriendo de heridas profundas y sangrado excesivo causados por sus coas y machetes afilados. Trabajando en condiciones que agotarían a la mayoría de las personas, tienen que darle al menos 80 tajos a cada agave antes de lograr cortar la planta y separarla de sus raíces. La mayoría de la gente necesitaría 200 golpes de coa —no

80— para hacer lo que logra un jimador al usar con precisión sus instrumentos. Sin embargo, un solo mal tajo que rebote de la planta es todo lo que se requiere para herir severamente la pantorrilla, el muslo, el pie o la mano de un trabajador, y enviarlo corriendo a una clínica con sangre manándole de la carne.

Conforme empeora el cambio climático, los trabajadores del agave cada vez sufren con más frecuencia de deshidratación, insolación, dolores musculares, dolor de espalda y agotamiento. Su salud emocional es casi tan grave como su salud física. Muchos se quejan de ansiedad, depresión e insomnio. Una buena cantidad afirman estar preocupados por no conseguir que sus familias tengan suficiente de comer.

Más de la mitad de los jornaleros jaliscienses entrevistados en los sondeos de salud y economía afirman que no les pagan lo suficiente.

A un campesino de nombre Vicente le preguntaron si podía vivir tranquilamente con su sueldo actual. Simplemente respondió:

> No, nunca, [porque la paga] no es justa. Ha habido gente con la que he trabajado que se ha cortado tan feo en la chamba que se les salían las tripas por la herida en el abdomen [y no les alcanza para dejar de trabajar e ir a una clínica]. Algunos han sufrido de una picadura de alacrán y no pueden conseguir ayuda. Yo mismo me he tropezado con serpientes de cascabel en el campo [que podrían haberme matado]. Nos han puesto a dormir en almacenes donde las ratas corren libres a nuestro alrededor. No es justo.

A la mayoría de los jimadores les pagan por día, en jornales un poco más elevados que los que les ofrecen a los jornaleros no calificados, pero, a diferencia de estos últimos, están protegidos de que los despidan durante los periodos en los que hay escasez de agaves. Los jornaleros contratados por un día o por una semana pueden quedarse sin ingresos constantes durante meses seguidos. La escasez de agaves para siembra y poda en los campos de tequila y de mezcal ha empeorado las opciones accesibles a los jimadores y jornaleros durante los últimos años. Quienes solo tienen esa profesión suelen quedarse chiflando en la loma cada vez que la industria se enfrenta a fluctuaciones fuertes en la demanda.

Incluso cuando pueden conseguir trabajo regular, a los jimadores y jornaleros se les paga por el peso de los agaves ya barbeados. Un maguey maduro e intacto pesa mucho más que una piña recortada, por lo que un trabajador debe cosechar más del doble del peso en el campo de un maguey para ganarse su paga, que es impresionantemente baja.

La mayoría de los jimadores de tequila y mezcal solo pueden cortar entre 80 y 100 agaves al día, con entre 6,500 y 8,000 tajos de sus coas; menos, si están buscando magueyes silvestres que crezcan en terreno agreste. Por su precisión y resistencia, ganan solo una vigésima parte de lo que obtendrían por la misma cantidad de horas en los campos estadounidenses. En 2020, la mayoría de los jimadores hábiles solo ganaban entre 20 y 30 dólares por una jornada completa de siete horas de trabajo agotador, y quizá tengan que darle una décima parte al agente que les consiguió la chamba con el dueño de la plantación… o más, si los contrataron por medio de un coyote.

Tal vez llegues a oír que, en el culmen de sus capacidades, un maestro jimador y jefe de cuadrilla alcanza los 120 dólares al día. Pero esos afortunados de la jima son muy contados, menos del 1% de la fuerza laboral del mezcal y del tequila. Para alcanzar tal estatus, un solo hombre debe ser capaz de cortar unos 140 agaves para entregar casi cinco toneladas métricas de piñas en una sola jornada de siete horas. De todos modos, eso podría representar apenas 17 dólares por hora para la mayoría de los hombres y las pocas mujeres que labran los campos, y pocos pueden mantener ese nivel de esfuerzo día tras día durante más de una década.

David ha diseñado otra forma de pensar cuánto vale el trabajo de un jimador o jornalero. Evalúa su labor relativa con la de otros miembros de la cadena de producción del tequila y el mezcal. Por su contribución al cortar y podar una tonelada de agave, una cuadrilla de seis jimadores recibía 22.50 dólares en 2022. Dividido entre seis, eso solo son 3.75 dólares por la porción de trabajo de cada uno. El agente se queda con el 10%, solo por conseguir un contrato de trabajo con el dueño de la plantación y darles transporte local, agua y herramientas.

Esa tonelada de agaves maduros podados enviada a la destilería rinde unos 158 litros de destilado. Si esa cantidad de destilado de agave es dividida en cocteles como margaritas, que usan unas dos onzas por copa, suma unos 2,608 cocteles, según los cálculos de David; tirando por lo bajo, por cierto. Así, pues, con unos 90 cocteles por agave maduro, estamos hablando de un valor de aproximadamente 48 dólares en el bar o restaurante. Pero cada jimador se lleva solo 16 centavos.

En un bar elegante de una ciudad estadounidense o europea, un coctel con destilado 100% de agave puede venderse hasta por 15 dólares la copa, y el *bartender* recibirá 2.50 dólares de propina por su habilidad para prepararlo. Sin embargo, el jimador en la plantación mexicana necesita que él venda 602 cocteles para que a él le paguen solo un dólar.

Ese cálculo nos hizo detenernos en seco, y a ti también debería. Tal vez haga que tires de golpe todo el tequila o mezcal que quede en tu caballito. Pero esperamos que, en vez de desperdiciar el fruto de su labor, pienses (o reces) bien antes de decidir llenarlo de nuevo. Si no estás furioso —o desconsolado, como nosotros— por lo poco que ganan los jimadores que apuntalan toda la cadena de producción que nos trae el tequila, el mezcal y otros destilados de agave, quizá —al igual que nosotros antes en nuestra carrera— has estado bebiendo ingenuamente en vez de pensar. Sin embargo, todos podemos empezar a apoyar marcas y colectivos que estén tratando sinceramente de cambiar la dinámica.

Ya no necesitamos ser cómplices de ese sufrimiento humano. Ningún dato histórico interesante sobre el mezcal, ninguna costumbre histórica, ningún sabor ni fragancia distintivos en su terruño justifica que ignoremos la necesidad de cuidar de la salud y el bienestar de los trabajadores que nos brindan nuestra copa de cada día.

Si las dificultades de los jimadores fueran lo único que hemos estado ignorando, otro cantar sería. Pero también sabemos que demasiados cantineros y *bartenders* también están mal pagados. Sabemos que se están extrayendo demasiados agaves silvestres, muchos más que los que los campesinos, guardabosques y restauradores están devolviendo al suelo. También sabemos que demasiados bebedores son adictos al alcohol. Se van a acostar con el destilado que tengan a la mano, sin importar su calidad.

Estamos convencidos de que hay que cambiar todo el método de producción y uso del maguey, no solo un pequeño eslabón en la cadena de producción del mezcal.

Sí, hay cientos de miles de manos más que participan en la producción del tequila y el mezcal, y en el resultado final de servir esos destilados en jicaritas, caballitos o copas cocteleras. Sin embargo, las manos que tocan las plantas casi siempre son las que terminan con el peor trato.

De hecho, el Borgen Project reporta que cuatro quintas partes de la población indígena en México sobrevive con menos de dos dólares al día. En Oaxaca, donde cuidar agaves y hacer mezcal son las principales fuentes de ingresos en casi 60% de las zonas rurales, dos quintas partes de los mezcaleros indígenas no tienen acceso a agua potable, la mitad de sus hogares carecen de electricidad, el 90% no tienen drenaje y más de la mitad carecen de un acceso fiable a servicios de salud.

Todo eso es muy perturbador, pero las buenas noticias son que existen iniciativas importantes para beneficiar la salud y el bienestar de jimadores, jornaleros, maestros mezcaleros y sus familias. Uno de esos proyectos está trabajando en el pueblo oaxaqueño de Santa Ana del Río, remoto incluso para estándares oaxaqueños. Debido en parte a la falta de acceso a mercados y asistencia técnica, los ingresos anuales promedio por hogar durante la última década han caído entre los 3,000 y los 4,000 dólares. Si bien muchos de los campesinos de la zona producen mezcal para complementar sus ingresos, lo venden a tan solo 50 centavos el litro.

En 2017, Heifer International se ofreció a ayudar a las familias de Santa Ana a generar más fuentes de ingresos y nutrición. La comunidad eligió cuatro estrategias con la esperanza de que la sacaran de su preocupante nivel de pobreza. El clima de Santana siempre ha tenido temporadas calientes y secas, pero ahora, con el cambio climático, la sequía se mantiene durante más tiempo y afecta sus cosechas de maíz y frijol. La pérdida total de cultivos anuales se ha vuelto más frecuente en los paisajes áridos oaxaqueños, lo que incita a los jóvenes a buscar trabajo en Estados Unidos y dejar atrás su hogar, donde «la tierra no da». La pérdida de tantos refugiados climáticos en Santa Ana del Río hace que la vida sea el doble de dura para sus padres y tíos, quienes deben soportar la carga del trabajo agrícola por sí solos. Heifer aspiraba a ayudar a Santa Ana a liberarse de esa caída en picada.

En primer lugar, el personal de Heifer México hizo lo que son conocidos por hacer: llevar animales pequeños (gallinas ponedoras) que pudieran ofrecerles a los habitantes una fuente adicional de ingresos y más proteína para el consumo de la familia en casa. Las mujeres de Santa Ana empezaron a cuidar parvadas de gallinas que ponían tantos huevos que no se los podían comer todos. El personal de Heifer les ayudó a conseguir un comprador que se llevara el excedente.

Después, Heifer se asoció con una ONG británica llamada Donkey Sanctuary (Santuario para Burros) para que les ayudara a mantener la salud y el bienestar del animal de carga preferido de Santa Ana. Los burros del pueblo ahora están vacunados, reciben tratamiento si se lastiman o lesionan y traen arneses que aligeran su carga cuando acarrean la cosecha o mueven la tahona. Cuando los burros tienen vidas más largas y saludables, el costo de mantenerlos disminuye y su valor aumenta.

Heifer entonces empezó a abrir brecha al acceder a apoyar la construcción de invernaderos y viveros sombreados para aumentar la producción de plántulas e hijuelos de agave. Bonifacio Cruz Ruiz fue uno de los primeros mezcaleros en construir un vivero en su patio trasero, que produce miles de magueyes nuevos en charolas para trasplantarlos. Estos ahora están disponibles para la reforestación y el cultivo, justo a tiempo para compensar la escasez provocada por el *boom* del mezcal.

Por último, Heifer ayudó a la comunidad mezcalera de Santa Ana a renegociar el precio de su mezcal para que fuera 15 veces más alto que antes, aunque siga siendo una bicoca. Sin embargo, a tan solo tres años del aumento, la producción se duplicó, lo que significa que los agaves de vivero serán esenciales si quieren lograr la sustentabilidad a largo plazo.

Sabiamente, la comunidad decidió no poner todos sus agaves en la misma canasta mezcalera. Las mujeres de Santa Ana han desarrollado alimentos como jarabes de aguamiel de agave y mermeladas, productos secundarios del aumento de producción. Para su sorpresa, un contenedor de jarabe procesado por las mujeres les rinde más por litro a sus familias que algunas variedades de mezcal que hacen sus esposos o padres.

Si bien sigue siendo demasiado pronto para saber si los huevos, los burros sanos, los viveros y los productos alimenticios bastarán para sacar a Santa Ana de su atolladero, existe la esperanza de que las colaboraciones rindan frutos.

Los endulzantes ricos en inulinas de absorción lenta como el aguamiel de agave y el xilitol derivado del agave (un polialcohol o azúcar alcohólica) están entrando al mercado en el momento exacto en el que México está desesperado por frenar su epidemia de obesidad y diabetes tipo 2. La diabetes es ahora la principal causa de muerte en México, con entre 80,000 y 100,000 víctimas al año. Y, tristemente, cuatro de cada seis muertes relacionadas con covid-19 en México durante los primeros meses de la pandemia eran de individuos que llevaban mucho tiempo luchando contra la diabetes.

Alrededor de 20 millones de mexicanos adultos sufren de diabetes tipo 2, con un aumento del 48% entre 2006 y 2016. Durante los últimos 50 años, la incidencia de la diabetes se ha duplicado cada década. La mayoría de los epidemiólogos atribuye ese aumento meteórico al hecho de que México es el primer lugar de Latinoamérica en consumo de alimentos procesados con un índice glucémico altísimo. Seguramente no ha ayudado que Walmart se convirtiera en el principal distribuidor y vendedor de alimentos del país desde el inicio del milenio.

Sin embargo, la solución crucial a este problema no está muy lejos del patio de la mayoría de los hogares mexicanos: las plantas nativas de absorción lenta que conforman la dieta mesoamericana. Según el libro *Mezcal*, publicado en 2015 por la Comisión Nacional para el Desarrollo de los Pueblos Indígenas, los muchos alimentos y bebidas fermentados llamados *mezcales* pueden ser parte de la solución para la salud y el bienestar humanos en todo México, gracias a sus efectos prebióticos y probióticos en una variedad de enfermedades relacionadas con la nutrición.

Las pencas y los mezontes tatemados están en los primeros lugares de la lista de los alimentos mexicanos más sanos, junto con los nopales, la harina de mezquite, las bellotas, la tuna, la chía y una multitud de variedades de frijoles secos. Los edulcorantes de xilitol, por cierto, tienen 40% menos calorías que el azúcar, y se absorben como carbohidratos complejos (al igual que las inulinas del agave). Como alimentos de absorción lenta, previenen los picos de azúcar en quienes sufren de diabetes tipo 2 con tanta efectividad que tienen un índice glucémico de tan solo 7, comparado con el 65 del azúcar de caña. Se ha procesado biomasa prebiótica de *Agave americana* para hacer xilitol con un poco de ayuda de dos «activistas probióticos»: la cepa CDS_3 de la bacteria gramnegativa *Pseudomona* y la cepa 6_5S_3 del género saprofítico *Bacillus*.

Imagina esto: para la sociedad mexicana, el costo anual de lidiar con la diabetes podría alcanzar los 5,500 millones de dólares. Actualmente, eso consume aproximadamente tres cuartas partes de todo el gasto gubernamental en salud, lo que equivale a una inversión de 708 dólares en cada persona diagnosticada como diabética al año.

Si bien tenemos la esperanza de que los numerosos mezcales destilados nunca desaparezcan de nuestras mesas y nuestros bares, también queremos promover una mayor salud y bienestar entre los campesinos por medio del regreso total de los diversos alimentos y bebidas que se han producido históricamente a partir de los mismos agaves. En contraste con el reconocimiento mundial que reciben ahora los destilados de agave, los saludables alimentos y bebidas fermentados también llamados *mezcal* reciben mucha menos atención. Como comenta el escritor mexicano César Augusto Patrón Esquivel, «en la actualidad existen pocos textos sobre la importancia de las bebidas tradicionales indígenas en su contexto cultural y cómo reflejan gran parte de la cosmogonía e identidad de los pueblos originarios de México».

Esperamos que este libro ayude a corregir esta omisión, y a garantizar que las muchas maneras en las que los magueyes se han comido y bebido puedan contribuir de nuevo a la salud física, la riqueza cultural y el bienestar económico de los trabajadores y comunidades más necesitados. Aún no es demasiado tarde para evitar que el nuevo lema de México sea «Exceso de calorías».

Una manera en la que se está logrando esa meta es metiendo productos del agave en la Slow Food Ark of Taste, un compendio global de alimentos y bebidas raros y subestimados que pueden ayudar a las comunidades rurales a restaurar y mejorar su economía local.

Uno de esos proyectos ayuda a los mezcaleros mixtecos de Oaxaca a recuperar las plantas mezcaleras que llaman *yavii ticunchi'i*. Ese nombre mixteco se refiere a las poblaciones silvestres de *Agave nussaviorum*, un maguey tobalá o *papalometl* enano restringido a solo cuatro municipios montañosos de Oaxaca: Coixtlahuaca, Huajuapan, Nochixtlán y Teposcolula. Ese agave endémico crece en conjuntos salpicados por las barrancas de las sierras oaxaqueñas, donde los pinos, encinos, juníperos y matorrales espinosos forman bosques abiertos. Ahí es donde los grupos de esas dos variantes alcanzan elevaciones de entre 5,000 pies (1,500 metros) y 7,800 pies (2,400 metros).

Como Slow Food promueve la conservación y el uso tradicional de ese maguey raro, está garantizando que los beneficios nutritivos y medicinales de esa tradición mezcalera beneficien a sus cosechadores mixtecos. Además de ser usado ocasionalmente en una bebida fermentada llamada *ticunche* o en destilados de agave, los mixtecos usan la pulpa interior de las bases de las pencas y los quiotes para crear un alimento agridulce llamado *yahui ndodo*.

Para hacer *yahui ndodo*, se hornean los quiotes jóvenes en ollas u hornos de barro, y luego se mezclan con un trébol silvestre llamado *coyule*, que les da el sabor agridulce. Sorprendentemente, ese alimento dulce como golosina tiene propiedades antidiabéticas. Además, las flores de ese agave —llamadas *cacayas* o *tibilos* en Oaxaca— se saltean o se cuecen y luego se mezclan con masa de maíz para hacer tortillas.

Sin embargo, el jugo que se exprime de las pencas de este raro agave es lo que tiene el valor medicinal más importante para ayudar a los mixtecos a lidiar con los problemas circulatorios, los inflamatorios y la diabetes. Curiosamente, se usa como medicina herbal tanto para humanos como para el ganado lesionado en caídas o accidentes.

Estimado por sus poderes curativos, el *yavii ticunchi'i* es considerado un agave sagrado entre los mixtecos, por los usos rituales que le dan conectados con el juego de pelota. También hay prácticas medicinales y rituales asociadas con el mezcal tan especial que destilan de ese agave, conocido como *el del patrón, el del cura* o *mezcal ticushi*.

Durante la última década, se ha vuelto cada vez más difícil conseguir estas plantas, pues crecen en lo alto de las montañas. Los usos tradicionales no han contribuido mucho a la rareza del *Agave nussaviorum*, pues las costumbres mixtecas para la preparación de alimento, bebida, rituales y medicina a partir de *yavii ticunchi'i* están desapareciendo. En vez de eso, lo que ha desatado el declive de algunas poblaciones de este raro maguey ha sido la pérdida o degradación de sus hábitats silvestres, afectados por el pastoreo descontrolado. Ahí es donde interviene el proceso de Ark of Taste: para promover no solo la propagación, sino también la renovación de los usos tradicionales de ese raro agave para alimento y medicina en sus comunidades mixtecas de origen.

Otros productos del agave aportados por México al Ark of Taste incluyen un destilado hecho a partir de los quiotes del maguey, las larvas blancas comestibles encontradas en los magueyes y las larvas rojas del chinicuil. Al inscribir un producto del agave en el Ark of Taste, los productores aspiran a crear un nicho distintivo para su marca, de la misma manera en la que algunos ganaderos prefieren etiquetar sus carnes como «alimentadas con pasto», «de libre pastoreo», «libre de hormonas», «orgánica», «biodinámica» o «criada de forma natural».

Aún queda por verse si estar incluido en el Ark of Taste aumenta por sí mismo la demanda a largo plazo de tal manera que garantice que el jimador o el jornalero, el leñador, el tatemador, el destilador, el embotellador, el etiquetador, el promotor y el cantinero sean mejor compensados por su esencial trabajo.

Por eso, David ha elegido otra vía inédita para tratar de mejorar el bienestar económico y la salud de los trabajadores de Siembra Spirits. Simplemente le pregunta a la comunidad local qué necesita más. Si es una enfermería o una clínica de urgencias para «veteranos heridos de

las guerras del agave», trata de conseguir fondos —personales y gubernamentales— para hacerlo realidad.

Si requieren un mejor maestro y más computadoras para los hijos de
los jimadores, David financia sus escuelas. Si necesitan adquirir tierras
no contaminadas cerca de sus hogares para cultivar sus propios vegetales sin miedo a que estén cargados de pesticidas, les ayuda a construir
esa opción. Si quieren una bomba solar en un pozo que les pueda dar
agua potable, trabaja con la comunidad para construir una.

Afortunadamente, David no es el único haciendo esfuerzos innovadores para reprogramar la cadena de valor de modo que no solo beneficie
a unos pocos a costa de los demás. Ahora hay una buena cantidad de innovadores brillantes y compasivos —quienes decimos que «piensan
en el sistema de bebida completo»— que quieren arreglar los desequi-
librios en la cadena de producción del mezcal. Y, por supuesto, hay muchos colectivos y cooperativas de comercio justo que han surgido para
los destilados de agave. Hasta hay un colectivo de envasado dirigido por
mujeres para las pequeñas destilerías de Santiago de Matatlán.

Sin duda, con esa inyección de nueva energía y ética entrando desde
distintos estados y culturas, la cadena de producción del mezcal nunca
volverá a ser tan uniforme como estas tres últimas décadas.

Y, sin embargo, como ha advertido el escritor e historiador Domingo
García, el mezcal sigue atrapado entre dos ideologías de estructura económica: el concepto campesino de bienestar económico comunitario
y el concepto capitalista de una economía mercantilizada y extractiva.
La mayoría de los colectivos y cooperativas están tratando de mezclar
ambos. Sin embargo, como nos enseña la historia de la evolución, muy
pocos híbridos sobreviven para procrear descendencia propia. La mula
avanza a zancadas por un callejón evolutivo sin salida. Solo el tiempo
dirá qué modelos híbridos de marketing mezcalero sobrevivirán, y cuá-
les sufrirán el destino de los ligres, tigones, cebrasnos y cabrejas.

CAPÍTULO 16

EMPODERAR A LOS CANTINEROS

En algún punto intermedio entre los paisajes agrestes donde crecen los mejores agaves de México y las salas de juntas climatizadas de los conglomerados de bebidas espirituosas está el que quizá sea el único grupo que tiene el éxito o el fracaso de esos modelos en sus manos: los cantineros.

En una fresca mañana de enero en Jalisco, antes de que la mayoría de los locales abrieran, 60 personas llegaron al restaurante La Tequila, en avenida México, en la colonia Terranova, Guadalajara. Muchos seguramente habían trabajado hasta la medianoche, pero ahí estaban: bien arreglados y vestidos, con el pelo cuidadosamente peinado y un aire cálido de camaradería en sus conversaciones. Se habían reunido por curiosidad, y quizá por el creciente compromiso de que juntos podían cambiar el mundo de los destilados de agave para mejor.

David conocía a algunos desde hacía años, pero también había recibido sugerencias de los restauranteros y chefs locales que cuenta entre sus amigos y vecinos. Ellos le dieron los nombres de los mixólogos prominentes, hípsteres-activistas innovadores de la zona metropolitana a los que tenía que invitar.

Gary llevaba más de 40 años yendo a La Tequila y otros aclamados restaurantes de Guadalajara, pero esa era la primera vez que conocía a sus mejores cantineros. Luego de ofrecerles a todos un bien merecido cafecito y unirse a la conversación matutina, David les explicó por qué los había convocado:

Ustedes son las mentes, voces y corazones que llevan a sus clientes hacia los mejores mezcales y tequilas que México puede ofrecerle al mundo. Ustedes son los narradores que guían a los bebedores en nuevas aventuras. Sin embargo, de cierta forma, ustedes también son la conciencia de nuestra industria: los que pueden alejar a sus amigos y clientes de los destilados más problemáticos, o los que los pueden dirigir hacia los que son hechos de forma ética y tradicional, de una manera que todos podemos celebrar sin culpas. Para estimular lo que piensan al respecto, me gustaría presentarles a algunos innovadores que nos hablarán en la primera mesa redonda de la mañana. Me gustaría pedirles a cuatro de nuestros invitados estadounidenses —algunos con años de experiencia viviendo y trabajando en México— que pasen al frente.

Entonces, David mencionó algunos nombres, y cuatro asistentes sortearon el laberinto de sillas para llegar al frente del bar:

Monique Huston, la exitosamente articulada vicepresidenta de Wholesale Spirits, de Winebow, Chicago, quien reunió una de las colecciones de *whiskies* más grandes del mundo en Dundee Dell, Nebraska, antes de diversificarse para incluir los destilados de agave ricos en *terroir* de México. Su trabajo ha aparecido en el *Wall Street Journal, Forbes* y *Whisky Advocate*.

Francisco Terrazas, actual gestor del Tucson Agave Heritage Festival, quien ha sido anfitrión del pódcast *Agave Sessions*. Conoce las entradas traseras de las destilerías oaxaqueñas tan bien como las de su patria en el desierto de Sonora.

Michael Rubel, gerente general de Estereo, en Chicago, experto artesano y mixólogo de cocteles latinos. Sus bebidas han aparecido en *Lone Wolf* y *Violet Hour*.

Y Gary, que cerró el bateo.

Para sorpresa de nadie, todos los participantes de la mesa redonda rebotaron cualquier atención que les dedicaran hacia los cantineros, que consideraban sus mentores y guías en el mundo de los destilados de agave. Ellos están en el frente todas las noches, no solo en servicio de sus clientes, sino de los propios mezcaleros. Son los traductores, mediadores y eslabones clave en la cadena de producción de los destilados.

Todos los participantes de la mesa reiteraron el mismo mensaje: solo podemos tener una industria de destilados sana si los que ocupan los extremos de la cadena de producción —jimadores y cantineros— son socialmente valorados, empoderados, reciben una paga adecuada por su trabajo y se mantienen sanos.

El aprecio que esos mensajes generaron se expandió en ondas por el lugar: sonrisas, lágrimas y rostros radiantes.

«A veces nos sentimos aislados, saturados de trabajo y despreciados», dijo una joven. «Que ustedes reconozcan nuestro trabajo y que nos alienten a alzar la voz por nuestros principios es una buena noticia que necesitábamos oír».

Desde que David y sus colegas establecieron Siembra Spirits en 2005, como parte de Suro International Imports, su rasgo distintivo ha sido la relación colaborativa con los cantineros de México y los Estados Unidos. Luego, cuando incorporó el Tequila Interchange Project en su portafolio de actividades en 2015, aspiraba a fomentar el poder de los cantineros cuando entrara en contacto con los destiladores e investigadores del agave. La innovación que surgió de esos diálogos al inicio del proyecto impulsó al Tequila Interchange Project en nuevas direcciones, en las que continúa hasta ahora.

Desde el puesto singular que ocupan entre los tesoros escondidos detrás de la barra y los parroquianos que llegan a disfrutarlos, los cantineros son cruciales para todo el conjunto de relaciones que rodean a todos los destilados. Como una vez reconoció Phil Ward, legendario *bartender* neoyorquino: «Yo siempre le he dicho a mi gente que mi contrabarra es mi integridad. Si no te puedo vender lo que tengo en mi contrabarra sin tartamudear, no estoy haciendo bien mi trabajo».

Por supuesto, un escéptico podría decir, cínicamente, que Phil es solo uno del medio millón de *bartenders* de Estados Unidos, y que no todos han alcanzado aún ese nivel de integridad. Sin embargo, los mejores —si no es que la mayoría— son narradores consumados. Tienen la labor de vincular la disposición de sus clientes curiosos a consumir bebidas nuevas con la disposición de los destiladores a brindarles algo distinto para el paladar. Para ayudar a quienes están ansiosos por experimentar destilados que nunca hayan probado, los cantineros deben saber destilar el trasfondo de cada bebida a su mínima esencia.

Ese *ethos* de compartir trasfondos memorables para deleitar e informar es lo que impulsa Siembra Spirits y el Tequila Interchange Project. No solo capturan ideas antes inimaginables sobre los destilados de agave, sino que fomentan la disposición a ser un maestro en cada actor en la cadena de producción. En esencia, los cantineros pueden ser los guardianes de las numerosas historias que puede contener una botella de destilado de agave. Pueden abrir la posibilidad de que los aficionados al licor busquen las historias de destiladores, jimadores y otros miembros de la cadena de producción.

Sin embargo, juntar los valores de todos los cantineros en una sola categoría general tiene tan poco sentido como meter todos los destilados de agave en la misma cubeta. Algunos se concentran en licores derechos, mientras que otros presumen su oficio mezclando cocteles maravillosos. A algunos —sin que sea culpa suya—, sus clientes rara vez les piden algo que no sea su tarro preferido. Sin embargo, también hay mixólogos que rehúsan ofrecer cerveza en absoluto, y que tampoco venden cocteles «enlatados» o trillados. El único destilado de agave que ofrecen algunos es un «tequila de la casa» acompañado de un limón, un poco de sal y un chiste sobre gusanos o desmayos.

Sin embargo, cada vez más *bartenders* saben cómo acceder a los mejores mezcales del mundo, cómo urdir las mejores historias sobre ellos y cómo servirlos en cocteles que ensalcen sus cualidades. Cuando sirven una charola de mezcales para cata, los ofrecen en vasos de barro o en jicaritas personalizadas provenientes de su zona de origen. Acompañan a sus parroquianos en la lectura de la información de origen de la etiqueta, desde la destilería y la localidad hasta la especie de agave y el tipo de alambique usado.

Al igual que muchas otras marcas, Siembra imprime datos detallados sobre la producción de cada lote y botella en sus etiquetas, pero esos solo son puntos de referencia para una historia mucho más grande que se cuenta mejor oralmente, cara a cara, jicarita junto a jicarita. Ningún diseño de etiqueta puede expresar toda la complejidad ambiental, histórica y social del destilado de agave que contiene.

El conducto esencial para revelar esa complejidad es precisamente el cantinero informado e interesado, que puede interpretar puntos específicos de la producción dentro del panorama general y ofrecerle la narración al oído a la par que le ofrece el espirituoso al paladar. Sin embargo, lo que en realidad intentan hacer es darle a cada bebedor una idea de lo único que es cada mezcal.

Los *bartenders* están en las trincheras, corriendo por doquier, pero con un aplomo que construye vínculos entre consumidores, productores, importadores, distribuidores y, a veces, legisladores extranjeros también. A fin de cuentas, son los sumos sacerdotes —apostados en el epicentro del conocimiento de las bebidas espirituosas— que ocupan un puesto de confianza.

Tal confianza puede ser aprovechada de cualquier manera. Algunos están en la nómina de los conglomerados licoreros, que les pagan para publicitar sus productos hasta que la bebida toque los labios, e incluso después. Otros, sin embargo, encuentran la manera de resistir la presión y la propaganda para tomar las decisiones de compra en la barra, no en la sede corporativa.

Unos pocos, como Bobby Heugel, de Houston, han tenido el valor de tirar al caño miles de dólares de licor dudosamente promovido y subir su acto de resistencia a Instagram. Las leyendas como el difunto Tomás Estes, Phil Ward, Ryan Fitzgerald, Jeff Morgenthaler, Jim Meehan, Misty Kalkofen, Ivy Mix, Don Lee, Doug Smith y Brian Eichhorst se han ganado su reputación generando conciencia y aprovechando su influencia. Se han convertido en algo similar a los chefs reconocidos que promovieron la sustentabilidad, la justicia alimenticia y el *terroir* en el movimiento Slow Food.

Sin embargo, ¿cuándo logrará el movimiento Slow Spirits alcanzar al Slow Food? (A fin de cuentas, nuestros agaves y sotoles crecen mucho más lento que las manzanas Granny Smith, los nabos Gilfeather y los

geoducks). Muy pocos «cantineros lentos» han purgado sus restaurantes de margaritas mixtas baratas como hizo Bobby Huegel en el suyo.
¿Cuándo empezaremos a discutir la ironía de los restaurantes supuestamente «de la granja a tu mesa» que seleccionan con tanto cuidado sus
ingredientes y vegetales, pero siguen sirviendo tequilas producidos con
pesticidas dañinos? Ojalá lleguen los días en que los restaurantes «sustentables» tengan contrabarras sustentables.

Durante al menos tres décadas, los ejecutivos que impulsan las mayores marcas de la industria tequilera han estado socavando los cimien-
tos culturales de las bebidas mesoamericanas y aridoamericanas, pues
prefieren publicitar sus marcas con asociaciones superficiales con celebridades o reinas de belleza. Han descartado el uso de agaves maduros
y soberbia agua mineral. Muchos han optado por productos hechos con
difusores, autoclaves y saborizantes y colorantes artificiales, no porque
sean sádicos, sino porque es lucrativo. Hasta han intentado —sin éxito— evitar que los pequeños productores usen la palabra *mezcal*.

Nuestra meta es subir la vara de la integridad y la calidad. Cuando
Siembra Spirits y el Tequila Interchange Project empezaron a llevar a los
bartenders a ver en qué se había convertido el tequila y qué podía recuperarse aún, ellos empezaron a refinar los mensajes que les daban a sus
clientes favoritos en casa. Sin embargo, los grandes actores de la industria del licor no tardaron en contraatacar, desesperados por controlar el
discurso. Presenciamos un marcado aumento en la cantidad de marcas
grandes que añadieron *bartenders* —no solo distribuidores— a su nómina como «embajadores».

Unos cuantos *bartenders* se han convertido en embajadores globales
o *sommeliers* a sueldo de conglomerados con productos dudosos, pues
no se han podido resistir a un buen cheque. A cambio de él, deben beber y promover tequilas mixtos. Empiezan a olvidar verdades evidentes y se vuelven ciegos a los atajos y bastardizaciones visibles a plena luz
del día en muchas de las destilerías tequileras de mejor presupuesto.

Desde luego, hay mucha información y desinformación en línea sobre
los destilados de agave, pero ¿qué prueba de fuego de veracidad ha sido
codificada? Muchos novicios simplemente quedan abrumados, si no es
que desconcertados. Los cantineros, no las marcas, les pueden enseñar a

sus consumidores lo suficiente sobre las tendencias en los destilados de agave para que puedan usar su propio pensamiento crítico para discernir verdad de ficción y autenticidad de paja. Eso, claro, suponiendo que los *bartenders* y cantineros empiecen a asumir el papel de comunicadores en jefe independientes de la cadena de producción. Como augures y verificadores, ellos tienen la llave del futuro de los destilados de agave.

Como vimos con las sucias maquinaciones que pretendían entrar en la NOM 186 del mezcal —y que, por suerte, fallaron—, la voz de los cantineros aún tiene valor. Son los polinizadores que evitan que los diferentes actores y productos de la industria caigan en la endogamia.

A nosotros nos cautivó lo sucedido en 2015 en una reunión clave entre 40 *bartenders* y productores de destilados de agave en la terraza del Bar Agricole en San Francisco, cuando libraron su primera «intervención» exitosa. Ryan Fitzgerald, copropietario de ABV, en Mission District, organizó la reunión para revelar el triste estado de las políticas reguladoras del mezcal.

Luego de agradecer a todos por tomarse tiempo laboral para participar en la sesión estratégica, Ryan les recordó lo que había en juego. Era la integridad de los mezcales, y la capacidad de los mezcaleros tradicionales de, no obstante la presión de las multinacionales que impulsaban las regulaciones del mezcal hacia la vía del tequila y el *whisky*, adherirse a sus tradiciones locales refinadas con el paso del tiempo

Como se lamentó Bobby Heugel, de Anvil Bar and Refuge, «lo difícil es aceptar que las últimas innovaciones de la producción industrial van a ser parte del mezcal. En su conjunto, la producción industrial amenaza el mezcal y podría hacer colapsar todo el sistema».

Eso nos lleva de vuelta a la manera en la que los cantineros influyen directamente en los individuos o «consumidores», que son quienes a fin de cuentas pagan por los destilados de agave. Si los consumidores están decididos a comprar una bebida por un anuncio o un artículo que les llamó la atención, tratarán de encontrarla dondequiera que esté disponible, aunque no haya una razón razonable para preferirla a cualquier otra. El *bartender* puede contrarrestar esa tendencia simplemente pidiéndole que «pruebe y vea» antes de concluir prematuramente que una marca muy publicitada es el *non plus ultra* de los destilados de agave.

Dado ese hecho inmutable de la conducta humana, nos enfrentamos a dos vías claras para cambiar la trayectoria de la cadena de producción. Podemos ayudar a los consumidores abiertos a cambiar sus preferencias basándose en más conocimientos y experiencia, o hacemos que ciertos destilados cuestionables no estén disponibles en nuestros menús.

Hay que tomar en cuenta que, durante el último siglo, algunos mezcales mal hechos salieron del mercado. Algunos simplemente se quedaron atrás por la falta de confianza que inspiraba la manera en la que los producían. En el noroeste de México, los destilados clandestinos llamados *mezcales corrientes* —con apodos como chicote, chinguritos, margayate y tumbayaquis— pasaron de moda por su alto contenido de metanol, su venencia burda y su pobre selección de agaves (a menudo inmaduros). Inevitablemente, algunos mezcales y tequilas terribles acaban fracasando.

Cuando alguien intenta ofrecerles productos de baja calidad solamente para reducir costos operativos, los cantineros pueden tener la función crucial de decir: «¡Basta!». Estamos pensando en Max Reis, del bar californiano Mirate. Luego de un viaje a Jalisco y Michoacán, eliminó de su bar, de forma decisiva y muy pública, cualquier tequila hecho en difusor.

Pensamos en Bobby Heugel, el líder más visible de la industria restaurantera de Houston, que inició la tendencia en redes sociales de tirar ron Flor de Caña al drenaje cuando su corporación nicaragüense les estaba restringiendo a sus jornaleros el acceso al agua a tal grado que algunos morían de insuficiencia renal (como resultado, Flor de Caña recibió un escrutinio tan severo que se vio obligada a hacer mejoras vastas y admirables a la infraestructura de agua potable en sus campos).

Esas son anécdotas drásticas, pero indican un progreso. Por supuesto, algunas compañías necesitan empujones constantes para hacer lo correcto, no solo poner cortinas de humo. El restaurante californiano Gracias Madre impulsó una tendencia de cuestionar y rechazar los tequilas de difusor, hasta el punto en que las compañías que solían enorgullecerse de su eficiencia se empezaron a esforzar por esconder sus máquinas.

La mayoría de los cantineros no deciden qué comprar, y sin duda no tienen la libertad de tirar miles de dólares de licor al caño para subirlo a Instagram. Pero sí tienen la libertad de decir su opinión, y todos nos beneficiamos cuando quienes tienen la mayor libertad de expresión están excepcionalmente bien informados. Los *bartenders* pueden usar su poder único para educar y crear conciencia sobre las tendencias de consumo y, por lo tanto, de compra.

Jeffrey Morgenthaler explica así su propia filosofía educativa:

> Con mi personal, siempre he impartido pequeñas clases sobre los distintos licores, [en las que] fomento de verdad la idea de que, de hecho, *el tequila es un producto agrícola*, y trato de hablar de la diferencia entre productos agrícolas y productos industriales, y trato de que entiendan que por eso esto es distinto. [...] En realidad no importa si un productor de vodka es superresponsable o no. Eso no tiene un gran impacto, porque el vodka es un producto industrial. Pero en el mezcal sí importa.

Nuestro objetivo final no es ver a las grandes compañías de rodillas: solo que rindan cuentas. Para ello, podemos aprovechar los cambios en las tendencias de compra, impulsadas por personas que comuniquen lo que les importa, para que se den cuenta de que una vía social y ecológicamente insostenible tampoco será sostenible para sus ganancias a corto plazo. Entonces, y solo entonces, podremos esperar un cambio.

Ryan Fitzgerald es uno de los miembros del mundo de los destilados de agave que articularon explícitamente esa «teoría» para generar un cambio positivo:

> Cuando las marcas más pequeñas y culturalmente sensibles anuncian abiertamente de dónde provienen sus agaves, qué edad tenían al cosecharlos, quién estuvo involucrado en el proceso, desde la jima hasta la destilación, y cómo ejecutan cada paso de ese proceso, la esperanza es que presionen a las marcas más grandes a hacer lo mismo.

Como mínimo, esa transparencia les comunica a los clientes y a quienes toman las decisiones en la industria qué marcas sí valen más por botella y qué marcas hay que apoyar. Además, esa transparencia les brinda a los consumidores y a la industria preguntas más difíciles que plantearles a las otras marcas —sin importar si son nuevas o bien establecidas, grandes o pequeñas—, y esas preguntas presionarán a esas marcas y a sus representantes a aprender a contestarlas.

En abril de 2020, pasamos una noche de domingo con seis de los jóvenes cantineros que estaban reanimando la escena de los destilados en los bares y restaurantes más innovadores de Guadalajara. Ya nos los habíamos encontrado durante las dos semanas anteriores en Pare de Sufrir, De la O, Alcalde, La Tequila, Café palReal y demasiados lugares hípsteres más como para nombrarlos. Su edad promedio era fácilmente la mitad de la nuestra; eran hombres y mujeres, tapatíos nativos o nómadas de la gastronomía mexicana.

Mientras compartíamos sorbos de tres mezcales y algo de comer, les pedimos que nos contaran los desafíos a los que se enfrentaban. Nos abrieron sus corazones. Los escuchamos con toda la atención posible porque teníamos claro que su generación estaba cambiando la manera en la que pensamos en los destilados de agave y la manera en la que los bebemos.

Algunos hablaron de «darse el tiempo» para aprender su oficio cuando el propietario o el *bartender senior* controlaba la lista de licores que entraban por la puerta y los cocteles que tenían permitido preparar. Sí, habían hecho sus pininos con esos mentores, pero ansiaban más.

Así, empezaron a visitar maestros mezcaleros en sus días libres, para probar y ver la asombrosa diversidad de licores que está surgiendo en México. Y entonces empezó su «conversión» y pudieron ver los destilados de agave con la profundidad con la que Max Reis los ha descrito:

Te das cuenta de que este licor es increíble porque es la imagen de su tiempo, de su lugar, de su terruño, de su familia, de su tradición… Así, empiezas a ver la manera en la que eran antes las cosas y cómo podrían ser, y entonces empiezas a ver la manera en la que son ahora cuando las yuxtapones con otras prácticas. [...] Creo que se vuelve muy claro por qué deberías estar teniendo ciertas prácticas y por qué deberían preservarse estas cosas.

Ese es el momento en el que los cantineros empiezan a responder a cada mezcal por su carácter distintivo y a ver cómo pueden presumirlo. Inspiró a los *bartenders* tapatíos a experimentar planeando cocteles de distintos mezcales con tepaches, ponches y bebidas fermentadas localmente, frutas curadas o especias frescas. Aprendieron la lengua vernácula que usan los destiladores artesanales para hablar de los perfiles de sabor y fragancia para ensalzarlos en vez de enterrarlos bajo una tonelada de azúcar. Esa se volvió su manera de demostrar respeto por los esfuerzos hechos por los propios mezcaleros.

De vuelta en el bar, al principio los recién inspirados cantineros de Guadalajara se decepcionaron por cuán pocos clientes —ya fueran ciudadanos mexicanos o viajeros extranjeros— expresaron interés en ampliar sus horizontes. Pero poco a poco, paso a paso, copa a copa, sus parroquianos más fieles se volvieron cada vez más curiosos. Como señaló uno de ellos: «A veces tenemos clientes maravillosos que entran y quieren que les contemos de los productos más únicos que tenemos en la contrabarra».

Las historias que esos cantineros traían desde los campos iluminaban rostros y abrían nuevos horizontes. Aun así, reconocieron que seguían intentando construir confianza con sus clientes más inquisitivos. No podían taladrarlos con información sobre autoclaves, difusores, murciélagos nectarívoros o políticas regulatorias, pero sí podían abrir la conversación y medir su nivel de interés.

Sus comentarios nos recordaron lo que Max Reis dijo tan bien en uno de nuestros primeros encuentros:

Si entras a un bar, ya sea de vinos, de agave o de *whisky*, y estás con gente cuya opinión sobre ti valoras, lo último que quieres es que la persona que te atiende te haga pasar vergüenzas. Así, nunca decimos nada negativo de una marca: solo promovemos las que ya estamos promoviendo… y así promovemos también a nuestros clientes.

Sin embargo, todos los cantineros que conocimos en Guadalajara se mostraron desolados cuando David les reveló cuán poco ganan los que están en el frente de la cadena de valor —los campesinos y fermentadores, jimadores y cargadores— a cambio de su sangre y su sudor, su arte y su inteligencia. No obstante, como se lamentó una mujer llorosa, ¿cómo empiezas a hablar de ese tipo de cosas en un lugar al que la gente va a divertirse, en un santuario en el que los debates sobre política y justicia social suelen mantenerse fuera?

A todos nos conmovieron profundamente las variadas dimensiones de nuestra conversación vespertina, pues hablamos de principios, políticas, placer y promesas. Un joven se quedó callado la mayor parte de la noche, pero luego nos preguntó, sencillamente, qué creíamos que podía hacer él —un cantinero cansado y explotado— por volver más sana, prudente o sustentable la industria. ¿Cómo meter más horas laborales en su día para explorar preguntas tan difíciles?

No hay una respuesta sencilla: solo gratitud y solidaridad.

Mientras David y yo nos retirábamos a nuestros cuartos, nos sentimos humildes e inspirados por el talento y el compromiso expresados por esos jóvenes innovadores. Si bien siguen lidiando a diario con muchos dilemas que no les podemos ayudar a resolver en nuestra vida limitada, podíamos quedarnos tranquilos pensando que la siguiente generación estaba a cargo del futuro del mezcal y del destino de todos los destilados de agave.

Ellos, no nosotros, indicarán el camino correcto.

El doctor Gentry, botánico pionero del agave, abrazado por un maguey.

POLÍTICAS PARA UN FUTURO MÁS BRILLANTE Y DELICIOSO

¿Adónde se dirigen los mezcales y otros destilados de agave? Si sus identidades distintivas y perfiles de sabor han de sobrevivir y seguirse diversificando para aumentar nuestro disfrute, deben regresar de vez en cuando a sus raíces ecológicas y culturales, como hacen los propios magueyes. Como ha dicho muchas veces nuestra amiga Patricia Colunga-García Marín, «nuestro futuro es ancestral».

Sin embargo, la economía de los destilados de agave también debe retroceder para apoyar por completo a los trabajadores de los viveros, a los jornaleros, a los jimadores y a los pequeños destiladores. Quienes participan en las interacciones clave de la producción de destilados de agave deben garantizar que los murciélagos polinizadores, los árboles para leña, los microbios del suelo y los de las tinas de fermentación estén bien cuidados, pues ellos están en el frente. ¿Cómo, como consumidores, hacemos para escuchar a los agricultores y sus trabajadores para que sepan que apoyamos sus esfuerzos por hacer sus operaciones más sanas y seguras? Y ¿cómo tendemos puentes entre productores y consumidores para compartir una visión holística y sincera de un futuro más sano y delicioso, que podamos seguir saboreando durante muchas décadas más?

En el apéndice 1 ofrecemos un manifiesto mezcalero de 10 puntos que establece una agenda holística para los destilados de agave, que está cimentada en valores éticos y en un profundo amor por los magueyes.

Uno de nuestros mentores expresó de forma muy clara las raíces profundas que pueden apuntalar mejor el futuro de la familia de los destilados de agave en una visión que tuvo en un sueño hace más de 50 años. Ahora te contaremos la historia de esa extraordinaria visión y de cómo empezó a echar raíces en el mundo.

Una noche cálida pero con brisa en Tucson, en 1978, un vivaz explorador vegetal de 75 años llamado Howard Scott Gentry se reunió con dos docenas de personas en un huerto desértico, para compartir traguitos de mezcal bacanora y contarnos anécdotas. El doctor Gentry nos duplicaba la edad a casi todos los asistentes, pero seguía estando tan en forma y seguía siendo tan ingenioso y despierto como cualquiera. Luego de pasearse con algunos de sus amigos más antiguos de Tucson, identificando todas las especies de agave en el huerto, lo invitaron a pasar al estrado iluminado, donde se sacó unas hojas manuscritas del bolsillo. Dio un traguito más de bacanora y dejó su caballito junto a los papeles en el podio. Empezó a hablarnos como lo haría un profeta del desierto o un chamán mesoamericano.

Quedamos hechizados desde las primeras palabras que salieron de entre sus bigotes.

Al ser un hombre, pienso y hablo como hombre, pero hoy también estoy hablando por el agave. Como defensor del agave, hablo con el mismo espíritu que tiene la calcomanía en la defensa de un automóvil que pregunta: «¿Ya le diste las gracias a una planta verde hoy?». Mi objetivo es subrayar el tema del mutualismo entre dos organismos diferentes. A costa de ser un poco antropocéntrico, quiero mostrarles todo lo que el agave ha hecho por el hombre y lo que el hombre ha hecho por el agave. La principal puesta en escena de esta simbiosis sucedió en México, allá en tiempos de las primeras etapas de la caza y la recolección, a lo largo de la agricultura y hasta el estadio civilizatorio de las ciudades-estado.

La luz cálida de la luna llena volvía radiante la cara del anciano. Su voz, aclarada y fortalecida por los sorbos que le daba al mezcal joven, hacía parecer que estaba declarando verdades no solo para los presentes, sino para todas las mujeres y hombres que hubieran bebido los jugos del agave —frescos, fermentados o destilados— en cualquier época. Aparte de los llamados lastimeros de un chotacabras y las ululaciones de un tecolotito enano, alcanzabas a oír los latidos de tu propio corazón cada vez que Gentry se detenía a tomar un traguito de mezcal. Nos tenía hipnotizados. Era como si hubiéramos entrado en un trance colectivo.

Gentry se salía del guion de vez en cuando, como suelen hacer los mayores, una vez para expresar su gratitud a sus compañeros de trabajo de campo en las barrancas de la Sierra Madre Occidental y los llanos del Altiplano: gente como Juan Argüelles, quien lo guio a lomo de mulas por las tierras de los guarijíos cuando seguía siendo un adolescente al que todo mundo llamaba Juanito, y Efraím Hernández Xolocotzi, el explorador de plantas y etnobotánico mexicano al que más admiraba. Pero, tarde o temprano, siempre volvía al tema de su plática: que nosotros, como habitantes de América, somos tan dependientes de los agaves como ellos de nuestros cuidados diligentes y de que conservemos su diversidad:

Los antiguos mexicanos cultivaban y apapachaban el maguey sin cesar. Despejaban campos silvestres para plantar agaves. Abrieron un nuevo entorno nutritivo con distintos hábitats y nichos ecológicos para las variantes aleatorias de ese género de tanta riqueza genética. Los cultivadores le dieron un hogar en los suelos productivos y luego le brindaron agua y abono. Lo protegieron de los árboles invasores. Seleccionaron las desviaciones genéticas más productivas al plantar hijuelos. Las especies de agaves se multiplicaron hasta alcanzar más variedades de las que hemos podido caracterizar y contar. Ese esfuerzo agrícola formó un complejo socialmente disciplinado supeditado al simbionte del agave. En general, eso fue lo que el hombre hizo por el agave en esa simbiosis mesoamericana.

El doctor Gentry paladeó otro sorbo de mezcal para mojarse la garganta, y continuó.

En respuesta, el agave ha nutrido al hombre. Durante los varios miles
de años que han vivido juntos, el maguey ha sido una fuente renova-
ble de comida, bebida y artefactos. Cuando el hombre se estableció
en comunidades, los agaves se convirtieron en verjas que marcaban
territorios, protegían cultivos, brindaban seguridad y adornaban el
hogar. El maguey fomentó el hábito sedentario, la atención a los cultivos y el propósito firme a lo largo de años y vidas enteras, todas ellas
virtudes requeridas por la civilización. Cuando la civilización y la religión se desarrollaron, el agave nutritivo se convirtió en un símbolo,
hasta que con su jugo estimulante el hombre lo convirtió en dios. El
agave civilizó al hombre. ¡Eso fue lo que hizo por él!

Podíamos ver a nuestros colegas asentir, suspirar, casi desmayarse, mientras Gentry expandía su visión cada vez más, hasta que pareció tocar
cada interacción imaginable entre los seres humanos y la naturaleza.
Y entonces, el viejo botánico nos llevó de vuelta al centro del vórtice:
los destilados de agave.

Las bebidas del agave son particularmente interesantes porque afectan
la mente además del tracto digestivo. […] Para muchos, el alcohol [de
agave] es un paliativo porque permite ejercicios mentales y psíquicos
que de otra forma no son funcionales. Promueve el compañerismo y la
comunicación; muchos tratos y acuerdos se hacen en la oficina social
de la cantina o el club. Como catalizador social, [los destilados de aga-
ve] parecían haber fomentado giros mentales. […] Mayahuel, la diosa
principal del maguey, se convirtió en una nodriza que nutría el cuerpo, saciaba la garganta seca, aliviaba las presiones del deber, exaltaba
el espíritu y brindaba un cese temporal a la vida dura, y, al ser divina,
protegía el lugar. En su conjunto, se trataba de otro grupo de contribuciones del agave al hombre durante los siglos de simbiosis. Vemos que
el agave hospeda al hombre en una suerte de erotismo social.

Nunca jamás habíamos oído a un científico tan reconocido dar esos sal-
tos poéticos y brincos místicos. Pero cuando Gentry se empinó lo que
quedaba de mezcal en su copa, levantó una foto que alguien le había

tomado años antes en el campo, una figura diminuta sentada en el profundo abrazo de las pencas curvas de un enorme maguey pulquero: «Esta es la última diapositiva, y es hora de la última verdad. Me ven contenido en los brazos de un maguey gigante. Soy hijo de Mayahuel, la diosa del agave. Lo que les he contado hoy es lo que ella me pidió que les contara».

Silencio pasmado. Luego unas risitas, un aplauso atronador, vivas y hurras. La gente brincaba del gusto, del asombro y de la risa. Levantamos copas de margaritas escarchadas sobre las cabezas, y una botella de bacanora pasó entre quienes lo tomaban derecho. Un par de mujeres se levantaron a abrazar al arrugado hombre de campo. Irradiaba una gran sonrisa.

El doctor Gentry aceptó toda la gratitud con gracia y luego alzó ambas manos para calmarnos. Nos pidió que lo escucháramos un poco más, una parte de su visión que no había escrito junto con el resto de sus palabras:

Sospecho que muchos de ustedes apreciarían una parte más de esta historia que dejé fuera de mi transcripción, porque no ha sucedido aún. Esto es sobre el futuro, no sobre el pasado. Verán. Una noche, hace algunos años, tuve un sueño, uno que puedo recordar con una precisión inquietante hasta el día de hoy. Sigo dedicándole toda mi atención porque presiento que contiene algo de viabilidad para nuestro futuro y el del agave.

Luego de regresar de un riguroso viaje de recolección de plantas, estaba completamente agotado, así que me tomé una tapita de mezcal y me quedé dormido en un reposet. Entonces me golpeó: la necesidad urgente de hacer un lugar mejor y más seguro para todos los agaves del mundo, dadas su importancia cultural, si no es que espiritual, y el nivel de peligro al que muchas especies vegetales se están enfrentando.

En el sueño, vi una posible solución: construir un jardín botánico vertical o santuario para todas las especies de agave del continente. Estaría situado en los barrancos sobre el pueblo mágico de Tepoztlán, en el estado de Morelos. Estaría acunado justo debajo de los restos del antiguo templo del Tepozteco, que está construido sobre el sagrado monte Tepozteco, que domina el valle entero.

Gentry hablaba de una pirámide de 30 pies (unos 10 metros) construida en el periodo Posclásico en honor a Tepoztécatl, el dios azteca de la cosecha, la fertilidad, el maguey y su bebida intoxicante, el pulque. En la mitología mesoamericana, Tepoztécatl también era uno de los conejos divinos o ebrios que se reunían con frecuencia para beber agave juntos, como estábamos haciendo esa misma noche. Luego, Gentry dijo sobriamente, con tono de profesor:

> Ahí, en el acantilado, he visto una variedad de microambientes apropiados para casi todo el rango de especies de agave de todo el Nuevo Mundo: nichos soleados y sombreados, húmedos y secos, de varios tipos de piedra y suelo. Ahí ya residen polinizadores y biota del suelo. Sería fácil construir elevadores en las quebradas para que los botánicos, horticultores y campesinos subieran fácilmente entre grupos de agaves que crecieran mejor a distintas elevaciones; unas rampas horizontales, andamios o veredas móviles podrían transportar a sus cuidadores a lo largo de la ladera.
>
> En ese banco genético vivo, conservatorio o reserva *in situ* de diversidad del agave, los conservacionistas podrían mover granos de polen entre distintos magueyes cuando florezcan para polinizarlos a mano en pos de la pureza, o dejar que los muchos murciélagos nectarívoros que frecuentan las cuevas del Tepozteco policen cualquier flor abierta, para generar más diversidad. Ese conservatorio no suplantaría las reservas naturales en los lugares de origen de cada especie, sino que servirían de red de seguridad en caso de que algo les sucediera a las poblaciones más raras que hay en la naturaleza. Y, si vivo lo suficiente, espero trabajar con muchachos y muchachas como ustedes para hacer este sueño realidad.

Si bien Gentry vivió una década más antes de morir, a los 90 años, nunca vio materializarse su visión epifánica de un conservatorio de agaves en

Tepoztlán. No obstante, sí siguió trabajando en su Gentry Experimental Farm en Murrieta, California, cultivando docenas de especies de agave, y fungiendo de mentor para los investigadores más jóvenes del maguey en jardines botánicos y universidades de Arizona, California y muchos estados mexicanos. Esos «jóvenes brotes» de la humanidad —como los hijuelos vegetativos del maguey o los conejos divinos— también son la progenie de la diosa del agave, Mayahuel.

Ahora tú también formas parte de la gran familia del agave. Con tu ayuda como parte de los Centzon Totochtin —los espíritus aztecas de los hijos fiesteros y bebedores de Mayahuel—, quizá logremos hacer realidad la visión de Gentry antes de dejar el Planeta Desierto hacia el Mundo Espirituoso del Agave.

Si llegaste hasta este punto de la historia de las maravillas y aflicciones de esas suculentas con forma de mandala, también te has vuelto parte de esa antigua simbiosis entre hombre y maguey, entre mujer y mezcal mesoamericano. Te nombramos guardián de esa simbiosis dinámica y te rogamos que te asegures de que esas relaciones espirituosas nunca se extingan.

Por mucho que queramos a los diferentes mezcales y a los innovadores creativos que los hacen, estamos dolorosamente conscientes de que la industria de los destilados de agave se está enfrentando a difíciles desafíos por todo México.

Los recolectores de agaves silvestres y los campesinos, los leñadores y los guardabosques, los maestros destiladores y los cantineros, los restauranteros y los distribuidores, los consumidores y los conservacionistas por igual deben confrontarlos tarde o temprano. A menos que se instauren de inmediato prácticas más sustentables y políticas más compasivas, nos arriesgamos a perder gran parte de todo lo que tiene un valor cultural y ecológico en este ámbito.

Nos arriesgamos a ver más poblaciones silvestres e incluso especies enteras al borde de la extinción. Nos arriesgamos a ver agotarse especies de leña antes comunes. Nos arriesgamos a perder la fertilidad del suelo, la diversidad microbiana y los preciosos polinizadores de los paisajes dominados por los agaves. Nos arriesgamos a presenciar el fin de las variedades cultivadas de mezcal ya de por sí raras, y el empobrecimiento concomitante del conocimiento ecológico tradicional al respecto. Nos arriesgamos a aniquilar la miríada de levaduras y bacterias en las tinas de fermentación, y el conocimiento de cómo sacarles el sabor y la fragancia por medio de una destilación cuidadosa.

Si la antigua abundancia de esos tesoros naturales y culturales sigue decayendo, también podríamos ver la pérdida de salud, bienestar social y sustento de decenas de miles de trabajadores en las tierras agaveras. Los consumidores van a perder los aromas y perfiles de sabor de los destilados más complejos de la Tierra: los muchos destilados de agave únicos que ahora nos deleitan. Emanará de tales pérdidas un efecto dominó que llevará a la perturbación de interacciones benéficas entre especies, culturas y naciones.

Afortunadamente, la Secretaría de Economía de México permite que cualquier interesado —jimador, destilador, distribuidor, cantinero o consumidor— pida sentarse a la mesa cuando las comisiones reguladoras del tequila, el mezcal y otros destilados tengan juntas para tomar decisiones. Ante la propuesta de la NOM 186 —dirigida a restringir el uso de la palabra *mezcal* por parte de los productores o distribuidores que no estén bajo el manto del Consejo Regulador del Mezcal—, miles de ciudadanos mexicanos y estadounidenses expresaron su indignación. En ese caso, la opinión de los mezcaleros, cantineros y consumidores prevaleció.

Cuando se propuso la NOM 199 para obligar a los productores de destilados 100% de agave a usar el nombre *komil* para sus licores y prohibir que usaran el término científico *agave*, más de 20,000 firmas y cartas irrumpieron para oponerse al insulto. Como reportó *Mezcalistas*, «En una inversión impactante de los últimos cincuenta años de política pública, el gobierno del presidente López Obrador ha decretado que la nación de México le está devolviendo la palabra *mezcal* al pueblo de México para que pueda "vigorizar el alma mexicana"».

La buena noticia es que ese aumento en el interés no necesita empezar a forjar soluciones desde cero para evitar lo que el ecólogo de la UNAM Alfonso Valiente-Banuet ha llamado «un colapso en el ecosistema agavero». Él ya hizo un llamado para «un plan integral que combine la producción de mezcal artesanal, el desarrollo rural para los pequeños productores y el mantenimiento de la biodiversidad».

Valiente-Banuet forma parte de la docena de ecólogos y conservacionistas de clase mundial que ya pensaron muchos de los elementos que habría que incluir en tal plan integral. Sin duda, el plan no puede quedarse solo en evitar que las poblaciones y especies de agaves se extingan. Valiente-Banuet y sus colegas ya advirtieron claramente «que un componente que se pasa por alto de la pérdida de biodiversidad que suele acompañar o incluso preceder la desaparición de una especie es la extinción de sus interacciones ecológicas [y culturales]».

Por eso, las soluciones genuinas deben consistir en mucho más que simplemente frenar la constante pérdida de una especie de agave tras otra. Deben lidiar con lo que el biólogo de murciélagos Ted Fleming y Gary llamaron «la conservación de mutualismos del Nuevo Mundo» en una columna de opinión en *Conservation Biology* en 1993. Para evitar la extinción de las relaciones, las soluciones a largo plazo deben conservar y restaurar todo tipo de especies que interactúan en el «holobionte del agave»: los microbios en sus raíces y pencas, los polinizadores y otra fauna benéfica, las plantas que lo acompañan en la milpa y la comunidad de cuidadores humanos.

Hay soluciones probadas disponibles. De hecho, ya hay proyectos piloto en al menos media docena de estados mexicanos, así que no nos gustaría insinuar que estos esfuerzos están «empezando desde cero». Lo que sí proponemos es colaborar con muchos sectores económicos y culturas indígenas para aumentar los esfuerzos que pongan la producción y el consumo del agave en una trayectoria más resiliente.

He aquí unas breves evaluaciones de los 11 problemas clave, con nuestras propuestas para resolverlos:

1.ᵉʳ problema. El *boom* desatado en la demanda amenaza con extinguir las especies de agave silvestres. Dos de cada tres especies de maguey ya se enfrentan a algún nivel de riesgo debido a causas múltiples, la principal de las cuales es la demanda de mezcal.

1.^{era} solución. *Proteger y restaurar la base biológica de todos los destilados de agave: las especies de magueyes, los árboles nodriza, los microbios del suelo y los polinizadores de los que dependen.*

2.º problema. Las restricciones regulatorias del tequila, el mezcal, el bacanora y la raicilla favorecen clones seleccionados o subespecies en vez de la heterogeneidad, lo que despierta el riesgo de colapso genético, infestación de insectos, catástrofe climática y epidemias.
2.ª solución. *Promover una base genética más amplia para la producción, incluyendo mezclas de varias especies o variedades.*

3.er problema. El monocultivo de agave para tequila, espadín y quizá también bacanora —en el que unos cuantos clones o familias propagadas vegetativamente son plantados en docenas de miles de hectáreas— amenaza con un colapso agroecológico, pandemias y plagas de insectos.
3.ª solución. *Reintegrar múltiples especies y variedades de agaves de distintas edades en milpas diversas y otros sistemas agroforestales.*

4.º problema. Las plantaciones de agaves de la misma edad se arriesgan a un colapso demográfico y exacerban las fluctuaciones dañinas en la disponibilidad de ejemplares de vivero para trasplantar.
4.ª solución. *Mejor usar el programa Sembrando Vida, cultivadores privados y otras estrategias para fundar viveros que cultiven agaves desde la semilla para fomentar una heterogeneidad de estratos de edad en los campos, de modo que cada año el 10% de las plantas estén completamente maduras para la cosecha.*

5.º problema. Cosechar agaves de entre cuatro y siete años de edad para meterlos en difusores, donde se fulminan sus fructosanos para hacer un fango azucarado, daña el medio ambiente y priva al producto final de los sabores, colores y fragancias que imparten los agaves maduros.
5.ª solución. *Prohibir la cosecha de plantas inmaduras, el uso de difusores y la adición de saborizantes y colorantes para la elaboración de tequila y otros destilados de agave.*

6.º problema. La uniformidad del paisaje y el agotamiento de los árboles para leña perturba las interacciones ecológicas y el reclutamiento y establecimiento de plantas nuevas, lo que empuja al ecosistema hacia el colapso.

6.ª solución. *Salvaguardar los árboles y agaves más viejos, además de los hábitats de murciélagos (incluyendo cuevas y hendiduras en la roca) adyacentes a los campos y proteger el 30% de todos los magueyes reforestados de cualquier tipo de cosecha hasta que hayan florecido y echado semilla.*

7.º problema. Los jimadores y mezcaleros más hábiles y conocedores, con décadas de experiencia cuidando agaves, están siendo reemplazados por jornaleros sin formación, por lo que nos arriesgamos a perder su conocimiento agroecológico de gestión de plantas.

7.ª solución. *Ofrecer una mejor paga y prestaciones, además de otros incentivos, para mantener a las familias empleadas en el cuidado de los agaves.*

8.º problema. El uso excesivo de pesticidas y herbicidas está dañando la salud humana y amenaza con colapsar la fuerza laboral, pues está desatando cáncer y una mortandad prematura entre los trabajadores.

8.ª solución. *Adoptar estrategias integrales de control de plagas y enfermedades en los campos de agave para reducir los impactos negativos del exceso de toxinas agroquímicas, y brindar un mejor servicio de salud laboral y pruebas toxicológicas en las clínicas locales.*

9.º problema. La transformación de las inulinas hipoglucémicas del agave en jarabes o «néctares» altos en fructosa amenaza con agravar las peores crisis de salud pública de México: la obesidad infantil y la diabetes tipo 2.

9.ª solución. *Prohibir el uso de agaves en difusores y autoclaves que producen jarabes y néctares altos en fructosa, y poner sellos de advertencia en todos los edulcorantes de agave para advertir a los consumidores de los riesgos sanitarios del consumo excesivo de azúcares simples.*

10.º problema. La monopolización de los mercados y del transporte a larga distancia de las plántulas de agave de una zona de producción a otra amenaza con inflar los precios, difundir enfermedades entre los cultivos y homogeneizar el terruño, y también niega la integridad de la apelación de origen geográfica.

10.ª solución. *Fortalecer los controles fitosanitarios, restringir o prohibir la transferencia de plántulas fuera de la misma zona, subsidiar los viveros comunitarios e imponer límites en los precios de las plántulas.*

11.º problema. La disparidad actual en la compensación por el trabajo en la cadena de producción del agave es una de las peores en la industria de alimentos y bebidas en todo el mundo, al favorecer a los ejecutivos de las multinacionales, a los intermediarios del trasplante y a los vendedores a costa de los jimadores, destiladores y cantineros.

11.ª solución. *Reestructurar la cadena de producción de los destilados de agave para eliminar toda clase de subsidio que reciban las grandes corporaciones y crear más equidad entre los actores en cada eslabón, de modo que los riesgos y beneficios estén mejor repartidos.*

Para que esas soluciones funcionen, es posible que los destiladores tengan que cortar vínculos con los consejos reguladores y usar fuentes alternativas de pruebas de laboratorio, promoción de exportaciones, publicidad colectiva e imposición de políticas públicas. Más productores renunciarán a llamar a sus productos de cualquier forma que no sea destilado 100% de agave, pero deberían considerar marcas registradas colectivas e indicadores o apelaciones geográficas en vez de bailar al ritmo de la denominación de origen.

En resumen, habrá una fuerte resistencia de los productores, cantineros y consumidores a cualquier intento de controlar u homogeneizar los destilados de agave. Las estructuras nuevas y más equitativas, como las asociaciones civiles y las cooperativas campesino-destilador, surgirán con mayor frecuencia en todos los estados en donde se elaboran destilados de agave, en vez de que la industria se siga adentrando por el peligroso camino de la gran industria tequilera.

Cuando esas otras trayectorias generen trabajadores más sanos y mejor recompensados, y destilados más diversos y sabrosos sin seguir agotando la naturaleza ni la cultura, los bebedores responsables del mundo lo notarán.

Entonces, todos podremos alzar nuestras jicaritas para ofrecer una bendición, oración o hurra, y beber mezcal y sus muchos parientes espirituosos sin culpas.

AGRADECIMIENTOS

David y Gary queremos agradecer la buena voluntad y el aliento que nos dieron nuestras esposas —Marité y Laurie, respectivamente— y nuestros colegas mientras estábamos inmersos en viajes para el proyecto y durante la redacción de varios borradores. Agradecemos el involucramiento de nuestros hijos —David Jr., Elisa y Dan Marcos, y Laura Rose, Danny, Jeremy, Jessica y Dustin— durante muchas aventuras y sucesos relacionados con los agaves. Los miembros de nuestro equipo profesional, Oscar Serrano, Dino Rosario, Eduardo Moreno, Maria Cisneros, Nicole Harris, Ana Urgiles, Brenda Padilla, Ana Padilla, Ricardo Cardenas, Jeff Banister, Ben Wilder, Erin Riordan y Beto Villa, nos ofrecieron ayuda y consejo extraordinarios.

También estamos en deuda con los confidentes y mentores que nos han guiado durante décadas, incluyendo a Tomás Estes, Howard Gentry, Xolo Hernandez X., Carlos Camarena, Salvador Rosales Briseño, Salvador Rosales Torres, Patricia Colunga García Marín, Daniel Zizumbo-Villarreal, Pedro Jiménez Gurría, Alfonso Valiente Banuet, Arturo Gómez-Pompa, Suzanne y Paul Fish, Alan Weisman, William Steen, Paul Mirocha, Ana Guadalupe Valenzuela Zapata, Exequiel Ezcurra, Luis Eguiarte, Valeria Souza, William *Doug* Smith, Rodrigo Medellín, Rogelio Luna, Rodolfo Fernández, Claudio Jiménez, Fernando González, José Hernández, Wendy Hodgson, Greg Starr, Alejandro de

Ávila, Alejandro Casas, Francisco Terrazas, Monique Huston, Juan Olmedo, el difunto Ronnie Cummins y Alfredo Corchado.

Queremos expresar nuestro agradecimiento con las muchas familias de mezcaleros con las que hemos interactuado durante todos estos años: las familias Vieyra, Rosales, Ángeles Carreño, Olivera Aguilar, Contreras, Partida, Fernández, Macedas, Sánchez, Encinas Molina, Miranda Parada, Juárez, Virgen, Pérez, Joya, Rasero y muchas más. Nos alegra que la conservación y la cultura del agave formen parte de los festivales del agave en Tucson y Marfa, y de la Fermentation Fest en Wisconsin. Queremos agradecer en especial a Todd Hanley y Francisco Terrazas, del Hotel Congress; a Jonathan Mabry, de Tucson City of Gastronomy, y a Tim Johnson, de la Marfa Book Company, a Jay Salinas y Donna Neuwirth, y a Meredith Dreiss, Elizabeth Johnson, Sarah Bowen y Sarita Gayatan, que enriquecen esos eventos. David quiere agradecer a los siguientes cantineros, mixólogos y restauranteros: Federico Díaz de León, Phil Ward, Misty Kalkofen, Bobby Heugel, Ryan Fitzgerald, Jim Meehan, Joaquín Meza, Jeff Morgenthaler, Maxwell Reis, Tetsu Shady y Ivy Mix.

Queremos agradecer a los siguientes académicos, cuidadores de viveros y activistas por los murciélagos y los agaves: César Ojeda-Linares, Patricia Carlos Martínez del Río, Ted Fleming, Park Nobel, Abisaí García Mendoza, Donna Howell, Robert Bye Jr., Patricia Lappe-Olivera, Nacho Torres, Raul Puente, Luis Hernandez, Ryan Stewart, Greg Starr, el difunto Tony Burgess, Edmundo García Moya e Iván Saldaña Oyarzábal.

Agradecemos a quienes participaron en la edición, arte y producción de este libro: René Tapia, Melanie Tortoroli, Annabel Brazaitis, Jessica Murphy, Karen Wise, Sean Duffin y Anna Oler.

Gary agradece el apoyo del W. K. Kellogg Endowment de la Universidad de Arizona, Agnese Haury, Desert Botanical Garden, Arizona-Sonora Desert Museum y el Borderlands Restoration Network.

Todo nuestro equipo está agradecido con nuestros agentes literarios, Victoria Shoemaker y Richard Friedman, por ayudarnos a conceptualizar este libro y facilitar que llegara a las manos correctas.

EL MANIFIESTO MEZCALERO

Gary Paul Nabhan y David Suro Piñera

Nota: Este es un «llamado a la acción» que expande la breve lista de problemas y soluciones al final del epílogo. Abreva de la sabiduría de muchos agricultores, cosechadores de plantas silvestres, destiladores, cantineros, ecólogos especializados en polinización, académicos especializados en justicia alimentaria, microbiólogos y legisladores recopilada durante diálogos sostenidos entre 2019 y finales de 2022. Tenemos la esperanza de ponerlo en manos de representantes de la Comisión Reguladora y funcionarios federales durante 2025.

Preámbulo

Como jimadores, restauradores de hábitats, cultivadores, guardianes, destiladores, distribuidores, botánicos, cantineros, consumidores y ciudadanos preocupados cuyos paisajes y sustento dependen de la conservación de la planta del agave, de su impacto cultural y del disfrute culinario de los alimentos y bebidas derivados del maguey, nos unimos para alertar al mundo de los difíciles retos a los que se enfrentan ahora al menos el 60% de todas las especies de agave, la vida silvestre y la diversidad microbiana asociada con ellas y la industria de los destilados de agave que depende de ellas.

Como advirtió tan claramente el ecólogo mexicano Alfonso Valiente-Banuet, «un componente que se pasa por alto de la pérdida de biodiversidad que suele acompañar o incluso preceder la desaparición de una especie es la extinción de sus interacciones ecológicas [y culturales]». Debido a la pérdida constante no solo de una especie de maguey tras otra, sino de todas las demás especies que interactúan en el «holobionte del agave», necesitamos lo que el doctor Valiente-Banuet llama «un plan integral que combine la producción de mezcal artesanal, el desarrollo rural para los pequeños productores y el mantenimiento de la biodiversidad».

Juntos intentamos no criticar, sino idear soluciones a largo plazo para una producción equitativa y sustentable de los diversos mezcales y otros miembros de la familia de los destilados de agave.

Estamos dedicados a mejorar el bienestar de todos los involucrados en cada eslabón de la cadena de producción de los destilados de agave, desde los botánicos y cultivadores hasta los cantineros.

Hemos llegado a un momento crucial en la historia para determinar el futuro de los destilados de agave, que ejemplifican las contribuciones únicas que ha hecho México al patrimonio gastronómico de América.

Es momento de actuar.

Valores únicos

Queremos honrar, proteger y celebrar la particularidad de los mezcales y los demás destilados 100% de agave, comparados con todos los demás espirituosos producidos en el planeta, incluyendo el tequila:

1. Hay más «diversidad en una botella» en un lote pequeño de destilados 100% de agave que en cualquier otra bebida alcohólica en el mundo; se usan más de 62 especies de agaves para la producción de mezcal, además de más levaduras y bacterias que las involucradas en la fermentación de cualquier otro destilado disponible en el mercado.

2. La probable microdestilación de alcohol de agave hecha en tiempos precoloniales quizá represente la tradición destiladora más antigua de cualquier bebida vegetal de América, y debería ser considerada

un rasgo clave del patrimonio gastronómico mexicano decretado Patrimonio Cultural de la Humanidad por la UNESCO.

3. Más culturas indígenas y de inmigrantes han contribuido al conocimiento tradicional y a las biotecnologías usadas para producir destilados de agave que para cualquier otra bebida. Esos participantes de la industria viven y trabajan con los agaves en al menos 22 estados mexicanos.

4. Muchos productos forestales no maderables están asociados con el mezcal como ingredientes en medicinas herbales basadas en agave, curados, pechugas y sales.

5. Hay usos espirituales, ceremoniales y rituales bien documentados del mezcal en muchas culturas indígenas de Mesoamérica que deberían ser protegidos como parte de su derecho inalienable a la libertad de culto. Sus derechos de propiedad intelectual también necesitan protección.

Plan de acción de 10 puntos

Proponemos un plan de acción integral para poner la industria de los destilados de agave y sus diferentes actores en un rumbo más sano y sustentable. Con la inversión pública apropiada, todas las acciones propuestas pueden lograrse en menos de una década.

1. Aumentar los esfuerzos de Sembrando Vida y de las iniciativas privadas para reforestar los agaves silvestres y los árboles usados como leña para la tatemada y la destilación del mezcal. Debería permitirse que el 30% de esos agaves y árboles florezcan para los murciélagos y otros polinizadores, de modo que puedan producir semillas para regenerar el bosque.

2. Garantizar una mayor protección y retirar permisos para cosechar mezcal en cualquier zona en la que haya especies silvestres de agave que se encuentren en la Lista Roja de Especies Amenazadas de la UICN. Aumentar el monitoreo y la protección *in situ* de las 18 especies de agave protegidas bajo la NOM-O59-SEMARNAT-2010.

3. Crear un colchón entre las poblaciones silvestres de agave y cualquier plantación nueva del cultivar *tequilana azul* en tierras rentadas o compradas para frenar la difusión de los patógenos de tristeza y muerte y la plaga de picudo.

4. Conceder bonos de carbono o pagos por servicios al ecosistema solo a ejidos o a propietarios que tengan pequeños terrenos y que cultiven cuatro o más especies de agave, en vez de ofrecerlos sobre todo a los dueños de plantaciones en monocultivo de *tequilana azul*, *espadín* o *henequén*.

5. Establecer una marca registrada colectiva para cada tradición local o indígena de destilados de agave, o una apelación de origen, indicador geográfico o marca colectiva que no sean las denominaciones de origen de Tequila y Mezcal. Esta debería ser administrada por una asociación civil dirigida por los propios productores, como una alternativa a entidades externas como los consejos reguladores, que no favorecen a los pequeños productores.

6. Invertir en infraestructura tecnológica comunitaria para un procesamiento local eficiente de las inulinas de agave; no para jarabes y néctares de agave altos en fructosa, sino para alimentos y bebidas probióticos y antidiabéticos para lidiar con la costosa epidemia de diabetes y obesidad en México.

7. Expandir las clínicas de salud rurales en zonas de producción de agave para hacer exámenes de toxinas derivadas de pesticidas, herbicidas y otros agroquímicos, para monitorear y tratar a la población local, y para lidiar con el aumento en la frecuencia de accidentes relacionados con el calor, la insolación, la deshidratación y el agotamiento asociados con el cambio climático.

8. Concederles a todos los mezcaleros, cosechadores (jimadores incluidos) y jornaleros en los campos de agave los servicios de salud y prestaciones de jubilación disponibles en el IMSS.

9. Subsidiar el desarrollo de la infraestructura de las granjas para usar pencas de agave de los campos y bagazo de las destilerías como forraje fermentado para el ganado o como fertilizante orgánico.

10. Certificar (con un costo económico mucho menor y usando menos papeleo) a cualquier destilador a pequeña escala que lo desee. Muchos deben producir y vender clandestinamente sus destilados de agave debido a los elevados costos de entrada a la industria. Derogar o reducir el IVA y el IEPS para los productores artesanales a pequeña escala, como sucede con los productores tradicionales de artesanías indígenas y otros productos hechos a mano. Esos impuestos ahora restan el 59% del valor de cada botella de destilado de agave vendida en México de los ingresos del productor.

APÉNDICE II

AGAVES SILVESTRES Y RAZAS CRIOLLAS USADAS PARA LOS DESTILADOS DE AGAVE

Este es el primer índice integral estado por estado que coteja los nombres comunes en español y lenguas indígenas con los nombres científicos de las especies de agave. Una de las fuentes principales es Colunga-García Marín, Zizumbo-Villarreal y Martínez Torres (2007).

Nombre estatal y tradicional	Especie	Fuente
Chihuahua		
blanco o tosá	*Agave shrevei*	Bye *et al.* 1975; *Mezcal Reviews*
casero o gusime (cultivado)	*Agave angustifolia*	Bye *et al.* 1975
chahui	*Agave multifilifera*	Bye *et al.* 1975
gubuk	*Agave angustifolia*	Colunga-García Marín *et al.* 2007
gusime o del monte (silvestre)	*Agave angustifolia*	Bye *et al.* 1975
ki'mai	*Agave applanata*	Colunga-García Marín *et al.* 2007
ku'uri	*Agave applanata*	Colunga-García Marín *et al.* 2007
sa'puli	*Agave bovicornuta*	Colunga-García Marín *et al.* 2007
verde u ojcome	*Agave wocomahi*	Bye *et al.* 1975

Nombre estatal y tradicional	Especie	Fuente
Coahuila-Nuevo León		
cenizo	*Agave asperrima*	González-Elizondo *et al.* 2009
Durango		
cenizo o ji'ja	*Agave durangensis*	González-Elizondo y Galván-Villanueva 1992; *Mezcal Reviews*
cenizo, lechuguilla verde o raicilla de la sierra	*Agave bovicornuta*	*Mezcal Reviews*
chacaleño	*Agave angustifolia*	González-Elizondo *et al.* 2009
chico de la sierra o niño	*Agave maximiliana*	González-Elizondo y Galván-Villanueva 1992
cimarrón, de la barranca, mayero, mezcalillo o negro	*Agave inaequidens*	González-Elizondo *et al.* 2009
de castilla o kokma'mai	*Agave applanata*	González-Elizondo y Galván-Villanueva 1992
de la sierra o ji'ja	*Agave shrevei* var. *magna*	González-Elizondo *et al.* 2009
espadín	*Agave angustifolia*	González-Elizondo *et al.* 2009
gubuk	*Agave angustifolia*	Colunga-García Marín *et al.* 2007
jija	*Agave durangensis*	Colunga-García Marín *et al.* 2007
lamparillo	*Agave asperrima*	González-Elizondo *et al.* 2009
masparillo	*Agave maximiliana*	*Mezcal Reviews*
sapulh	*Agave bovicornuta*	González-Elizondo *et al.* 2009
tepemete o gubuk	*Agave angustifolia*	González-Elizondo *et al.* 2009; González-Elizondo y Galván-Villanueva 1992
tequilana azul	*Agave tequilana*	González-Elizondo *et al.* 2009
verde	*Agave salmiana*	*Mezcal Reviews*
Guanajuato		
maguey pulquero	*Agave salmiana*	*Mezcal Reviews*

Nombre estatal y tradicional	Especie	Fuente
Guerrero		
ancho o bravo	*Agave cupreata*	Figueredo-Urbina *et al.* 2017
cacalotentli	*Agave angustiarum*	Colunga-García Marín *et al.* 2007
chino o papalote	*Agave cupreata*	Figueredo-Urbina *et al.* 2017
delgado	*Agave angustifolia*	*Todo Mezcal*
espadín	*Agave angustifolia*	*Mezcal Reviews*
papalote	*Agave cupreata*	*Mezcal Reviews; Todo Mezcal*
Jalisco		
azul (tequilana)	*Agave tequilana*	Valenzuela-Zapata 2011; Trejo *et al.* 2018
bermejo	*Agave sisalana*	Valenzuela-Zapata 2011
cenizo	*Agave bovicornuta*	*Mezcal Reviews*
chato	*Agave americana*	Trejo *et al.* 2018
espadilla	*Agave angustifolia*	Colunga-García Marín *et al.* 2007
gigante	*Agave valenciana*	González-Elizondo *et al.* 2009
ixtlero amarillo	*Agave rhodacantha*	Trejo *et al.* 2018
ixtlero verde	*Agave angustifolia*	Trejo *et al.* 2018
masparillo	*Agave bovicornuta*	González-Elizondo y Galván-Villanueva 1992
masparillo	*Agave maximiliana*	González-Elizondo y Galván-Villanueva 1992
moraleño	*Agave sisalana*	Valenzuela-Zapata 2011
pata de mula	*Agave tequilana*	Valenzuela-Zapata 2011
pencudo	*Agave angustifolia*	Valenzuela-Zapata 2011
relisero	*Agave valenciana*	*Todo Mezcal*
sigüín	*Agave tequilana*	Trejo *et al.* 2018; Valenzuela-Zapata 2011
zopilote	*Agave tequilana*	Valenzuela-Zapata 2011

Nombre estatal y tradicional	Especie	Fuente
Michoacán		
alto	*Agave inaequidens*	Figueredo *et al.* 2014; *Mezcal Reviews*
bruto o chapín	*Agave inaequidens*	Figueredo *et al.* 2014
bruto o mezcal alto	*Agave inaequidens*	Figueredo *et al.* 2014
cenizo o negro	*Agave inaequidens*	Figueredo *et al.* 2014
chino, cupreata o papalote	*Agave cupreata*	*Mezcal Reviews*
grande o alto	*Agave inaequidens*	Figueredo *et al.* 2014
hoja ancha o alto	*Agave inaequidens*	Figueredo *et al.* 2014
hoja ancha y espina grande o alto	*Agave inaequidens*	Figueredo *et al.* 2014
hoja angosta o alto	*Agave inaequidens*	Figueredo *et al.* 2014
hojas largas y espina chica o alto	*Agave inaequidens*	Figueredo *et al.* 2014
manso	*Agave hookeri*	Figueredo *et al.* 2014
manso de la sierra	*Agave americana*	Figueredo *et al.* 2014
Nayarit		
ceniza o lechuguilla verde	*Agave bovicornuta*	*Mezcal Reviews*
Oaxaca		
arroqueño	*Agave americana* var. *oaxacensis*	Conabio 2016
barril, b. chico, b. gordo o b. verde	*Agave karwinskii*	Conabio 2016
barril gordo	*Agave rhodacantha*	Conabio 2016
barril verde	*Agave macrocantha*	Conabio 2016
batobpaz	*Agave potatorum*	Colunga-García Marín *et al.* 2007
bicuishe	*Agave karwinskii*	Colunga-García Marín *et al.* 2007; Conabio 2016

Nombre estatal y tradicional	Especie	Fuente
biliaá	*Agave seemanniana*	Colunga-García Marín *et al.* 2007; Conabio 2016
blanco	*Agave americana* var. *oaxacensis*	*Todo Mezcal*
cachitún	*Agave karwinskii*	Conabio 2016
canastruda, canastuda	*Agave americana* var. *americana*	Graciela Carreño Ángeles, comunicación personal
candelillo	*Agave karwinskii*	Conabio 2016
ceniza	*Agave americana* var. *oaxacensis*	Conabio 2016
chamisa	*Agave karwinskii*	Colunga-García Marín *et al.* 2007
chato	*Agave rhodocantha*	Conabio 2016
cirial	*Agave karwinskii*	Conabio 2016
coyote	*Agave americana*	*Mezcal Reviews*
coyote	*Agave karwinskii* x *A. potatorum*	*Mezcal Reviews*
cuishe	*Agave karwinskii*	Conabio 2016
curandero	*Agave marmorata*	Conabio 2016
de carne o de lisa	*Agave sisalana* o *A. americana* x *A. angustifolia*	Graciela Carreño Ángeles y Sósima Olivera Aguilar, comunicación personal
de Castilla	*Agave americana*	Conabio 2016
de cuela	*Agave marmorata*	*Mezcal PhD, Mezcalistas*
de lumbre	*Agave angustifolia*	*Mezcal PhD, Mezcalistas*
de pulque	*Agave americana* var. *americana*	Conabio 2016
de pulque	*Agave atrovirens*	*Mezcal Reviews*
de rayo	*Agave americana* var. *oaxacensis*	Conabio 2016
do ba daan	*Agave rhodocantha*	Conabio 2016
do-be, dobzan, duabla	*Agave seemanniana*	Conabio 2016
duende/coyote	*Agave lyobaa*	Conabio 2016; *Mezcal Reviews*

Nombre estatal y tradicional	Especie	Fuente
espadilla	*Agave angustifolia* var. *rubescens* y/o var. *angustifolia*	Conabio 2016
espadilla	*Agave rhodacantha*	Conabio 2016
espadín	*Agave angustifolia* var. *angustifolia*	Conabio 2016
espadín	*Agave rhodacantha*	Conabio 2016
huiscole	*Agave marmorata*	Conabio 2016
jabalí, jabalín	*Agave convallis*	Conabio 2016; *Mezcal Reviews*
largo	*Agave inaequidens*	*Todo Mezcal*
madrecuishe	*Agave karwinkskii*	Conabio 2016
madrecuishe penca larga	*Agave rhodacantha*	Conabio 2016
mano larga	*Agave karwinskii*	*Mezcal Reviews*
marteño	*Agave karwinskii*	Conabio 2016; *Todo Mezcal*
Mexicano, m. amarillo	*Agave rhodacantha*	Conabio 2016
papalometl	*Agave seemanniana*	Conabio 2016
papalote, papalometl, mariposa	*Agave cupreata*	Conabio 2016; *Todo Mezcal*
pitzometl, pichomel	*Agave marmorata*	Conabio 2016
pulquero	*Agave americana* var. *oaxacensis*	Conabio 2016
ruqueño	*Agave americana* var. *oaxacensis*	*Todo Mezcal*
serrano	*Agave americana* var. *americana*	*Todo Mezcal*
sierra negra	*Agave americana* var. *oaxacensis*	Conabio 2016
sierrudo	*Agave americana* var. *americana*	Conabio 2012; *Todo Mezcal*
tepeztate	*Agave marmorata*	Conabio 2016
tobalá	*Agave cupreata*	Conabio 2016
tobalá chato	*Agave seemanniana*	*Mezcal Reviews*
tobalá chino	*Agave potatorum*	*Todo Mezcal*
tobalá orejón	*Agave potatorum*	*Todo Mezcal*

Nombre estatal y tradicional	Especie	Fuente
tobasiche o tabaxiche	*Agave karwinskii*	Conabio 2016; *Mezcal Reviews*
tripón	*Agave karwinskii*	Conabio 2016; *Mezcal Reviews*
verde	*Agave karwinskii*	*Todo Mezcal*
xolo	*Agave americana* var. *oaxacensis*	Conabio 2016
yabadensii	*Agave cupreata*	Colunga-García Marín *et al.* 2007
yavicuam	*Agave americana* var. *oaxacensis*	Colunga-García Marín *et al.* 2007
yavitcuishi, papalometl	*Agave nuusaviorum* subsp. *nuusaviorum*	Conabio 2016; *Slow Food Mexico*
Puebla		
cachutum	*Agave karwinskii*	Colunga-García Marín *et al.* 2007
espadilla	*Agave americana*	*Mezcal Reviews*
papalometl	*Agave potatorum*	*Todo Mezcal*
pichomel o pizometl	*Agave marmorata*	*Todo Mezcal*
San Luis Potosí		
cenizo	*Agave americana* subsp. *protoamericana*	*Todo Mezcal*
Cimarrón, manzo, verde o i'gok juguiarum	*Agave salmiana* subsp. *crassispina*	González-Elizondo *et al.* 2009
lamparillo	*Agave asperrima*	González-Elizondo *et al.* 2009
lechuguilla	*Agave univittata* subsp. *lophantha*	González-Elizondo *et al.* 2009
mexicano	*Agave americana*	González-Elizondo *et al.* 2009
salmiana o pulquero	*Agave salmiana*	*Mezcal Reviews*
Sonora		
a'ud nonhakam	*Agave murpheyi*	Nabhan 1985; Hodgson 2001
bacanora	*Agave angustifolia*	Gentry 1982
ceniza	*Agave colorata*	Gentry 1982
chino	*Agave rhodocantha*	Holguín 2020

Nombre estatal y tradicional	Especie	Fuente
jaiboli o temeshi	*Agave jaiboli*	Gentry 1982
lechuguilla del norte	*Agave palmeri*	Gentry 1982
lechuguilla del sur, blanco o ceniza	*Agave shrevei*	Gentry 1982
lechugilla verde o sapari	*Agave bovicornuta*	Gentry 1982
noriba	*Agave bovicornuta*	Colunga-García Marín *et al.* 2007
San Antoneña	*Agave rhodacantha*	Holguín 2020
tauta	*Agave parviflora*	Gentry 1982
wocomahi	*Agave wocomahi*	Gentry 1982
yocogihua o maguey verde	*Agave rhodocantha*	Gentry 1982, Holguín 2020
Tamaulipas		
amole	*Agave univittata*	*Mezcal Reviews*
áspero	*Agave scabra* ssp. *scabra* (= *A. asperrima*)	Jacques-Hernández *et al.* 2007
burgos	*Agave americana*	Jacques-Hernández *et al.* 2007
cenizo	*Agave scabra* ssp. *scabra* (= *A. asperrima*)	Jacques-Hernández *et al.* 2007
cruillas	*Agave americana*	Jacques-Hernández *et al.* 2007
espadilla	*Agave angustifolia* var. *angustifolia*	Jacques-Hernández *et al.* 2007
jarcia	*Agave gentryi*	Jacques-Hernández *et al.* 2007
jarcia	*Agave montium-sancticaroli*	Jacques-Hernández *et al.* 2007
jarcia/montana	*Agave montana*	Jacques-Hernández *et al.* 2007
lechuguilla	*Agave funkiana*	*Todo Mezcal*
lechuguilla	*Agave univittata* subsp. *lophantha*	*Todo Mezcal*
mezortillo	*Agave univittata* subsp. *lophantha*	*Todo Mezcal*
San Carlos	*Agave americana*	Jacques-Hernández *et al.* 2007

Nombre estatal y tradicional	Especie	Fuente
San Nicolás	*Agave americana*	Jacques-Hernández *et al.* 2007
zapupe verde	*Agave angustifolia* var. *deweyana*	Jacques-Hernández *et al.* 2007
Tlaxcala		
pulquero	*Agave salmiana*	*Mezcal Reviews*
Yucatán		
chelem amarillo, blanco	*Agave angustifolia*	Colunga-García Marín *et al.* 2007
Zacatecas		
espadín	*Agave angustifolia*	*Mezcal Reviews*
masparillo	*Agave maximiliana*	Gentry 1982, *Mezcal Reviews*
pulquero	*Agave salmiana*	*Mezcal Reviews*

Las páginas de *Mezcal Reviews, Mezcal PhD, Mezcalistas* y *Todo Mezcal* actualizan periódicamente sus listas en línea. Fueron consultadas sobre todo durante el verano de 2021.

LA SIMBIOSIS HUMANO-AGAVE: ESPECIES DOMESTICADAS DE AGAVE USADAS PARA HACER MEZCAL U OTROS DESTILADOS

Nota: Ya que recomendamos que la industria se base más en una diversidad de agaves cultivados y domesticados para hacer destilados hasta que los consumidores tengan la garantía de que las especies silvestres no se están sobrecosechando ni empujando a la extinción, esta lista puede ser una herramienta clave para esa transformación. Datos compilados por Gary Paul Nabhan a partir de las investigaciones de muchos etnobiólogos.

Nombre científico	Nombre común de la planta	Nombre de la bebida destilada	Estados/países en los que se cultiva para destilados de agave
Agave americana subsp. *americana*	Arroqueño	Comiteco	Chiapas, Coahuila, Durango, Jalisco, Nuevo León, Oaxaca, San Luis Potosí, Tamaulipas
Agave americana var. *expansa*	Maguey	Dudoso que se use para mezcal hoy en día, pero quizá en el siglo XIX	Arizona, Sonora, Jalisco
Agave americana var. *franzosini*	Maguey	¿Solo ornamental?	California

Nombre científico	Nombre común de la planta	Nombre de la bebida destilada	Estados/países en los que se cultiva para destilados de agave
Agave americana var. *marginata*	Maguey de chichimeco	Usado ocasionalmente para hacer mezcal	
Agave americana var. *oaxacensis*	Blanco, cenizo, de horno, de rayo, sierra negra, yavi cuam	Maguey blanco, de pulque, sierra negra	Oaxaca, San Luis Potosí
Agave angustifolia var. *angustifolia*	Garapato, peruano	Peruano, peruano	Jalisco
Agave angustifolia var. *deweyana*	Zapupe verde	Usado sobre todo por sus fibras	Tamaulipas, Veracruz
Agave angustifolia cv. «Espadín»	Espadín	Usado para destilar mezcal; posiblemente también por sus fibras	Oaxaca, San Luis Potosí
Agave angustifolia var. *pacifica*	Mezcal bacanora	Usado por sí solo para hacer mezcal (bacanora) o en ensambles	Sonora, Chihuahua
Agave applanata	Maguey de la casa, maguey de Castilla, maguey de ixtle, maguey tepozco	Posible uso para destilar, pero el principal es para cestería, cordaje, cuerdas y demás	Puebla y Veracruz, pero se difundió en tiempos ancestrales a Chihuahua, Durango, Querétaro y Oaxaca
Agave cantala var. *cantala*	Maguey de cincoañero	Usado sobre todo por sus fibras	Indonesia, Filipinas, Vietnam
Agave cantala var. *acuispina*	Cantala	Usado sobre todo por sus fibras	El Salvador, Honduras
Agave decipiens	Agave de Florida, falso sisal	No se usa	Florida, posiblemente Yucatán, Quintana Roo
Agave delameteri	Tonto Basin agave	No se usa en destilados	Arizona

Nombre científico	Nombre común de la planta	Nombre de la bebida destilada	Estados/países en los que se cultiva para destilados de agave
Agave desmettiana	Pineless jade agave o smooth agave		Oaxaca, Yucatán, Veracruz
Agave fourcroydes	Henequén, sisal blanco	Henequén, mezcal	California, Oaxaca, Yucatán
Agave hookeri	Maguey manso, bravo	Usado ocasionalmente para hacer mezcal	Michoacán
Agave inaequidens	Maguey bruto, maguey alto	Usado para hacer pulque y mezcal	Michoacán
Agave karwinksii	Cuishe, cirial, barril, madrecuishe, tabaziche, tobaxiche	Destilado	Oaxaca, Puebla
Agave mapisaga var. *mapisaga*	Pulquero, incl. listocillo y tarímbaro	Usado sobre todo para extraer aguamiel y hacer pulque, puede aparecer en algunos ensambles de mezcal	Coahuila, San Luis Potosí, Zacatecas, Guanajuato, Puebla
Agave murpheyi	Hohokam agave	No se usa en destilados	Arizona, Sonora
Agave phillipsiana	Grand Canyon century plant	No se usa en destilados	Arizona
Agave rhodacantha	Mexicano, yocogihua	Mexicano	Sonora, Nayarit, Jalisco, Oaxaca
Agave salmiana ssp. *salmiana*	Maguey de pulque, incluyendo maguey negro, maguey verde	Comiteco	Chiapas Guanajuato, Michoacán, San Luis Potosí

Nombre científico	Nombre común de la planta	Nombre de la bebida destilada	Estados/países en los que se cultiva para destilados de agave
Agave salmiana var. *ferox*	Maguey pulquero, blanco, bo'ta, chalqueño, cornudo, gax mini, grande, mãäxo, mano larga, mayeé, mutha, prito, sha'mini taxihuada, tlacametl, tsam'niuada, maguey verde, xaminip	Usado sobre todo para extraer aguamiel y hacer pulque, puede aparecer en algunos ensambles de mezcal	Oaxaca, Puebla
Agave sanpedroensis	San Pedro agave	No se usa en destilados	Arizona
Agave seemanniana	Biliaá, do-be, dobzan, duab, maguey chato, papalometl, tobalá chato	Usado para destilar mezcal	Oaxaca, Chiapas, Honduras, Nicaragua
Agave sisalana	Sisal	Usado sobre todo por sus fibras	Chiapas, posiblemente Yucatán, África
Agave tecta	desconocido	Probablemente se use por sus fibras	Guatemala
Agave tequilana	Tequilana azul	Usado para hacer tequila y algunos destilados 100% de agave	Guanajuato, Jalisco, Michoacán, Nayarit, Tamaulipas
Agave verdensis	Sacred Mountain agave	No se usa en destilados	Arizona
Agave yavapaiensis	Page Springs agave	No se usa en destilados	Arizona
Agave weberi	Maguey aguamielero, maguey liso, agave Weber	Maguey aguamielero	

APÉNDICE IV

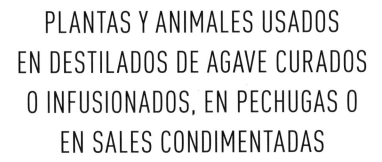

PLANTAS Y ANIMALES USADOS EN DESTILADOS DE AGAVE CURADOS O INFUSIONADOS, EN PECHUGAS O EN SALES CONDIMENTADAS

Nombre común	Nombre científico	Oaxaca	Sonora	Jalisco	Michoacán
Fauna/Animales					
Borrego/cordero	*Ovis aires*	X			
Cachorra	*Phrynomisadeae*		X		
Codorniz	*Callipepla* y *Cyrtonyx* spp.	X			
Conejo	*Sylvilagus* spp.	X			
Culebra/víbora de cascabel	*Crotalus* spp.		X		
Gallina ponedora	*Gallus domesticus*	X			
Guajalote/cocono/pavo	*Meleagris gallopavo*	X			
Iguana	*Iguana iguana*				X
Jamón ibérico	*Sus scrofa*	X			
Venado	*Odocoileus* spp.				X
Flora/Plantas					
Aguacate	*Persea americana*				X
Almendra	*Prunus dulcis*	X			X
Anís	*Tagetes micrantha*	X	X		

Nombre común	Nombre científico	Oaxaca	Sonora	Jalisco	Michoacán
Anís estrella	Illicium verum	X			
Arándano azul	Vaccinium corymbosum				X
Arroz	Oryza sativa	X			
Barba de elote/seda de maíz	Zea mays	X			
Bellota	Quercus emoryi		X		
Cacahuate	Arachis hypogaea	X			
Cacao	Theobroma cacao	X			
Café	Coffea arabica				
Canela	Cinnamomum verum	X			
Cáscara de cítrico	Citrus spp.	X			
Cáscara de naranjo	Citrus sinensis	X			
Chabacano	Prunus armeniaca	X			
Chile	Capsicum annuum	X			
Clavo	Syzygium aromaticum				
Cuapantli, quapantli	desconocido	X			
Guayaba	Psidium guajava	X			
Higo	Ficus carica	X			
Jengibre	Zingiber officinale	X			
Maíz criollo	Zea mays	X			
Maíz criollo/elote	Zea mays	X			
Mango	Mangifera indica	X			
Manzana criolla de la sierra	Malus spp.	X			
Mezquite	Prosopis spp.	X			X
Piña	Ananas comosus	X			
Plátano chino/rojo	Musa x acuminata	X			
Plátano macho/el perrón	Musa x acuminata	X			

Nombre común	Nombre científico	Oaxaca	Sonora	Jalisco	Michoacán
Polvo de mole	*Theobroma cacao*	X			
Rosa de Castilla	*Rosa* spp.	X			
Té de limón	*Cymbopogon citratus*	X			
Tejocote	*Crataegus pubescens*	X	X		
Tuna de nopal	*Opuntia* spp.	X			
Uva pasa	*Vitis vinifera*	X			
Uvalama/Igualama	*Vitex mollis*		X		
Yerbanís	*Tagetes lucida*		X		
Zarzamora	*Vaccinium corymbosum*	X			
Invertebrados, incluyendo larvas e insectos					
Escarabajo del maguey	*Acanthoderes funeraria*	X			
Gusanos blancos, meocuiles	*Aegilae hespera*	X			
Gusanos rojos	*Comadia redtenbacheri, Hypopta agavis*	X			
Picudo de hocico en sisal	*Scyphophorus acupuntatu*	X			

MEZCALÉXICO: VOCABULARIO POPULAR

A

a granel: Mezcal espadín o tequila (generalmente) de baja calidad, vendido al mayoreo o combinado a partir de varios productores. Suele haber sido fermentado con ayuda de azúcares, levaduras empacadas u otros aditivos, y haber sido destilado solo una vez. El término se usa para referirse al mezcal barato producido en grandes cantidades en Guerrero, Jalisco o Oaxaca, que es el equivalente de los vinos *two buck chuck* consumidos en Estados Unidos.

abocado: Ni *abogado* ni *aguacate* en inglés, *abocado* se refiere a un mezcal joven que fue madurado artificialmente para brindarle más color y sabor con sustancias químicas. Se trata de una práctica legalmente aceptada para una de las clases de mezcal tal como la define la norma actual, que permite que el colorante caramelo, los saborizantes artificiales, los extractos de roble, el azúcar alta en fructosa y la glicerina «suavicen» el sabor y la apariencia de un mezcal para evitar el costo y el tiempo de madurarlo en un barril de madera. En esencia, un joven abocado es algo así como un reposado o añejo falso.

aguamiel: Un calco al español de antiguos términos indígenas que se refieren a la savia dulce que mana del meristemo de un maguey pulquero y que se bebe fresca o se fermenta para hacer pulque. El aguamiel sigue siendo una bebida fresca popular en el Altiplano, en los estados de Hidalgo (donde se salpica de chiles), Querétaro, San Luis Potosí, Zacatecas y el valle de México. En algunos sitios, el término también se usa para los jugos diluidos de agave cocido y luego macerado con una tahona o machacado con mazos (véase **mazos, tahona**). En algunos lugares, como Comitán de Domínguez, Chiapas, se destila para hacer una bebida llamada *comiteco*.

alambique: Término derivado del árabe clásico *al-inbīq*, que se refiere a un alambique de cobre originario de Medio Oriente o Asia Central. En muchas versiones, su cámara de evaporación (puesta sobre el fuego) está separada de su cámara de condensación por un cuello de cisne. La invención de ese antiguo aparato de destilación se atribuye apócrifamente al alquimista sufí Jābir ibn Ḥayyān, quien quizá haya vivido en Iraq hasta el 806 o el 816. El alambique de estilo árabe tiene variantes que fueron adaptadas para hacer mezcal en gran parte del México colonial, si bien su presencia podría no ser tan antigua como los alambiques precolombinos o los de estilo asiático que aún sobreviven en los remotos parajes montañosos de la costa del Pacífico.

alquitara: Un término que era originalmente sinónimo del alambique arábigo, pero que ahora denota cualquier proceso de destilación usado para hacer mezcal en México.

alto: Este término se refiere a una variedad tradicional de *Agave inaequidens* en Michoacán y zonas adyacentes; otras variantes tradicionales o sinónimos para esta especie silvestre incluyen *bruto* y *largo*.

amole: Del náhuatl *amulli*, un subgrupo de agaves cuyas pencas, rizomas o corazones son lo bastante ricos en sapogeninas para servir de jabón o medicina. Si bien algunos se han usado para hacer «mezcal espumoso», ahora forman un pequeño porcentaje de todos los agaves usados en destilados.

añejo: Legalmente, este término se refiere a tequilas o mezcales madurados en barriles de madera durante un mínimo de 12 meses. Los mejores mezcales de este tipo suelen añejarse entre 18 y 48 meses. Si un añejo es 100% de agave, es común que se haya dejado madurar entre 36 y 48 meses.

apulco: Al menos 15 mezcales artesanales de marca registrada se están produciendo actualmente en Apulco, Jalisco, usando espadín y *tequilana azul.*

arroqueño: Un término taxonómico popular para la raza criolla oaxaqueña científicamente conocida como *Agave americana* var. *oaxacensis.* Se trata de un maguey silvestre gigantesco al que le toma entre 20 y 25 años madurar en su hábitat natural en el valle central de Oaxaca, pero menos al ser cultivado. Ese lento crecimiento acumula sabores terrosos y herbales, y aromas acaramelados y ahumados cuando se cuecen las piñas maduras. Los mezcales destilados a partir de esta variedad pueden presentar sabores y fragancias a melón, chocolate, ejote o verduras, con un final salado.

B

bacanora: Destilado de agave producido a partir de las poblaciones más septentrionales de *Agave angustifolia* en la zona serrana de Sonora, y un poco en los estados adyacentes de Chihuahua y Sinaloa. Obtiene su nombre de los términos yaquis o cahítas *baca,* «carrizo u otras plantas acuáticas», y *nora,* «cresta en pendiente», que designan un valle cerca de Sahuaripa, Sonora. El terruño del mezcal derivado de esa planta en el valle de Bacanora era tan particular que el taxónomo del agave Howard Gentry mantuvo el nombre *Agave pacifica* exclusivamente para esas magueyeras sonorenses durante décadas, antes de decidirse al fin a fusionarlo con la especie más difundida de agave en 1982. En 2000, el bacanora recibió una denominación de origen separada de la correspondiente al mezcal ancestral y artesanal. Sigue siendo el orgullo de los productores clandestinos sonorenses.

barbeo: El recorte o poda de las espinas que coronan las pencas de maguey, para hacer que la cabeza crezca mejor. Hay diferentes técnicas de barbeo, incluyendo el barbeo de escopeta, para inducir una maduración y un crecimiento prematuros.

barranco: El término usado para los pozos preparados para hornear mezcal en Sonora y Chihuahua (véase **horno, tatemada**).

barril, barrica, barrilito: Varios nombres para contenedores de distintos tamaños y formas; también una medida de volumen de mezcal en algunas localidades. Los mezcales y tequilas reposados y añejos suelen madurarse en barricas de roble blanco importadas del sur de Europa, aunque los toneleros mexicanos ya fabriquen barriles de otros robles nativos. La mayoría de las barricas usadas para el mezcal tienen una capacidad de hasta 200 litros (60 galones), aunque se usen algunas menos voluminosas para lotes más pequeños. *Barril* también es una variedad tradicional de *Agave karwinskii*.

batidor: La persona que golpea o machaca el mosto de agave tatemado en el proceso tradicional para hacer destilado de agave. Tradicionalmente, un trabajador (normalmente) desnudo descendía a las tinas o tanques de madera donde se había depositado el mosto. Usaba manos y pies para golpear las piñas maceradas y ayudar al proceso de fermentación.

bayusa: Término sonorense y chihuahuense para las flores comestibles de los agaves, en particular las del mezcal bacanora, *Agave angustifolia*.

bermejo: Raza criolla de *Agave sisalana* con un tinte bermejo. Históricamente se mezclaba con *tequilana azul* para hacer vino mezcal de Tequila, pero eso está prohibido hoy en día. Sin embargo, a veces se sigue incluyendo en asambleas o ensambles de varias especies de agave.

biguata: Término morfológico usado en Sonora y Chihuahua para el corazón o meristemo del agave, que al tatemarse forma una textura más fina y fácil de comer y destilar que el tejido de las pencas, más fibroso (véase **mezontle**).

binguís, bingarrote: Históricamente, estos términos se referían a dos destilaciones diferentes de aguamiel en un alambique arábigo, como se lee en el reporte de bebidas de la Nueva España redactado por Pineda en la década de 1790. Hoy en día, el binguís es el fermento del jugo del maguey pulquero (*Agave salmiana*), del cual se destila a pequeña escala el *bingarrote*, un destilado de agave no certificado de Guanajuato.

blanco: Mezcal joven, una de las clases que no se han añejado ni curado tras la destilación. Nunca pasa tiempo en barriles de madera, sino que tan solo se le permite reposar en tanques de acero inoxidable durante hasta 60 días antes del envasado. Al tequila, comercialmente también se lo llama *plata*, y algunos lo consideran el de sabor más fuerte.

blanco suave: Término no oficial que indica que un tequila blanco fue añejado o adulterado con abocantes para suavizar su sabor.

bola: Otro término para la cabeza podada de un agave (véase **piña**).

bronco: Variedad tradicional de la subespecie silvestre de *Agave salmiana* conocida como *crassispina*. Es más pequeña y tiene pencas más angostas que otras variedades de *salmiana*, pero se usa para hacer pulque y mezcal en los matorrales semiáridos de los estados del altiplano central de México.

bruto: Nombre popular del *Agave inaequidens* silvestre, que crece en los matorrales y bosques subtropicales de Jalisco y partes de Michoacán. Ese agave se usa sobre todo en la raicilla de la sierra (para la cual se añeja en madera mezclado con *Agave maximiliana*) y en algunos destilados 100% de agave menos comunes.

C

cabeza: Término usado para el núcleo de la roseta del agave antes de podarlo para hacer una bola o piña. En otras partes de México, se la llama *coba*, *táhuta* o *chicata*. El mismo sustantivo también se usa para la primera destilación, que normalmente se desecha (o se usa en mezcales a granel baratos).

cacalotentli: El *Agave angustarium* de Guerrero, Michoacán y Oaxaca, también llamado a veces *cacuya*.

cacaya: Uno de tantos términos indígenas para las flores comestibles del maguey. Este lo usan los mixtecos y popolocas de Oaxaca y Veracruz. También se usa *maguey cacaya* para referirse al *Agave kerchovei* de Oaxaca y Puebla y al *Agave peacockii* de Puebla.

caldera: Término usado por los maestros mezcaleros oaxaqueños para la olla de barro inferior de sus alambiques. Una caldera normalmente contiene entre 40 y 50 litros de tepache o mosto de agave.

canoa: Término arahuaco usado para referirse a un tronco ahuecado en el que se machaca el agave cocido con mazos. Las canoas más grandes también pueden usarse para fermentar el agave tatemado. Canoas es también el nombre de la región costera de Jalisco, que tiene una tradición única de destilación mezcalera a veces confundida con la de la raicilla de la costa.

cántaro: Un jarrón impermeable de barro negro que se cura y luego utiliza en el proceso de añejamiento tradicional de mezcal en Oaxaca y Puebla. En Oaxaca, una penca cóncava vierte destilado fresco en un receptáculo también llamado *cántaro*.

capada, capona: El proceso de cortar o castrar (capar) el quiote de un maguey en la base. También llamada *desquiote*, esta técnica permite que el meristemo se hinche de azúcares y sabores para marinarse y convertirse en un agave más rico para la destilación. El maguey capón es apreciado por su alto contenido de azúcar y su fuerte sabor.

capitel: Un término menos común para la montera de un alambique.

carrizo: Caña de río (*Phragmites australis* o *Arundo donax*) usada como conducto en la destilación en olla de barro. Este tubo puede usarse durante la venencia para medir y ajustar el contenido alcohólico.

cenizo: Variedades o poblaciones silvestres color gris ceniza de diversas variedades usadas para el mezcal, como *Agave durangensis* y *Agave shrevei*, en la Sierra Madre Occidental.

chacaleño: Nombre popular de una raza criolla de *Agave angustifolia* parecida al espadín y originaria de Tamazula, en la sierra más occidental de Durango.

chato: Nombre popular de *Agave seemanniana* o *Agave americana* en Jalisco. También usado como sinónimo histórico de la variedad tradicional mejor conocida como *sahuayo*, que alguna vez fue incluida en los campos de *tequilana azul* y en los destilados de vino mezcal de Tequila.

chichihualco: Mezcal tradicional de Chichihualco de los Bravos, en el estado de Guerrero, que los hermanos Baldomero y Florencio *el Pato Marino* y sus hijos ahora curan con sabores florales o frutales de jamaica, mango, nanche y tamarindo.

chico aguiar: Término popular usado por los mezcaleros para referirse a una de varias variedades silvestres de *Agave angustifolia* usadas para hacer raicilla de la costa en Jalisco, no muy lejos de Puerto Vallarta.

chilocuiles: Los famosos «gusanos rojos» que se ahogan en las botellas de algunos mezcales oaxaqueños —llamados *gusanos rojos, tecoles, chilocuiles* o *chinicuiles*— son en realidad las larvas de dos palomillas: *Hipopta agavis* y *Comadia redtenbacheri*. Sus flexibles cuerpos pueden ser ingeridos como botana con el mezcal o molidos con sales para escarchar el borde de tu copa de margarita. También son un ingrediente en el pulque curado conocido como *tecolio* preparado en Oaxaca y Puebla.

chingurito: Término histórico para una clase de aguardientes producidos en México a partir de caña de azúcar o de agave en los siglos XVIII y XIX.

chino: Nombre popular del *Agave cupreata* usado para destilar mezcal en Michoacán.

churi: Término del noroeste de México para un agave pequeño pero sabroso constreñido por crecer en un entorno rocoso, pero que aún así produce destilados llenos de sabor.

cimarrón: Nombre popular de la subespecie silvestre *crassipina* del *Agave salmiana*, al igual que un término más general para los agaves de sabor salvaje usados en la destilación de mezcal y otros licores.

cirial: Una de las muchas variedades tradicionales o razas criollas en el complejo de *Agave karwinskii* de Oaxaca y Puebla. Se trata de uno de los conjuntos de agaves usados para hacer mezcal más variados de México.

coa de jima: Herramienta afilada y de hoja redonda, parecida a un azadón, usada por los jimadores para barbear o tumbar agaves.

cogollo: El tejido merismático que forma el punto en el que se forma el quiote, también llamado *cobata* en el noroeste de México.

cola: Término para el final de la segunda o última destilación del agave. Si bien normalmente no es deseable, pues es baja en etanol y alta en metanol tóxico, se usa para ajustar el contenido alcohólico final del mezcal. En esencia, son los líquidos condensados y recolectados hacia el final de la destilación, después de que se hace el segundo y último corte. También llamada *mezcal floxo* en el informe de bebidas de agave hecho por Pineda en la Nueva España en la década de 1790.

comiteco: Bebida destilada preparada a partir de aguamiel (o azúcar de caña) en el pueblo de Comitán de Domínguez, Chiapas; en el Altiplano Central también se preparan a veces pulques destilados.

común: Los líquidos condensados en la primera destilación del jugo del agave, que, al volverse a destilar, se convierten en mezcal. También se llaman *shishe y ordinario.*

corazón: La porción media de una destilación de agave, que se usa para hacer mezcal o tequila.

coyote: Variedad tradicional de *Agave americana* subespecie *americana,* usado para destilar mezcal en Oaxaca.

cuastecomate: Fruto de cáscara dura y el árbol perenne domesticado del que proviene, *Crescentia alata,* de la América tropical. Sus frutos en forma de calabaza son pintados o tallados y usados como jicaritas para catar y sorber mezcal.

cuelgue: Término arcaico que se refiere a todo el proceso de elaboración de destilados 100% de agave, derivado del método de fermentación que consiste en guardar el jugo de agave en cueros de animales y colgarlos.

cuernito: Contenedor hecho a partir de un cuerno ahuecado de vaca o de cabra y usado para medir, probar y beber destilados de agave.

cuescomate: Término nahua derivado de *cuezcomatl* y usado para la destilación en olla de barro.

cuishe, cuixe: Variedad tradicional cilíndrica, a veces con forma de gota, de *Agave karwinskii,* destilada en olla de barro para hacer mezcal en Oaxaca. Se trata de uno de los pocos agaves que forman un tronco leñoso debajo de la piña, que es también elongada en vez de redonda. Está relacionada con otras variedades tradicionales llamadas *bicuishe y madrecuishe.*

curandero: Nombre tradicional del *Agave marmorata* silvestre, también conocido como *pitzometl,* usado para destilar mezcal en Oaxaca y Puebla.

E

elíxir de agave: Bebida hecha a partir de destilados de agave —casi siempre tequila y mezcal— infusionada con licores de frutas o flores, como el de damiana.

espadilla: Variedad tradicional de *Agave angustifolia* var. *rubescens* usada para destilar mezcal en Jalisco y estados adyacentes.

espadín: Variedad cultivada de *Agave angustifolia* normalmente usada para producir mezcal en Oaxaca, pero que ahora también se usa en otros estados. Hoy en día está tan altamente seleccionada, clonada y genéticamente restringida como el *tequilana azul*.

estoquillo: Variedad tradicional de *Agave univittata* var. *lophantha* (antes *Agave lophantha*), usada para destilar mezcal en Tamaulipas.

excomunión: Mezcal clandestino no certificado, también llamado *excomunicación*, históricamente producido en Michoacán y aún elaborado en una de sus localidades. Pineda escribe en su informe sobre las bebidas de la Nueva España, redactado en la década de 1790, que fue prohibido por el obispo de Valladolid, quien sentenciaba a los bebedores o destiladores con la excomunión y tiempo tras las rejas.

G

giganta: Nombre popular de la especie *Agave valenciana*, muy rara y bajo protección federal. Crece en la región jalisciense de raicilla de la tierra, donde, a pesar de su estatus amenazado, el CRR autoriza su uso para destilar mezcal. Afortunadamente, rara vez se usa. También llamada *relisero*.

H

hijuelo: Rizoma que se extiende a partir de la base de la planta madre, más común en algunas variedades de maguey que en otras. Son clones genéticos naturales de la planta madre. Los jimadores los arrancan y vuelven a plantar los más vigorosos durante el primer o segundo año de una nueva siembra, pero suelen purgar a los que compiten por energía con su planta madre. En algunas zonas, el tamaño de los hijuelos destinados a la siembra es clasificado según su semejanza con limones, naranjas y toronjas. También les dicen *mecuates*.

horno: Los mezcaleros usan este término común para referirse a los hornos de mampostería usados por muchos productores para cocer el agave. También puede usarse para los hornos de piso, pero *barranco* es más común para ellos en el noroeste y centro-occidente de México. En algunas regiones, toda la mezcalería donde se cuece, fermenta y destila el agave se llama *horno*, en vez de *vinata, tren, taberna* o *palenque*.

huitzila: Mezcal hecho con *tequilana azul* en los pueblos de Huitzila y Tezontla, Zacatecas.

I

ingüixe: En algunas regiones, este término indígena se refiere a la cola de la destilación. No se usa para ajustar el contenido alcohólico final del mezcal.

ixtle: Hispanización del término nahua *ixtli* o *ictli*, que se refiere a los magueyes cultivados históricamente en gran parte para usar sus fibras en cuerdas, morrales, cestos y tejidos. Ahora también se usan para destilar mezcal. *Ixtlero amarillo* es el nombre tradicional de una variedad baja en azúcar de *Agave rhodacantha*, mientras que el ixtlero verde es una variedad tradicional de *Agave angustifolia* en la misma zona del occidente de México. El henequén (*Agave fourcroydes*) es un agave de fibra fina nativo de la península de Yucatán que los mezcaleros yucatecos cultivan en la península, pero se destila en Oaxaca. El sisal (*Agave sisalana*) es otro agave originalmente domesticado por sus fibras que ahora se usa en asambleas: mezclas de varias especies para hacer mezcal u otros destilados 100% de agave.

J

jabalí: Término tradicional para el *Agave convallis* silvestre y los mezcales elaborados a partir de él en Oaxaca y Puebla.

jaibica: Una hachuela de la mitad del tamaño de un hacha normal, usada sobre todo para rasurar o machacar agaves en el noroeste de México.

jaiboli: Agave silvestre raro del sur de Sonora y el vecino Chihuahua. El *Agave jaiboli* fue usado históricamente para destilar mezcal por los habitantes mayos, guarijíos y mestizos de las laderas de la Sierra Madre Occidental. Cuenta la leyenda que un campesino le presentó el nombre *jaiboli* al doctor Howard Gentry, quien lo codificó como epíteto científico antes de darse cuenta de que ese sonorense conocedor se refería a que debía ser bueno para «hacer *highballs*».

jarcia: Término usado en Tamaulipas para referirse a varios agaves silvestres —*Agave gentryi, A. montana* y *A. montium-sancticaroli*— usados para destilar mezcal en una tradición única del noreste de México.

jicarita: Hispanización del náhuatl *xicalli*, recipiente en forma de calabaza de la planta *Crescentia alata* usado para medir, catar y beber mezcal.

jima: Del término nahua *xima*, «rasurar, trasquilar». Se usa en gran parte de México para la poda y cosecha de los agaves maduros.

jimador: Con la misma raíz que *jima*, campesino que cosecha el agave. Casi siempre se refiere a los especialistas en tequila.

joven: Una de las clases de mezcal definidas por la norma: mezcal blanco sin ningún tratamiento tras la destilación. También se le llama *blanco*, aunque *joven* sea el término tradicional y preferible.

K

komil: Término indígena para «bebidas intoxicantes», supuestamente derivado del náhuatl. Era un nombre poco usado que fue propuesto, sin éxito, como término legal para los destilados de agave que no fueran aprobados por el Consejo Regulador del Mezcal u otros cuerpos normativos. Entre 2015 y 2017, el CRM propuso la NOM 199, que habría obligado al gobierno mexicano a imponer el uso de *komil* para cualquier destilado de agave fabricado fuera de las zonas permitidas para el mezcal. Ese cambio nunca se logró implementar, debido a la indignación de los mezcaleros, furiosos de que el CRM estuviera decidido a evitar que llamaran *mezcal* a sus plantas y destilados, como sus familias llevaban haciendo desde hacía siglos.

L

lamparillo: Variedad tradicional de *Agave asperrima*, usada para destilar mezcal en Durango. Este término popular también se usa para referirse a un trago grande de cualquier aguardiente.

lechuguilla: Literalmente cualquier planta silvestre con savia lechosa o color crema (no únicamente la lechuga). Nombre popular de varias especies de agave, no solo *Agave lechuguilla*, especie desértica descrita por primera vez en el desierto de Chihuahua en 1859. También es el nombre común del *Agave maximiliana* usado en la raicilla de la sierra y del *A. palmeri*, *A. shrevei* y otras especies emparentadas destiladas por sí solas o mezcladas con *bacanora* en Sonora y Chihuahua. Además, las «aguas de lechuguilla» son un probiótico ligeramente fermentado consumido por los niños de Jalisco y Colima, a veces producido a partir de *A. inaequidens*.

lineño: Variedad tradicional de *Agave angustifolia*, también llamada *pata de mula*, otrora utilizada junto con *tequilana azul* para destilar vino mezcal de Tequila, hasta que lo prohibió el CRT.

M

madrecuishe: Variedad tradicional de *Agave karwinskii* silvestre, usada para destilar mezcal en olla de barro en Oaxaca (véase **cuishe**).

madurado en vidrio: Una de las categorías de mezcal añejo que define la norma.

maguey: Proveniente de la lengua caribe de La Española, ahora es el término usado para el agave en Oaxaca y otros estados. Los conquistadores españoles trajeron consigo la palabra desde aquella isla.

maguey pulquero: Término colectivo usado para los agaves gigantes como *Agave atrovirens*, *A. mapisaga*, *A. salmiana* y algunas razas criollas de *A. americana*. Muchos de ellos no solo producen enormes cantidades de aguamiel para hacer pulque, sino que también pueden emplearse para fabricar destilados 100% de agave, como el comiteco.

manso: Nombre popular del *Agave salmiana* subespecie *crassispina* silvestre.

margayate: Mezcales o destilados de agave de baja calidad, también llamados *broncos* o *soyates*.

marsaparillo: Variedad tradicional de *Agave lophantha* usada para destilar mezcal en Tamaulipas.

masparillo: Variedad silvestre de *Agave maximiliana* cosechada ocasionalmente para destilar mezcal en la región del Mezquital, en Durango.

Mayahuel: Diosa mesoamericana del maguey, la ebriedad, la fecundidad y la fertilidad. Les daba aguamiel o pulque de sus cuatrocientos senos a sus hijos, los Centzon Totochtin: los cuatrocientos conejos ebrios.

mazos: Grandes martillos de madera usados para machacar el maguey cocido en el proceso tradicional usado en los mezcales ancestrales y otros destilados de agave.

mechichicual: Término nahua para las espinas laterales de las pencas de maguey, usadas para determinar su calidad y madurez.

mecuate: Del náhuatl *mecuatl*, los hijuelos vegetativos de un agave madre (véase **hijuelo**).

meocuil: Término hispanizado a partir del náhuatl *meocuillin* (de *metl* y *ocuillin*), que se refiere a las larvas blancas y comestibles de la mariposa gigante tequilera. Se convirtió en préstamo en el español de México y ahora es usado por mezcaleros de todas las latitudes. Esas larvas infestan el *tequilana azul* y otros agaves cultivados.

metepantle: Las terrazas bordeadas de magueyes de las antiguas milpas mesoamericanas y aridoamericanas.

metl: La palabra nahua para el agave, a partir de la cual se deriva «*mezcal*»: *mexcalli* o «agave cocido».

mexocotl: Bebidas hechas a partir de una bromelia espinosa silvestre o «ciruela», conocida botánicamente como *Bumelia humilis*. Si bien esa planta parecida a la piña no es un agave, su nombre nahua significa «fruto del maguey».

mezcal, mescal, mexcalmetl: Como señalamos antes, términos nahuas hispanizados para el agave cocido, derivados de *metl*, «agave», e *ixcalli*, «cocido», aunque también hay otras etimologías, más metafóricas.

mezcal bronco: Mezcal de calidad media o mediocre, casi siempre vendido a granel. Suele ser comprado al mayoreo para envasarlo.

mezcal bruto: Variedad tradicional de *Agave inaequidens* en Jalisco.

mezcal casero: Mezcales o destilados 100% de agave hechos en casa en lotes pequeños (casi siempre de forma clandestina).

mezcal colorado: Los campesinos oaxaqueños tienen un aprecio particular por estos destilados teñidos de óxido por ser recolectados en viejos condensadores de hierro.

mezcal corriente: Término usado para referirse a los destilados de agave baratos, casi siempre adulterados, como el Tonayán, que se usa para hacer «aguas locas» de la misma manera que el alcohol de grano o alcohol rectificado Everclear. Históricamente, los bebedores sofisticados también consideraban que muchos mezcales eran «corrientes» e indignos de atención.

mezcal curado: Mezcal o destilado 100% de agave marinado o infusionado con fruta, hierbas como la damiana o nueces añadidas tras todas las destilaciones. Los mezcales de pechuga son infusiones en cierto sentido, pero se consiguen con un proceso ligeramente diferente de dejar que los vapores de la tercera destilación se eleven a través de un saco lleno de saborizantes naturales colgado debajo del condensador del alambique.

mezcal ticushi: Proveniente del término mixteco *yavii ticunchi'i*. En Oaxaca, este nombre popular se refiere al *Agave nussaviorum*. Es considerado un agave sagrado entre los mixtecos, que lo usan en rituales conectados con el juego de pelota. También hay rituales medicinales asociados con el mezcal especial destilado a partir de este maguey, un destilado conocido como *el del patrón* o *el del cura*, no solo como *mezcal ticushi*.

mezcalería: Destilería, cataduría o tienda de mezcales y otros destilados de agave.

mezcalero, -a: El artesano que supervisa la tatemada y fermentación de las piñas y la destilación del mosto de agave en un palenque, taberna o vinata. Los más apreciados de estos artistas del líquido reciben el epíteto de *maestros mezcaleros* o *maestros palenqueros*.

mezcalón: Mezcal de alta graduación.

mezonte, mezontle, mesontle, meylonte, mosolote: De *metl*, «agave», y *tzontli*, «cabello» o «cabeza». El corazón de la piña; tiene una textura más granular y un perfil de sabor más particular que las pencas. A veces, los mezcales se destilan exclusivamente a partir de mezontles.

milpa: El paisaje agroecológico en el que el maíz, el amaranto, el frijol, la calabaza, el chile y otras verduras son acomodados entre filas de maguey, nopal y árboles perennes. La cosmovisión detrás de la milpa favorece la diversidad de cultivos en vez de la uniformidad, la heterogeneidad espacial en vez del terreno monocultivado y múltiples usos culturales, utilitarios y espirituales para cada planta, en vez de una única ganancia económica.

mistela por alambique: Según el informe de Pineda sobre las bebidas de la Nueva España redactado en la década de 1790, se trata de una destilación ordinaria en un alambique arábigo y mezclada con anís y savia dulce o jarabe de agaves pulqueros (*necuhtli*).

mixiote: Término derivado del náhuatl que se refiere a la cutícula o membrana cerosa, parecida al pergamino, que se obtiene de las pencas de maguey, y también a los platillos de carne envueltos en ella para cocerlos en barbacoa.

mixto: Un tipo de destilado basado en agave —casi siempre un tequila barato— compuesto a partir de mosto fermentado de agave combinado con otra fuente de azúcar. Legalmente, un tequila mixto debe tener al menos 51% de alcohol de agave azul con 49% o menos de alcohol de caña de azúcar. Los mixtos son usados en la mayoría de las mezclas para margaritas «de potencia industrial» usadas en bares y restaurantes de Estados Unidos.

mochomos: Literalmente, este término yutoazteca del norte se refiere a las hormigas cortadoras de hojas, agricultoras y trabajadoras que fermentan el follaje para hacer comida nutritiva para sus descendientes en los oscuros recovecos de sus madrigueras subterráneas (*Atta mexicana*). Metafóricamente, se usa en Sonora para referirse a los destiladores clandestinos de bacanora, lechuguilla y otras bebidas que trabajan por la noche en alambiques escondidos en cañones recónditos.

montera: Término regional usado por los raicilleros para un capitel de madera o metal propio de los alambiques empleados para hacer raicilla en Jalisco.

moraleño: Variedad tradicional de *Agave sisalana* otrora usada en Jalisco para hacer vino mezcal de Tequila, pero ahora prohibida por el CRT.

mosto muerto: Mosto derivado de la fermentación del aguamiel para hacer pulque o para prepararlo para destilarlo y hacer comiteco. En esencia, es una cerveza de agave probiótica.

mosto vivo: El mosto del pulque, hecho a partir de aguamiel en fermentación activa, con una amplia variedad de levaduras y bacterias endémicas.

N

necuhtli: Término nahua usado para las abejas mieleras y las abejas sin aguijón, y también para la melaza de agave hecha espesando lentamente el aguamiel extraído del maguey pulquero.

O

olla: Otro término para la caldera de los alambiques oaxaqueños usados para hacer destilados de agave.

olla de barro: Estilo de alambique y tradición oaxaqueña de destilación del agave también llamada *cuescomate*, término nahua proveniente de *cuezcomatl*.

ordinario: Líquido condensado durante la primera destilación del jugo de maguey. Al volverlo a destilar, se convierte en mezcal (véase **común, shishe**).

P

palangana: El cuenco de captación de un alambique de olla de barro. También llamado *yuifana*.

palenque: Destilería de mezcal —en todas sus dimensiones— que suele ser parte del hogar o de la propiedad del mezcalero. El nombre se deriva del horno de piso en el que se cuecen los agaves. En otras regiones, el mismo tipo de destilería podría llamarse *mezcalería, taberna, tanichi* o *vinata*.

palenquero: Productor de mezcal, en particular la persona a cargo de la operación.

papalometl: Variedad tradicional o raza criolla de *Agave cupreata*, aunque el mismo término puede ser usado en otras localidades para el *Agave potatorum*, más pequeño, o para especies emparentadas con una forma amplia y curva, como mariposa. A partir del náhuatl *papalotl*, «mariposa», y *metl*, «agave».

parcela, potrero, yunta: Términos que designan la tierra propia o rentada usada para producir maguey.

pata de mula: Variedad tradicional de *Agave angustifolia*, también llamada *lineño*, cultivada junto con otras siete u ocho variedades para hacer tequila antes de que lo prohibiera el CRT.

pechuga: Estilo tradicional de mezcal originario de Oaxaca en el que se pone algún tipo de carne o frutas y especias locales en un paño de queso debajo del condensador durante la destilación final. El vapor atraviesa el paño y captura aromas complejos en la condensación. Suele hacerse con los mismos ingredientes que se usarán en el mole de las fiestas, pero la tradición ha saltado a otros estados y estimulado la innovación en el uso de ingredientes inusuales. Definido, con el nombre de *destilado con pechuga*, como una clase especial en la norma del mezcal.

penca: Posiblemente de origen portugués o catalán, este término se refiere a las hojas puntiagudas o espinosas, en particular las del maguey. Algunos mezcaleros disfrutan hacer lotes de destilados de agave usando exclusivamente las pencas, más fibrosas, pero de un sabor particular, en vez de los mezontles.

perlas: Las burbujas que se forman en la superficie de los destilados de agave cuando se agita su contenedor. La formación de cierta densidad de perlas indica que el destilado ha alcanzado una potencia de entre 45 y 55% de alcohol. Leer perlas es un arte esencial durante la venencia o ajuste del espirituoso, por lo que se ha convertido en marca de orgullo y autenticidad para muchos mezcaleros.

petaquillas: Destilado de agave infusionado o mezclado con jugo de naranja y canela. Estos licores infusionados solo se venden localmente en algunas partes de Guerrero. A veces se usan como sacramento en rituales religiosos.

picado: En Oaxaca, el rasurado y cosecha de agave maduro para prepararlo para hornearlo, fermentarlo y destilarlo.

piña: Originalmente el nombre de otra suculenta que presenta similitudes con el agave, se ha convertido en el nombre común de las cabezas rasuradas de maguey cosechadas para producir casi todos los destilados de agave.

pizometl, pichomel: Variedad tradicional de *Agave marmorata* silvestre usada en la destilación de mezcal y jarabe para la tos en varios estados, como Puebla.

potosino: Variedad tradicional de *Agave salmiana* subespecie *crassispina* silvestre, usado para hacer pulque y mezcal en San Luis Potosí y estados adyacentes.

potrero: Otro término para referirse a una parcela o plantación de agaves, si bien términos como *rancho*, *campo de agave*, *yunta* y *huerta* también pueden usarse regionalmente.

pulque: Bebida probiótica lechosa y ligeramente espumosa producida al fermentar la savia dulce conocida como *aguamiel* que mana en el centro de un maguey que ha sido «castrado» en el proceso conocido como *desquiote*. Esta bebida, parecida a la cerveza e increíblemente popular, fue descrita por primera vez por Hernán Cortés en 1524, y su volumen de consumo en México superaba por mucho el de los destilados de agave hasta terminada la Segunda Guerra Mundial. Esta nutritiva bebida sigue siendo popular tanto en estado natural como curada con fruta en el sur del desierto de Chihuahua, en el Altiplano y en el sur de México, incluyendo la capital, donde durante más de un siglo las pulquerías fueron sitios en los que los hombres se reunían para discutir de política en un ligero estado de ebriedad.

pulquero: Nombre de los productores de pulque y de las variedades de agave usadas para hacer pulque o mezcal, como el *Agave atrovirens*. En los mezcales, esta última especie brinda sabores lechosos y frutales, una textura calcárea y una alta mineralidad.

puntas: Lo primero que sale en cada destilación. Sabrosas y altas en alcohol, suelen usarse para ajustar el contenido alcohólico del mezcal. A veces se consumen por sí solas.

Q

quiote: Este término hispanizado para referirse a los tallos floreados del agave proviene del náhuatl *quiotl*, que puede indicar el tallo o el capullo de una inflorescencia, también llamado *cúburi* o *piri*. Los mezcaleros se mantienen atentos a un cambio en el color y la forma de las pencas, que indica el inminente surgimiento del quiote, pues es entonces cuando los carbohidratos de almacenamiento son convertidos en azúcares simples para que la planta pueda erguir rápidamente el quiote. Si no se lo corta, el tallo crecerá tan alto que sus flores ricas en néctar estarán a la vista, olfato y alcance de los murciélagos y colibríes polinizadores. Sin embargo, al «castrarlo» de distintas maneras, mediante la capona o el desquiote, pueden capturar el brote de aguamiel para fermentarlo y hacer pulque o detener la translocación de azúcares para que el corazón y las bases de las pencas del maguey maduro se hinchen. Algunos quiotes se pelan para obtener mixiotes, luego se asan al carbón y se comen o se fermentan para hacer mezcal de quiote, muy apreciado (véase **aguamiel, capona, pulque**).

quitupan: Vino mezcal de olla producido en el pueblo de Quitupan, en el sureste de Jalisco, desde al menos 1785.

R

raicilla: Un conjunto de mezcales del occidente de México divididos en dos unidades geográficas: una de la costa de Jalisco y Nayarit (raicilla de la costa), hecha sobre todo a partir de *Agave angustifolia* y *A. rhoda-cantha*, y la otra de las zonas serranas (raicilla de la sierra), hecha sobre todo a partir de *A. maximiliana* y *A. inaequidens*. *Raicilla* es un término genérico usado para los mezcales preparados a partir de hasta seis especies diferentes de agave que crecen de forma silvestre en Jalisco y la vecina Nayarit. Sin embargo, las dos regiones principales de producción reconocidas por el CRR —la costera y la serrana— producen destilados usando tradiciones de procesamiento y contenedores de almacenamiento distintos (tinacos de plástico contra barriles de madera), con sabores muy diferentes entre sí. El nombre *raicilla*, que se aplica a ambos destilados de agave, supuestamente se refiere a las «pequeñas raíces» que los productores clandestinos usaban para la fermentación, como truco para no pagar impuestos y permisos por cosechar el meristemo y las pencas, que sí entraban en la jurisdicción legal.

relisero: Sinónimo de *gigante*. El *Agave valenciana*, silvestre pero raro, permitido para destilar raicilla en la zona de Mascota, Jalisco.

reposado: También llamados *añejados*, se trata de mezcales almacenados en barricas de madera durante solo entre dos y nueve meses, o a veces hasta 12, menos que los añejos. Ese proceso de maduración puede hacerse legalmente con destilados 100% de agave o con mixtos.

resollano: Término usado para la olla sin fondo y con forma de manga que se pone encima de la montera en la destilación con olla de barro de Oaxaca.

revoltijo: Ponche o licor infusionado hecho a partir de una mezcla de jugo de tuna y corteza de timbre (*Acaciella angustissima*) en Puebla, Tlaxcala y San Luis Potosí.

ruqueño: Variedad tradicional de *Agave americana* subespecie *oaxacensis* usada para producir mezcal en Oaxaca.

S

saite, sahite: La melaza cortada y aún fibrosa de los agaves tatemados, que se fermentará y separará en jugo y bagazo.

san Martineo, san Martín: Variedad tradicional de *Agave karwinksii* silvestre, usada para producir mezcal en Oaxaca.

serrano: Variedad tradicional de *Agave americana* usada para producir mezcal en Oaxaca.

shishe, xixe: Nombre regional de los líquidos condensados en la primera destilación de jugo de maguey. Cuando se vuelven a destilar, se convierten en mezcal (véase **común, ordinario**).

sierra negra: Variedad tradicional de *Agave americana* subespecie *oaxacensis* usada para producir mezcal en Oaxaca.

sikua: Derivado de un término tarasco para el mezcal usado por los habitantes purépechas de tres municipios colindantes con el lago de Pátzcuaro. Se trata de un destilado de agave particular de Michoacán, fabricado en ese estado antes de que fuera incluido en la denominación de origen del mezcal. Aparte de una marca registrada colectiva usada por mezcaleros de cuatro pueblos purépechas, lo más probable es que se abandone el término, pues Michoacán ya puede fabricar oficialmente mezcal.

simple: El líquido rico en alcohol condensado en la primera destilación de jugo de agave fermentado. El término se usa en Jalisco y Nayarit para la primera destilación de raicilla, pero, en otras regiones, los términos *común* y *ordinario* son más usuales.

sinque: En el informe de Pineda sobre bebidas de la Nueva España, redactado en la década de 1790, un aguardiente de pulque hecho a partir de aguamiel y jugo de caña fermentados y pasados por un alambique.

sotol: Si bien no es un agave, esta planta se encuentra en el género emparentado de suculentas llamado *Dasylirion*, o «cucharas del desierto». Las cabezas rasuradas del sotol se destilan de manera muy parecida al agave mezcalero. A veces se hornean y fermentan en el mismo horno o barranco que el agave. La diferencia clave entre la mayoría de los agaves y *Dasylirion* es que este último tiene varias cabezas en un mismo tronco (como sucede con el *Agave karwinskii*), por lo que una misma planta madre puede dar varias cosechas durante muchos años.

T

taberna: Uno de varios nombres usados para referirse a las destilerías tradicionales en las que se elaboran raicilla u otros destilados de agave.

tacuachito: Apodo del noroeste de México para las destilaciones de cualidad indistinta —ni buenas ni malas— que aún tienen que pasar por el proceso de venencia.

tahitzingu: Según el informe de Pineda sobre las bebidas de la Nueva España, redactado en la década de 1790, un mezcal corriente fermentado en cueros, al cual a veces se le añaden timbre y pulque antes de destilarlo.

tahona: Término que se remonta al árabe *aṭṭāḥūn[ah]*. Se refiere a la gran rueda de piedra jalada por un caballo o mula para machacar los agaves cocidos usados para el mezcal, la raicilla, el bacanora y algunos tequilas. La piedra de dos toneladas rueda alrededor de un cuenco circular llamado *molino egipcio* o *molino chileno*. Si bien se trata del método preferido para extraer jugos de agave para fermentar mezcal ancestral o artesanal, algunos mezcaleros oaxaqueños se quejan de tener que usar esa técnica para certificar sus productos, pues tradicionalmente usaban mazos de madera.

tanichi: En Sonora, una destilería hechiza de tamaño modesto para hacer bacanora u otros mezcales y sotoles a pequeña escala. Hoy en día, también significa *tienda*.

tatemada: Si bien simplemente significa «el tueste», implica haber asado o cocido al vapor bajo tierra, en vez del cocido u horneado más industrial, hecho en hornos de mampostería. La tatemada transforma lentamente las inulinas del agave en azúcares más simples para su posterior fermentación y destilación.

tauta: Nombre popular del diminuto *Agave parviflora* silvestre, cuyas cabezas y quiotes se incluyen en lotes pequeños de destilados de agave de Sonora y la vecina Chihuahua.

tecolio: Bebida fermentada de Oaxaca y Puebla hecha con pulque y larvas de maguey —conocidas como *tecoles, chilocuiles o chinicuiles*— y curada con miel, fruta, nopal o cempasúchil. En las recetas de bebidas de la Nueva España de la década de 1790 de Pineda, las larvas se tuestan y reducen a un polvo fino antes de añadirse al pulque.

teolote: Nombre popular usado para el *Agave maximiliana* y para el *Agave marmorata* silvestre.

teometl: Variedad tradicional de *Agave atrovirens*.

tepache: La pulpa y los jugos fermentados de las piñas de agave que forman el mosto preparado para la destilación. También es el nombre de una bebida probiótica nativa parecida al pulque, hecha en una olla de barro con pulpa y jugo de maguey, e infusionada con clavo y canela. También se le pueden añadir cebada hervida y azúcar mientras el mosto se fermenta durante dos días, o puede prepararse con pulque mezclado con miel y semillas de anís, y luego hervirse para hacer un anisado.

tepantle: Forma de agricultura en terrazas propia de Mesoamérica y Aridoamérica que puede incluir el cultivo del maguey, pero plantándolo en los bordes de las terrazas de piedra o *trincheras*.

tepemete: Nombre popular de *Agave angustifolia* silvestre usado para hacer mezcal y otros destilados de agave en Durango.

tepextate, tepeztate: Nombres populares de *Agave marmorata* silvestre, usado para hacer mezcales con notas vegetales dulces y toques de granos de elote asado, pimiento y cilantro.

tequilana azul: Cultivar clonal homogéneo de *Agave tequilana*, que es el único agave permitido para hacer tequila por la NOM mexicana del tequila.

tezontle: Piedra volcánica porosa usada para hacer tahonas, con las que se muelen los agaves tatemados, y molcajetes, con los que se muelen especias.

tlahuelompa: Destilado hecho a partir de *tequilana azul* en el estado de Hidalgo.

tobalá: Nombre popular de varios magueyes silvestres, raros y diminutos, que crecen a la sombra de árboles nodrizas y peñascos a altas altitudes, en el estado de Oaxaca. El nombre puede aplicarse a *Agave nussaviorum, A. potatorum* o *A. seemanniana* cuando se usa para producir lotes pequeños de mezcales premium.

tobasiche: Término zapoteco para una variedad tradicional de una forma microendémica de *Agave karwinksii* silvestre, usado en Oaxaca para destilar mezcal en olla de barro.

Tonayán: Destilado hecho en la ciudad industrial de Tonaya, en el centro-oeste de Jalisco. Se autodenomina producto «de agave», aunque su ingrediente principal sea azúcar de caña caramelizada para parecer tequila oro añejo. Tiene la reputación de ser la bebida alcohólica más barata de México.

torrecillas: En las vinatas de Torrecillas, Durango, se producen mezcales y sotoles, e históricamente se usaba el término *mezcal de Torrecillas* para distinguir su tradición mezcalera de otras.

tren: Término sonorense para referirse a los alambiques caseros y móviles usados por los mochomos para producir clandestinamente bacanora, lechuguilla y otros destilados de agave.

tripón: Una variedad tradicional relativamente nueva de *Agave karwinskii* usada para destilar mezcales en olla de barro en Santa Catarina de Minas.

tristeza y muerte: Un potente coctel de patógenos bacterianos, micóticos y virales que causó una pandemia en las plantaciones de *tequilana azul* a partir de finales de los noventa.

tuchi: Término popular usado en Nayarit y Durango para referirse a la primera destilación, muy suave y deliciosa, de un mezcal o sotol, y bebida de inmediato conforme sale del alambique. Fue descrito por el explorador Carl Lumholtz, uno de los primeros etnógrafos en escribir sobre los alambiques huicholes.

tumbaderos: Nombre regional de los peones que cosechan, rasuran y separan las piñas de los agaves maduros para su transporte y horneado.

tumbayaquis: Término sonorense para un mezcal corriente tan potente y burdo que podría tumbar a un guerrero yoeme (yaqui).

tuxca: Destilado 100% de agave no certificado y producido en el pueblo de Tuxcacuesco, en la sierra de Amula, en la frontera entre Jalisco y Colima. Suele venderse con un ponche parecido a la sangría en puestos carreteros en Tuxcacuesco y pueblos aledaños. De manera más amplia, se refiere a una de las tradiciones de destilados de agave más antiguas y aún dinámicas, que ahora tiene su centro en el pueblo de Zapotitlán de Vadillo. Irónicamente, estos extraordinarios destilados artesanales no entran en el marco legal de la denominación de origen del mezcal, aunque se hayan originado en la cuna probable de la producción mezcalera. Suelen producirse como asambleas o ensambles de tres variedades de agave:

cimarrón y lineño de *Agave angustifolia*, e ixtlero amarillo de *Agave rhodacantha*.

V

venencia: Término usado para el tubo hecho a partir del carrizo de *Phragmites australis*, empleado para sifonear el mezcal y medir la densidad y duración de sus perlas. Ese acto se denomina *venenciar*.

verde: Nombre popular de una de las distintas variedades de *Agave angustifolia* usadas para hacer raicilla de la costa en Jalisco.

vicho: Nombre yutoazteca del norte, quizá proveniente del ópata, usado históricamente para los agaves o mezcales de la zona serrana de Sonora y la vecina Chihuahua. El término emparentado *víchota* indica los jugos de agave derivados solo de las pencas, que algunos mezcaleros aseguran que tienen un sabor más rico.

vinata: Otro término regional para las destilerías de agave (véase **mezcalería**, **palenque**, **taberna**).

vinaza: Desecho líquido derivado del proceso de producción del tequila y el mezcal, distinto del desecho sólido o fibroso del bagazo. Si se tratan apropiadamente, ambos pueden usarse como fertilizantes.

vino mezcal: Término histórico —que aún se usa en zonas remotas— para los destilados de agave. El tequila originalmente se conocía como *vino mezcal de Tequila*.

vino mezcal de Guadalajara: En el informe de Pineda sobre las bebidas de la Nueva España en la década de 1790, mosto de agua, miel y cabezas cocidas de agaves, fermentado en cueros y luego destilado.

X

xima: Término nahua del que se derivan *jima* y *jimador*.

Y

yahui ndodo: Postre hecho con clavo y un agave raro conocido en mixteco como *yavii ticunch"i*, el *Agave nussaviorum* silvestre de Oaxaca.

yocogihua: Destilado de agave parecido al bacanora sonorense que se producía cerca de Álamos, Sonora, donde al parecer se elaboraba con dos razas criollas cultivadas de *Agave rhodacantha* introducidas en la región del río Mayo en el siglo xix. La destilería Yocogihua siguió produciendo mezcal desde 1888 hasta 1985, a pesar de la prohibición de destilar y vender mezcal en el estado iniciada por el gobernador Plutarco Elías Calles.

yunta: Nombre regional para referirse a una plantación de agave (véase **parcela, potrero**).

Z

zapupe: Variedad tradicional de *Agave fourcroydes* usada tradicionalmente para obtener fibras de henequén, pero que en tiempos recientes también se emplea para destilar mezcal.

zihuaquio: Un mezcal artesanal de Zihuaquio que sigue elaborándose a partir de *Agave cupreata* en Guerrero, donde a veces se infusiona con coco.

zotol: Bebida destilada solo a partir del meristemo inferior del maguey zotolero en el estado de Puebla, y frecuentemente infusionado con pasitas o ciruelas pasas.

BIBLIOGRAFÍA

Ángeles Carreño, Graciela. «Mezcal in Traditional Medicine». *Mezcal Arte Tradicional* 98 (2010).

Arenstein, Noah. «The Problem with Pechuga». *Punch*, 16 de enero de 2020. https://punchdrink.com/articles/problem-with-pechuga-mezcal/.

Bowen, Sarah. *Divided Spirits: Tequila, Mezcal, and the Politics of Production*. San Francisco: University of California Press, 2015.

Bowen, Sarah, y David Suro. «America's Role in Latest Fight for Small Mezcal». *Punch*, 22 de marzo de 2016. https://punchdrink.com/articles/is-america-part-of-the-problem-or-the-solution-for-mezcal-nom-199-and-nom-186/.

Brooks, David. «Grandes intereses comerciales buscan controlar la palabra agave: experto». *La Jornada*, 16 de abril de 2016. https://www.jornada.com.mx/2016/04/16/opinion/014a1pols.

Bullock, Tom. *The Mezcal Experience*. Londres: Jaqui Small/Quarto Group, 2017.

Bye, Robert A., Don Burgess y Albino Mares Trias. «Ethnobotany of the Western Tarahumara of Chihuahua, Mexico: I. Notes on the Genus *Agave*». *Botanical Museum Leaflets, Harvard University* 24 (1975): 85-112. https://www.jstor.org/stable/41762295.

Coleman-Derr, Devin, Damaris Desgarennes, Citlali Fonseca-Garcia, Stephen Gross, Scott Clingenpeel, Tanja Woyke, Gretchen North, Axel Visel, Laila Partida-Martinez y Susannah G. Tringe. «Plant Compartment and Biogeography Affect Microbiome Composition in Cultivated and Native *Agave* Species». *New Phytologist* 209, núm. 2 (2016): 798-811. https://doi.org/10.1111/nph.13697.

Colunga-García Marín, Patricia. «La desaparición de los mezcales artesanales tradicionales». *La Jornada*, 21 de enero de 2012. https://www.jornada.com.mx/2012/01/21/opinion/021a2pol.

Colunga-García Marín, Patricia. «Se llaman mezcales y están hechos con agave: no engañen al consumidor». *La Jornada*, 16 de abril de 2012. https:// www.jornada.com.mx/2016/04/16/opinion/014a1pol.

Colunga-García Marín, Patricia, y P. Ramos-Rivera. «Base de datos de nombres técnicos o de uso común en el aprovechamiento de los *Agaves* en México» (2006). https://www.snib.mx/iptconabio/resource?r=SNIB-CS007.

Colunga-García Marín, Patricia, Daniel Zizumbo-Villarreal y J. Martínez Torres. «Tradiciones en el aprovechamiento de los agaves mexicanos: una aportación a la protección legal y conservación de su diversidad biológica y cultural». En *En lo ancestral hay futuro: Del tequila, los mezcales y otros agaves*, editado por Patricia Colunga-García Marín, Alfonso Larqué Saavedra, Luis E. Eguiarte y Daniel Zizumbo-Villarreal, 229-248. Mérida, México: Centro de Investigación Científica de Yucatán, 2007. https://doi.org/10.13140/RG.2.1.5192.1441.

Conabio (Comisión Nacional para el Conocimiento y Uso de la Biodiversidad). «Base de datos de nombres técnicos o de uso común en el aprovechamiento de los agaves en México» (2016). http://www.snib.mx/iptconabio/resource?r=SNIB-CS007&v=1.0.

Cummins, Ronnie. «Agave Power: How a Revolutionary Agro-Forestry and Grazing System in Mexico Can Help Reverse Global Warming». *Regeneration International*, 20 de enero de 2020. https://regeneratio ninternational.org/2020/01/20/agave-power-how-a-revolutionary-agroforestry-and-grazing-system-in-mexico-can-help-reverse-global-warming/.

Davis, Sarah C., June Simpson, Katia del Carmen Gil-Vega, Nicholas A. Niechayev, Evelien van Tongerlo, Natalia Hurtado Castano, Louisa V. Dever y Alberto Búrquez. «Undervalued Potential of Crassulacean Acid Metabolism for Current and Future Agricultural Production». *Journal of Experimental Botany* 70, núm. 22 (2019): 6521-6537. https://doi.org/10.1093/jxb/erz223.

«Demandan productores y expertos una autoridad que vele por cultura del mezcal». *La Jornada*, 8 de mayo de 2018. https://www.jornada.com.mx/2018/05/08/sociedad/031n1soc.

Eguiarte, Luis E., y Valeria Souza. «Historia natural del Agave y sus parientes: evolución y ecología». En *En lo ancestral hay futuro: Del tequila, los mezcales y otros agaves*, editado por Patricia Colunga-García Marín, Alfonso Larqué Saavedra, Luis E. Eguiarte y Daniel Zizumbo-Villarreal, 3-22. Mérida, México: Centro de Investigación Científica de Yucatán, 2007.

Eguiarte, Luis E., Enrique Salazar, Jordan Golubev y María C. Mandujano. «Ecología y genética del maguey». En *Agua de las verdes matas: Tequila y mezcal*, editado por José Luis Vera Cortés y Rodolfo Fernández, 183-213. Ciudad de México: Artes de México/INAH, 2015.

Eguiarte, Luis. E., O. A. Jiménez Barrón, E. Aguirre-Planter, Enrique Scheinvar, N. Gámez, J. Gasca-Pineda, G. Castellanos-Morales y A. Moreno-Letelier. «Evolutionary Ecology of *Agave*: Distribution Patterns, Phylogeny, and Coevolution (An Homage to Howard S. Gentry)». *American Journal of Botany* 108, núm. 2 (2021): 216-235.

Ezcurra, Exequiel. «Las adaptaciones morfo-fisiológicas de los agaves a los ambientes áridos y su prospectiva agroindustrial». En *En lo ancestral hay futuro: Del tequila, los mezcales y otros agaves*, editado por Patricia Colunga-García Marín, Alfonso Larqué Saavedra, Luis E. Eguiarte y Daniel Zizumbo-Villarreal, 387-394. Mérida, México: Centro de Investigación Científica de Yucatán, 2007.

Farrell, Shanna, y David Suro. «Can a Group of Bartenders Save Mezcal?». *Punch*, 30 de abril de 2015. https://punchdrink.com/articles/can-a-group-of-bartenders-save-artisanal-mezcal/.

Figueredo, Carmen J., Alejandro Casas, Patricia Colunga-García Marín, Jafet M. Nassar y Antonio González-Rodríguez. «Morphological

Variation, Management and Domestication of "Maguey Alto" (*Agave inaequidens*) and "Maguey Manso" (*A. hookeri*) in Michoacán, México». *Journal of Ethnobiology and Ethnomedicine* 10, núm. 1 (2014): 1-12.

Figueredo-Urbina, Carmen J., Alejandro Casas e Ignacio Torres-Garcia. «Morphological and Genetic Divergence between *Agave inaequidens*, *A. cupreata*, and the Domesticated *A. hookeri*: Analysis of Their Evolutionary Relationships». *PLoS One* 12 (2017): e0187260.

Fish, Suzanne K., y Paul R. Fish. «Agave (*Agave* spp.): A Crop Lost and Found in the US-Mexico Borderlands». En *New Lives for Ancient and Extinct Crops*, editado por Paul. E. Minnis, 102-133. Tucson: University of Arizona Press, 2014.

Fleming, Theodore H. «Nectar Corridors: Migration and the Annual Cycle of Lesser Long-Nosed Bats». En *Conserving Migratory Pollinators and Nectar Corridors in Western North America*, editado por Gary Paul Nabhan, 23-42. Tucson: University of Arizona Press, 2004.

Gagnier, Mary Jane. «Ceremonial and Culinary Uses of Mezcal». *Mezcal Arte Tradicional* 98 (2010).

García, Domingo. *Mezcal: Un espirituoso artesanal de clase mundial*. Oaxaca de Juárez: 1450 Ediciones, 2019.

García-Mendoza, Abisai J. «Distribution of *Agave* (Agavaceae) in México». *Cactus and Succulent Journal* 74 (2002): 177-188.

Gardea, Alfonso A., et al. *Bacanora y sotol: tan lejos y tan cerca; So Far, So Close*. Hermosillo: CIAD, 2011. https://www.ciad.mx/archivos/revista-dr/RES_ESP2/RES_Especial_2_07_Gardea.pdf.

Gentry, Howard Scott. «The Man-Agave Symbiosis». *Saguaroland Bulletin* 29 (1975): 73, 80-84.

Gentry, Howard Scott. *Agaves of Continental North America*. Tucson: University of Arizona Press, 1982.

Gil-Vega, K., M. G. Chavira, O. M. de la Vega, J. Simpson y G. Vandemark. «Analysis of Genetic Diversity in *Agave tequilana* var. Azul Using RAPD Markers». *Euphytica* 119 (2001): 335-341.

Goguitchaichvili, Avto, Miguel Cervantes Solano, Jesús Carlos Lazcano Arce, Mari Carmen Serra Puche, Juan Morales, Ana María Soler y Jaime Urrutia-Fucugauchi. «Archaeomagnetic Evidence of Pre-Hispanic Origin of Mezcal». *Journal of Archaeological Science* 21 (2018): 504-511.

Gonçalves de Lima, Oswaldo. *El maguey y el pulque en los códices mexicanos*. Ciudad de México: FCE, 1978.

González-Elizondo, Martha, y Raquel Galván-Villanueva. «El maguey (*Agave* spp.) y los Tepehuanes de Durango». *Cactáceas y Suculentas Mexicanas* 37 (1992). Sociedad Mexicana de Cactología. Ciudad de México.

González-Elizondo, M., R. Galván-Villanueva, I. L. López-Enríquez, L. Reséndiz-Rojas, y M. S. González-Elizondo. «Agaves-magueyes, lechuguillas y noas-del Estado de Durango y sus alrededores». Durango: Centro Interdisciplinario de Investigación para el Desarrollo Integral Regional Unidad Durango del Instituto Politécnico Nacional/Comisión Nacional para el Conocimiento y Uso de la Biodiversidad, 2009.

Gschaedler-Mathis, Anne C. *Panorama del aprovechamiento de los agaves en México*. Guadalajara: CIATEJ, 2017.

Gschaedler-Mathis, Anne C., Benjamín Rodríguez Garay, Rogelio Prado Ramírez y José Luis Flores Montaño. *Ciencia y tecnología del tequila: avances y perspectivas*, segunda edición. Guadalajara: CIATEJ, 2015.

Gutiérrez González, Salvador. «Riqueza organoléptica de los agaves mexicanos». En *Agua de las verdes matas: Tequila y mezcal*, editado por José Luis Vera Cortés y Rodolfo Fernández, 215-242. Ciudad de México: Artes de México/INAH, 2015.

Hernández, María. «La crisis del agave: la sobre explotación es una de las problemáticas más urgentes en el tema del mezcal». *El Universal*, 2 de junio de 2017. https://www.eluniversal.com.mx/articulo/menu/2017/06/2/la-crisis-del-agave.

Hodgson, Wendy C. *Food Plants of the Sonoran Desert*. Tucson: University of Arizona Press, 2001.

Howell, Donna J. «Pollinating Bats and Plant Communities». *National Geographic Research Report* 1 (1974): 311-328.

Jacques-Hernández, Cuauhtémoc, O. Herrera-Pérez y J. A. Ramírez-De León. «El Maguey Mezcalero y la agroindustria del mezcal en Tamaulipas». En *En lo ancestral hay futuro: Del tequila, los mezcales y otros agaves*, editado por Patricia Colunga-García Marín, Alfonso

Larqué Saavedra y Daniel Zizumbo-Villarreal (2007): 287-317. Mérida, México: Centro de Investigación Científica de Yucatán, 2007.

Janzen, Emma. *Mezcal: The History, Craft & Cocktails of the World's Ultimate Artisanal Drink*. Minneapolis: Quarto Publishing/Voyageur Press, 2017.

Jiménez Vizcarra, Miguel Claudio. *La destilación temprana (de Noviembre de 1576)*. Guadalajara, edición autopublicada limitada, 2018.

Kitchen Sisters. 2014. «The Tequila Activist: A Conversation with David Suro of the Tequila Interchange Project». *The Kitchen Sisters*, 26 de junio de 2014. http:// www.kitchensisters.org/2014/06/26/tequila-activist-a-conversation-with-david-suro-of-the-tequila-interchange-project/.

Leach, Jeff D., y Kristin D. Sobolik. «High Dietary Intake of Prebiotic Inulin-Type Fructans in the Prehistoric Chihuahuan Desert». *British Journal of Nutrition* 103, núm. 11 (2010): 1558-1561. https://doi.org/10.1017/ S0007114510000966.

López, M. G., y J. Urias-Silvas.«Prebiotic Effect of Fructans from *Agave, Dasylirion* and Nopal». *Acta Horticulturae* 744 (2007): 397-404. https://doi.org/10.17660/ActaHortic.2007.744.45.

Luna Zamora, Rogelio. *La construcción cultural y económica del tequila*. Zapopan: Universidad de Guadalajara, 2015.

Maciel-Martínez, Jazmín, Eduardo Baltierra-Trejo, Paul Taboada-González, Quetzalli Aguilar-Virgen y Liliana Márquez-Benavides. «Life Cycle Environmental Impacts and Energy Demand of Craft Mezcal in Mexico». *Sustainability* 12, núm. 19 (2020): 8242. https://doi.org/10.3390/su12198242.

Madlulid, Domingo A. «The Life and Work of Antonio Pineda, Naturalist of the Malaspina Expedition». *Archives of Natural History* 11 (1982): 43-59.

Martínez-Salvador, Martin, Ricardo Mata-González, Carlos Morales-Nieto y Ricardo Valdez-Cepeda. «*Agave salmiana* Plant Communities in Central Mexico as Affected by Commercial Use». *Environmental Management* 49 (2012): 55-63. https://doi.org/10.1007/s00267-011-9759-4.

McGovern, Patrick E., Fabian H. Toro, Gretchen R. Hall, Theodore Davidson, Katharine Prokop Prigge, George Preti, W. Christian

Petersen y Mike Szelewski. «Pre-Hispanic Distillation? A Biomolecular Archaeological Investigation». *Journal of Archaeology and Anthropology* 1, núm. 2 (2019). https://doi.org/10.33552/OAJAA.2019.01.000509.

Medellín, Rodrigo A., M. Rivero, A. Ibarra, J. A. de la Torre, T. P. Gonzalez-Terrazas, L. Torres-Knoop y M. Tschapka. «Follow Me: Foraging Distances of *Leptonycteris yerbabuenae* (Chiroptera: Phyllostomidae) in Sonora Determined by Fluorescent Powder». *Journal of Mammalogy* 99 (2018): 306-311.

Melgoza, Carlos, Frida Valdivia y Rodrigo Cervantes (reportando los análisis de José Salazar Flores). «Hasta la sangre: los agroquímicos que habitan el cuerpo de campesinos en Jalisco». Zona Docs. Guadalajara: Centro Universitario de la Ciénega (Cuciénega) de la Universidad de Guadalajara, 2020. https://www.zonadocs.mx/2020/01/14/hasta-la-sangre-los-agroquimicos-que-habitan.

Nabhan, Gary Paul. «*Mescal bacanora*: Drinking Away the Centuries». En *Gathering the Desert*, concebido por Gary Paul Nabhan y Paul Mirocha, 37-50. Tucson: University of Arizona Press, 1985.

Nabhan, Gary Paul. «Finding the Hidden Garden». *Journal of the Southwest* 37 (1995): 401-415.

Nabhan, Gary Paul. «Producción tradicional del mezcal bacanora en Sonora: uno de los factores en el rompimiento de la relación entre murciélagos y agaves?». En *Resúmenes del Primer Simposio Internacional sobre Agaváceas*. Ciudad de México: Instituto de Biología, UNAM, México, 1994.

Nabhan, Gary Paul. «Stresses on Pollinators during Migration: Is Nectar Availability at Stopovers a Weak Link in Plant-Pollinator Conservation?». En *Conserving Migratory Pollinators and Nectar Corridors in Western North America*, editado por Gary Paul Nabhan, 3-22. Tucson: University of Arizona Press, 2004.

Nabhan, Gary Paul, Patricia Colunga-García Marín y Daniel Zizumbo-Villarreal. «Comparing Wild and Cultivated Food Plant Richness between the Arid American and the Mesoamerican Centers of Diversity, as Means to Advance Indigenous Food Sovereignty in the Face of Climate Change». *Frontiers in Sustainable Food Systems* 6 (2022): 840619.

Nabhan, Gary Paul, y Theodore Fleming. «Conservation of New World Mutualisms». *Conservation Biology* 7 (1993): 457-459.

Nabhan, Gary Paul, Erin C. Riordan, Laura Monti, Amadeo M. Rea, Benjamin T. Wilder, Exequiel Ezcurra, Jonathan B. Mabry, *et al.* «An Aridamerican Model for Agriculture in a Hotter, Water Scarce World». *Plants, People, Planet* 2 (2020): 627-639.

Nebeker, Ryan. «The Sustainability Challenges that Threaten the Agave Industry». *Salon*, 1.º de enero de 2021. https://www.sa lon.com/2021/01/01/the-sustainability-challenges-that-threa ten-the-agave-industry_partner/.

Niechayev, Nicholas, Alexander M. Jones, David M. Rosenthal y Sarah C. Davis. «A Model of Environmental Limitations on Production of *Agave americana* L Grown as a Biofuel Crop in Semi-Arid Regions». *Journal of Experimental Biology* 70, núm. 22 (2019): 6549-6559.

Nobel, Park S. *Desert Wisdom/Agaves and Cacti: CO2, Water, Climate Change*. Nueva York: iUniverse, 2010.

Nobel, Park S., Edmundo Garcia-Moya y Edmundo Quero. «High Annual Productivity of Certain Agaves and Cacti under Cultivation». *Plant, Cell, and Environment* 15 (1992): 329-335.

Nolasco-Cancino, Hipócrates, Jorge A. Santiago-Urbina, Carmen Wacher y Francisco Ruiz-Terán. «Predominant Yeasts during Artisanal Mezcal Fermentation and Their Capacity to Ferment Maguey Juice». *Frontiers in Microbiology* 9 (2018). https://doi.org/10.3389/fmicb.2018.02900.

Núñez Noriega, L., y V. Salazar Solano. «La producción y comercialización de bacanora como estrategia de desarrollo regional en la sierra sonorense». *Estudios Sociales* 17 (2009): 205-219.

Patrón Esquivel, César Augusto. *Mezcal: alimentos y bebidas de los pueblos indígenas de México* 2. Ciudad de México: CDI, 2015.

Ramirez, Florencia. *Eat Less Water*. Pasadena: Red Hen Press, 2017.

Rasero, Fausto. «De lo sabio y lo eterno». *Mezcal. Arte Tradicional* 98 (2010).

Reyes, Vicente. *Camino Maguey*. Oaxaca: Arte-Sano Taller, 2021.

Rocha, Marta, Sara V. Good-Ávila, Francisco Molina-Freaner, Héctor T. Arita, Amanda Castillo y Abisaí García-Mendoza. «Pollination

Biology and Adaptive Radiation of Agavaceae, with Special Emphasis on the Genus *Agave*». *Aliso* 22 (2006): 329-344.

Ruiz-Terán, Francisco, Paulina N. Martínez-Zepeda, Sara Y. Geyer-de la Merced, Hipócrates Nolasco-Cancino y Jorge A. Santiago-Urbina. «Mezcal: Indigenous *Saccharomyces cerevisiae* Strains and Their Potential as Starter Cultures». *Food Science Biotechnology* 28, núm. 2 (2018): 459-467. https://doi.org/10.1007/s10068-018-0490-2.

Saldaña Oyarzábal, Iván. *Anatomía del mezcal*. Ciudad de México: Autopublicación, 2018.

Serra Puche, Mari Carmen, y Jesús Carlos Lazón Arce. «Etnoarqueología del mezcal, su origen y su uso en México». En *Agua de las verdes matas: Tequila y mezcal*, editado por José Luis Vera Cortés y Rodolfo Fernández, 23-42. Ciudad de México: Artes de México/INAH. 2015.

Stewart, J. Ryan. «Agave as a Model CAM Crop System for a Warming and Drying World». *Frontiers in Plant Sciences* 6 (2015). https://doi.org/10.3389/fpls.2015.00684.

Suro Piñera, David. «Rumbo a la regionalización de las denominaciones de origen en la producción de tequila». En *Agua de las verdes matas: Tequila y mezcal*, editado por José Luis Vera Cortés y Rodolfo Fernández, 225-231. Ciudad de México: Artes de México/INAH, 2015.

Tena Meza, Martín P., Ricardo Ávila y Rafael M. Navarro-Cerrillo. «Tequila, Heritage and Tourism: Is the Agave Landscape Sustainable?». *Food, Gastronomy, and Tourism Social and Cultural Perspectives* 49 (2018): 49-68.

Toal, Rion. «Olla de barro y mezcal: Pots of Clay and Mezcal». *Garland Magazine*, 7 de septiembre de 2018. https://garlandmag.com/article/mezcal/.

Torres, Ignacio, Jorge Blancas, Alejandro León y Alejandro Casas. «TEK, Local Perceptions of Risk, and Diversity of Management Practices of *Agave inaequidens* in Michoacán, México». *Journal of Ethnobiology & Ethnomedicine* 11 (2015): 61-74. https://doi.org/10.1186/s13002-015-0043-1.

Trejo, Laura, Verónica Limones, Guadalupe Peña, Enrique Scheinvar, Ofelia Vargas-Ponce, Daniel Zizumbo-Villarreal y Patricia Colunga-García Marín. «Genetic Variation and Relationships among

Agaves Related to the Production of Tequila and Mezcal in Jalisco». *Industrial Crops and Products* 125 (2018): 140-149.

Trejo-Salazar, Roberto-Emiliano, Luis E. Eguiarte, David Suro Piñera y Rodrigo A. Medellín. «Save Our Bats, Save Our Tequila: Industry and Science Join Forces to Help Bats and Agaves». *Natural Areas Journal* 36, núm. 4 (2016): 523-530.

Valenzuela-Zapata, Ana. «A New Agenda for Blue Agave Landraces: Food, Energy, and Tequila». *GCB BioEnergy* 3 (2011): 15-24. https://doi.org/10.1111/j.1757-1707.2011.01082.x.

Valenzuela-Zapata, Ana. «Raicillas, mezcales artesanales de Jalisco». En *Agua de las verdes matas: Tequila y mezcal*, editado por José Luis Vera Cortés y Rodolfo Fernández, 131-146. Ciudad de México: Artes de México/INAH, 2015.

Valenzuela-Zapata, Ana, y Gary Paul Nabhan. *Tequila! A Natural and Cultural History*. Tucson: University of Arizona Press, 2003.

Valiente-Banuet, Alfonso. «Producción de mezcal puede causar colapso del ecosistema agavero: ecólogo UNAM». *Aristegui Noticias*, 20 de abril de 2019, comunicado de prensa. https://arteguinoticias.com/undefined/mexico/produccion-de-mezcal-puede-causar-colapso-del-ecosistema-agavero-ecologo-unam/.

Valiente-Banuet, Alfonso., M. A. Aizen, J. M. Alcántara, J. Arroyo, A. Cocucci, M. Galetti, B. García, D. García, J. M. Gómez, P. Jordano, R. Medel, L. Navarro, J. R. Obeso, R. Oviedo, N. Ramírez, P. J. Rey, A. Traveset, M. Verdú y R. Zamora. «Beyond Species Loss: The Extinction of Ecological Interactions in a Changing World». *Functional Ecology* 29 (2015): 299-307. https://doi.org/10.1111/1365-2435.12356.

Villanueva, Socorro, y Héctor Escalona-Buendía. «Tequila and Mezcal: Sensory Attributes and Sensory Evaluation». *Alcoholic Beverages* 12 (2012): 359-374. https://doi.org/10.1533/9780857095176.3.359.

Villegas, Paulina. «Graciela Ángeles, la mezcalillera mexicana que pone en alto el nombre de las mujeres en esa industria». *Vogue México*, 24 de octubre de 2019. https://www.vogue.mx/estilo-de-vida/articulo/graciela-angeles-mezcal-de-oaxaca.

Wilson, Iris H., y Antonio Pineda. «Pineda's Report on the Beverages of New Spain». *Arizona and the West* 5, núm. 1 (1963): 79-90.

Xiong, Lili, Miranda Maki, Zhiyun Guo, Canquan Mao y Wensheng Qin. «Agave Biomass Is Excellent for Production of Bioethanol and Xylitol Using Bacillus Strain 65S3 and Pseudomonas Strain CDS3». *Journal of Biobased Materials and Bioenergy* 8, núm. 4 (2014): 422-428. https://doi.org/10.1166/jbmb.2014.1453.

Zandona, Eric. *The Tequila Dictionary.* Londres: Mitchell Beazley Imprint/Octopus Publishing, 2019.

Zavala, Juan Carlos. «Uso del agua, el lado oscuro tras el "boom" de la industria del mezcal en Oaxaca». *El Universal,* 11 de enero de 2021. https://oaxaca. eluniversal.com.mx/sociedad/11-01-2021/uso-del-agua-el-lado-oscuro-tras-el-boom-de-la-industria-del-mezcal-en-oaxaca.

Zizumbo-Villarreal, Daniel, y Patricia Colunga-García Marín. «La introducción de la destilación y el origen de los mezcales en el occidente de México». En *En lo ancestral hay futuro: Del tequila, los mezcales y otros agaves,* editado por Patricia Colunga-García Marín, Alfonso Larqué Saavedra, Luis E. Eguiarte y Daniel Zizumbo-Villarreal, 85-112. Mérida, México: Centro de Investigación Científica de Yucatán, 2007.

Zizumbo-Villarreal, Daniel, Patricia Colunga-García Marín y Alondra Alejandra Flores-Silva. «Pre-Columbian Food System in West Mesoamerica». En *Ethnobotany of Mexico: Interactions of People and Plants in Mexico,* editado por Rafael Lira, Alejandro Casas y José Blancas, 67-82. Nueva York: Springer, 2016.

ÍNDICE ANALÍTICO

Los números de páginas en *cursivas* se refieren a ilustraciones.